国学新读本

楚　　辞

李中华　邹福清　注说

河南大学出版社

国学新读本编辑委员会

总策划　马小泉

主　编　李振宏

编　委　(以姓氏笔画为序)

　　　　马小泉　王　健　朱绍侯　刘小敏

　　　　李中华　李振宏　苏凤捷　何晓明

　　　　张云鹏　张富祥　宋会群　杨天宇

　　　　杨寄林　杨朝明　赵国华　郑慧生

　　　　姜建设　袁喜生　曹　峰　曹础基

　　　　曾振宇　戚良德　龚留柱　熊铁基

目　录

序 …………………………………… 李振宏（ 1 ）
《楚辞》通说………………………………（ 1 ）

离骚 ………………………………………（ 93 ）
九歌 ………………………………………（110）
　东皇太一 ………………………………（110）
　云中君 …………………………………（111）
　湘君 ……………………………………（111）
　湘夫人 …………………………………（113）
　大司命 …………………………………（115）
　少司命 …………………………………（116）
　东君 ……………………………………（117）
　河伯 ……………………………………（119）
　山鬼 ……………………………………（120）
　国殇 ……………………………………（121）
　礼魂 ……………………………………（122）
天问 ………………………………………（124）

九章	(141)
惜诵	(141)
涉江	(144)
哀郢	(147)
抽思	(150)
怀沙	(153)
思美人	(156)
惜往日	(159)
橘颂	(162)
悲回风	(163)
远游	(169)
卜居	(176)
渔父	(179)
九辩	(181)
招魂	(192)
大招	(202)
惜誓	(210)
招隐士	(213)
七谏	(215)
初放	(215)
沈江	(216)
怨世	(220)
怨思	(223)
自悲	(223)
哀命	(225)

谬谏 …………………………………………（227）

　哀时命 …………………………………………（231）

九怀 ………………………………………………（238）

　　匡机 …………………………………………（238）

　　通路 …………………………………………（239）

　　危俊 …………………………………………（240）

　　昭世 …………………………………………（241）

　　尊嘉 …………………………………………（242）

　　蓄英 …………………………………………（243）

　　思忠 …………………………………………（244）

　　陶壅 …………………………………………（245）

　　株昭 …………………………………………（246）

九叹 ………………………………………………（248）

　　逢纷 …………………………………………（248）

　　离世 …………………………………………（251）

　　怨思 …………………………………………（253）

　　远逝 …………………………………………（256）

　　惜贤 …………………………………………（258）

　　忧苦 …………………………………………（261）

　　愍命 …………………………………………（263）

　　思古 …………………………………………（266）

　　远游 …………………………………………（268）

九思 ………………………………………………（271）

　　逢尤 …………………………………………（271）

　　怨上 …………………………………………（273）

疾世 …………………………………………（274）

悯上 …………………………………………（276）

遭厄 …………………………………………（277）

悼乱 …………………………………………（278）

伤时 …………………………………………（279）

哀岁 …………………………………………（281）

守志 …………………………………………（282）

参考文献 ……………………………………（285）

序

最近一些年来,一股"国学热"的思潮强劲涌动,在文化学界以至于整个社会上,引起了强烈反响。为什么在这样一个社会的大变革时代,在从传统社会向现代社会的转型期,最为传统的国学,却能引起国人的极大兴趣,这的确是一个值得思考和研究的问题。

"国学"作为一个学术文化概念,产生于近代。从渊源上讲,"国学"概念的产生,与"国粹"有些关联,并且是从对抗西学侵入的角度提出来的。今天,中华民族早已是一个独立于世界民族之林的自立自强的民族,全球经济一体化所带来的世界文化的汇合与交融,也早已是历史发展的必然趋势,而在这样的历史大势中,却会有"国学热"的产生,乍一看来,确有不可思议之处。但实际上,国学的当代走红,则与我们今天所处的历史时代有着一定的关系。

随着改革开放的迅速推进,随着市场经济的强劲发展,传统道德受到了强烈冲击,传统文化与现代文化观念的碰撞也日益强烈。于是,如何看待传统文化的问题,就严峻地提到了国人的面前。传统文化的出路何在,它从何而来,要走向何方,如何对之进行价值重估,一切关心文化问题,有着强烈历史责任感的人们,无不把关注的目光投向中国的传统学术。当然,也不排除一些对改革开放和市场经济所带来的冲击无法理解和接受,对现代经济发展对传统道德的亵渎强烈抗议的人们,自然而然地发出向传统文化复归而倡导国学的呼声。总之,不论是出于积极的思考,还是抱着一种向后看的心态,对国学的重视则成了最近十多年来一种普遍的文化选择。

于是,对待"国学热"就需要有一个分析的态度。对于任何一个民族的发展来说,传统文化都是其牢固的根基,是其一切历史的出发点,摒弃传统、甚至全盘否定传统文化,都是幼稚可笑的,不可取的。但一遇到问题就求助于传统,甚至一味狂热地提倡向传统复归,也是走不通的,过去那句常说的"倒退是没有出路的"话,虽说不是什么至理名言,却也还是有些道理的。这些年来,一些地方出现的中小学生、甚至幼儿园小朋友的读经热,就是一种值得注意的倾向。国学,毕竟是一种学术,需要有一定的文化基础,有一定的分析批判能力,才能对之进行识读、鉴别而决定其取舍。所以,严格地说,对于国学,尤其是经学,在当代中国,需要的是研究以及在此基础上的批判继承,而不是再像传统社会中那样采取唱诗班的方式,对青少年一代进行无分析地灌输。因此,如何弘扬传统文化,就是一个需要思考的问题。

正是基于以上考虑,为着弘扬优秀传统文化的需要,也为着对社会上盲目崇尚读经的风气有所引导,我们组织了这套"国学新读本"丛书,选择一些在中国传统文化中影响较大的国学典籍,对之进行简明扼要的注释,然后在读本前边,用较大篇幅解读该典籍的基本思想文化内涵,评述其在中国文化史上的地位和影响,并对如何阅读该典籍做出读书方法上的引导。通过这样一个较为翔实的导读内容,以批判分析的态度,给青年人的国学典籍阅读提供一个健康的思想导向。根据这样的宗旨,这套丛书,在大的结构上,每本都分为通说和简注两个部分,通说是导读的性质,简注在于疏通文字,希望这样的安排,能够为青年朋友和一般社会读者提供一个国学入门的向导。果能如此,也就实现了撰著者和出版者的愿望。

国学所以是国学,就在于它是我们祖国优秀民族文化和民族精神的载体。在这些国学典籍中,包含着民族文化的基因,蕴藏着民族精神的范型。衷心期待这套丛书能够成为广大读者学习国学精华,体认民族精神,继承祖国优秀文化遗产的良师益友。

李振宏
2008 年 2 月 28 日

《楚辞》通说

　　无论从自身的价值还是对后世文学的影响来看,《楚辞》堪称中国古代文学的一座高峰。从这座巍峨的文学高峰中所流出的涓涓溪水,两千多年来一直滋润着神州大地的古老文明,像乳汁一样哺育了一代又一代炎黄子孙,为中国古代各体文学艺术的繁荣提供了不竭的营养。《楚辞》以其特有的文化气质、瑰异的文学风貌、飘逸的艺术想象与动人的语言魅力,成为古老神州最重要的文学经典。《楚辞》中所蕴涵的社会理想,所表现的艺术情调,所拓展的思维空间,所体现的人生价值,不仅对于后世中国文学,而且在更广大的层面上对于中国人的民族精神,对于中国文人的生活方式,乃至对于民间的风俗节庆,都产生了深远的影响。

　　在《四库全书》中,《楚辞》被列为"集部之首",它在"国学"中的地位由此可知。

一 《楚辞》的作者

　　屈原是"楚辞"的奠基人与代表作家。"楚辞"璀璨的艺术之光,是屈原用其不息的生命之火点燃的。如果说屈原"自铸伟辞",开创了一种文学体式与传统,那么稍后的宋玉、唐勒、景差等人,则是这一文学体式与传统不可或缺的继承者和传播者。进入汉代,又有贾谊、淮南小山、东方朔、严忌等人缅怀前贤的文采风流,继续用"楚辞"的体式抒怀言志,模仿屈原作品的情采与辞藻,并对屈原的悲剧命运表达了由衷的同情。经过屈、宋以及后继者的不懈努力,"楚辞"发展成为先秦两汉时期最为重要的文学形态。

(一) 屈原:创始与奠基

屈原,名平,字原,又有人据《离骚》中的诗句,称他为正则、灵均。关于屈原的生卒年月,史书缺乏明确的记载。依据通常的说法,他大约出生于楚威王元年(公元前339年),在楚顷襄王二十一年(公元前278年)前后去世,活了六十岁左右。

屈原生活的时代,正是楚国由强盛转向衰落的时期。屈原的远祖,可以一直追溯到上古五帝之一的颛顼高阳氏。颛顼的后裔中有一个名叫季连的,芈姓,他便是楚人的始祖。大约夏代末期,季连一族由中原南迁到江汉流域的丹阳、荆山一带,建立起新的国家。季连之后,楚国又出了一位著名的人物——鬻熊。鬻熊是周文王之师,文王、武王、成王曾向他请教治国策略。因此,到周成王加封功臣后裔时,便封鬻熊的曾孙熊绎为子爵,称楚子。此后,熊绎率领荆楚百姓艰苦创业,"筚路蓝缕,以处草莽;跋涉山林,以事天子",逐渐成为南方大国。春秋时期,楚王室氏族繁衍,武王熊通分封其子熊瑕于屈地,熊瑕的子孙从此便以封地为氏。所以,屈氏实际上是楚王族的分支氏族。当时楚国有昭、景、屈三大氏族,尊奉同一位远祖,属于同一个家族系统,都可以算是楚王族的成员。屈原的祖先中不乏朝廷高官、功业显赫者,其家族与楚王室的关系,可以说是血肉一体、休戚与共的。

屈原自幼受到良好的教育,"博闻强志,明于治乱,娴于辞令"。在青年时代,他就进入朝廷,辅助楚怀王处理日常政务。据《史记》记载,此时的屈原开始担任左徒,这为实现他的政治抱负提供了难得的机遇。此时,他入则与楚王一起商议朝政,出则接待宾客、应对诸侯,以其才干与忠诚赢得楚怀王的信任。屈原的理想是要在国内修明法度、革新政治,对外则抵御侵略、联齐抗秦。然而,他还来不及实现这一抱负,就受到了朝中守旧势力的排斥与打击。大约在楚怀王十六年(公元前313年)前后,屈原被排挤出朝廷权力的核心,改任三闾大夫。三闾大夫执掌公族子弟的教育,相对于左徒而言是一个并不重要的闲职。屈原尽管遭到疏远,但是,他仍旧关心并试图积极参与朝政。这时,朝中守旧势力日益坐大,楚国在军事与外交上接连遭受挫败。楚怀王二十五年(公元前304年),屈原不得不离开郢都,前往汉北一带。此后,楚国政局的发展对屈原更加不利,怀王受骗入秦,被劫持至咸阳,数年后客死于秦。顷襄王熊横即位,屈原受到更严重的迫害。他被放逐到江南荒僻的山野,开始了漫长的流放生涯。大约在顷襄王二十一年(公元前278年),秦将白起攻破了楚国的郢都,屈原得知这一消息后,痛感国事无望,怀着无法解脱的悲愤,自沉汨罗江而死。

屈原的一生是悲剧的一生。他将自己生命意志的追求、火一般燃烧的激情、雄健而飘逸不羁的才华,熔铸为不朽的"楚辞"。屈原完成了"楚辞"的体式,确立了"楚辞"的艺术风貌,规定了"楚辞"的文学精神。在《楚辞》中,收录有屈原的作品《离骚》、《九歌》、《天问》、《九章》、《远游》、《卜居》、《渔父》等(其中有些作品的作者有异议)。《汉书·艺文志》称"屈原赋二十五篇",指的就是这些作品。

《文心雕龙·辨骚》说:"不有屈原,岂见《离骚》?"可见,屈原不仅是"楚辞"的开创者与奠基人,而且是"楚辞"活的灵魂。

(二) 宋玉等：继承与开拓

《史记·屈原贾生列传》记载说："屈原既死之后，楚有宋玉、唐勒、景差之徒者，皆好辞而以赋见称。"宋玉、唐勒、景差等人，构成了屈原作品哺育下产生的最早楚地作家群。

宋玉、唐勒、景差生活的时代比屈原稍晚。王逸《楚辞章句》说宋玉是屈原的弟子，并非凿空之谈。就身份而言，景差是王室子弟，宋玉、唐勒（楚有大将唐眛）可能都是楚地的贵族后裔。在宋玉等人所生活的时代，楚国的朝政更为昏暗，国势更为衰落，而他们又缺乏屈原那种犯颜直谏的风骨与勇气，所以，政治上没有什么建树。但是，在楚国崇尚辞赋的文化氛围中，他们耳闻目睹了屈原"忠而见疑，信而被谤"的悲惨遭遇，在创作中钦仰并模仿屈原的辞章风流，使得"楚辞"的文学传统得以继承并延续下来。

宋玉的作品保存于世的较多，成就也最为杰出。《汉书·艺文志》著录"宋玉赋十六篇"，注云宋玉是楚人，与唐勒同时，在屈原之后。《隋书·经籍志》著录"楚大夫《宋玉集》三卷"，可知隋唐以前，尚有宋玉的别集存世。署名宋玉的作品，在今存《楚辞章句》中有《九辩》、《招魂》两篇，萧统《文选》中另有《风赋》、《高唐赋》、《神女赋》、《登徒子好色赋》、《对楚王问》五篇，《古文苑》中又有《大言赋》、《小言赋》等六篇。这些作品中，《九辩》被多数学者认为是宋玉的代表作（也有学者认为《九辩》是屈原的作品），《风赋》、《高唐赋》、《神女赋》、《登徒子好色赋》，学者亦多认为是宋玉所作，《招魂》可以确定为屈原作，其他作品则或属后人的伪托。

古人多以屈原、宋玉并称。如《文心雕龙·辨骚》说："屈宋逸步，莫之能追。"又《时序》说："屈平联藻于日月，宋玉交彩于风云。"唐代诗人赞美宋玉之辞，更是屡见于篇章。如李白《感遇四首》（其四）："宋玉事楚王，立身本高洁。"又《宿巫山下》："高丘怀宋玉,访古一沾裳。"杜甫《戏为六绝句》:"窃攀屈宋宜方驾。"又《咏怀古迹》:"摇落深知宋玉悲,风流儒雅亦吾师。"元稹《酬孝甫见赠》:"宋玉秋来续楚词。"许浑《闻两河用兵因贻友人》:"秋悲怜宋玉。"李商隐《宋玉》:"何事荆台百万家,惟教宋玉擅才华。"又《哭刘蕡》:"何曾宋玉解招魂。"唐彦谦《秋日感怀》:"悲秋宋玉鬓毛斑。"从这些诗作中,不难看出唐代对于宋玉的推崇。

相比之下,唐勒与景差(一作"景瑳",玉色鲜白为"瑳",疑为本字)保留下来的资料甚少。《汉书·艺文志》记载说"唐勒赋四篇,楚人",连赋作的题目也没有保留下来。1972年山东临沂银雀山西汉早期墓葬出土竹简中,有题名"唐革"的赋文残篇,内容描写驾驭之术,有学者认为"唐革"即"唐勒"。又据《襄阳耆旧记》记载,宋玉曾经与景差交为朋友,宋玉最初出仕,可能就是景差推荐的。王逸《楚辞章句》怀疑《大招》是景差的作品,朱熹《楚辞集注》认为《大招》"决为(景)差作无疑",而胡应麟《诗薮》认为是出自唐勒的手笔,这些皆为悬想之辞,难以成为定论。

(三) 贾谊等:悼念与感怀

进入西汉,先后有贾谊、淮南小山、东方朔、严忌、王褒等分别以辞赋作品悼念屈原,同时寄寓现实的感慨。他们构成了战国之后"楚辞"作者的又一个"方阵"。

贾谊(公元前200—前168年),洛阳人。他是西汉初年著名的政论家,同时又是承前启后的"楚辞"作家。《史记·太史公自序》写道:"作辞以讽谏,连类以争义,《离骚》有之。作《屈原贾生列传》。"司马迁将屈原、贾谊合为同一列传,因为在司马迁眼里,屈原与贾谊的精神一脉相通,命运亦相仿佛。

贾谊年轻时就显露出非凡的才华,以学识与文章超卓而闻名一方。刚刚18岁,即被汉文帝召为博士。入仕不久,又破格提升为太中大夫。年轻的贾谊很想在政治上有所建树，并得到汉文帝的赏识，汉文帝一度想任命他为公卿。然而，贾谊的行为受到朝中一些大臣的反对，贾谊于是被改派为长沙王太傅。贾谊在政治上遭遇挫折，途经湘水时写作了《吊屈原赋》，以悼念屈原，同时抒发内心的悲愤。在长沙三年，有鵩鸟（即猫头鹰）飞入贾谊的寓所，而当地传说"野鸟入室，主人将死"，贾谊因而又写作《鵩鸟赋》抒怀，并借以自慰。后来汉文帝又任命贾谊为梁怀王太傅。这期间，贾谊仍然经常就朝政上疏，提出建议，然而不被采纳。汉文帝十一年（公元前169年），梁怀王不慎堕马而死，贾谊自认为失职，时常痛哭流涕，一年后就去世了，死时年仅33岁。

贾谊有政治抱负，又有文学才华，受贬谪之后作品的情调亦与屈原有可通之处。清人刘熙载《艺概·赋概》中说："读屈、贾辞，不问而知其为志士仁人之作。太史公之合传，陶渊明之合赞，非徒以其遇，殆以其心。"这段话的意思是说：司马迁写作《屈原贾生列传》、陶渊明写作《屈贾赞》，不仅因为他们两人遭遇相似，而且心灵相通，都是志士仁人。《赋概》又说："贾谊《惜誓》、《吊屈原》、《鵩鸟赋》，俱有凿空乱道意，骚人情景，于斯犹见。"透过这些评语，贾谊在"楚辞"中的地位也就可以想见了。

贾谊之后，淮南小山有《招隐士》，东方朔有《七谏》，严忌有《哀时命》，王褒有《九怀》。这些作品的文学成就参差不齐，其中《招隐士》被认为开拓了新境界，评价甚高。其余作品在悼念屈原中委婉地抒发内心的现实感伤，因袭的色彩稍重，形成了一种模式。

（四）刘向等：仰慕与模拟

刘向是十六卷本《楚辞》的编纂者，在该书之末他附录了自己作的《九叹》。王逸是《楚辞章句》（今存最早的《楚辞》传本）的作者,在该书之末他附录了自己的《九思》,所以,这里一并述及。

刘向(约公元前77—前6年),原名更生,字子政,后改名向。他是西汉皇族楚元王刘交的后代,善于文辞,宣帝时曾"献赋颂凡数十篇"。他曾受诏整理宫中图书秘籍,负责经传、诸子、诗赋部分,撰成《别录》,同时他又是《新序》、《说苑》等书的编纂者。刘向自己也从事辞赋的写作,《汉书·艺文志》著录"刘向赋三十三篇"。刘向所处的时代,朝政趋于昏暗,先是宦官弄权,后来外戚势力昌盛,忠良之辈屡遭祸患,他也曾经一度入狱。刘向担忧国事,曾上书直言极谏,终不为朝廷所用。他的《九叹》,感叹屈原的遭遇,托古以咏志。

王逸(约公元89—158年),字叔师,南郡宜城(今湖北宜城)人。他在《九思》中写道:"悼屈子兮遭厄,沉玉躬兮湘汨。何楚国兮难化,迄于今兮不易。"

刘向、王逸创作的《九叹》、《九思》,不仅表达了对于前贤的仰慕与追思,同时寄托了现实的愤懑与忧伤。唐代皮日休《九讽叙》推许《九叹》、《九思》"皆得芝兰之芬芳,鸾凤之毛羽也",其情感精神与《楚辞》一脉相传。

二 "楚辞"的流传与结集

关于"楚辞"作品的保存、流传情况,班固在《汉书·地理志》中说:

> 寿春……亦一都会也。始楚贤臣屈原被谗放流,作《离骚》诸赋以自伤悼。后宋玉、唐勒之属慕而述之,皆以显名……而淮南王安亦都寿春,招宾客著书。而吴有严助、朱买臣,贵显汉朝,文辞并发,故世传"楚辞"。

王逸《楚辞章句·离骚后叙》中也说:

屈原履忠被谮,忧悲愁思,独依诗人之意而作《离骚》……复作《九歌》以下凡二十五篇。楚人高其行义,玮其文采,以相教传。

这两段话大体说明了"楚辞"作品得以保存、流传的基本线索。因为当楚国灭亡之时,寿春正是它的都城。屈原的作品作为楚人"以相教传"的文本,得以流传、保存于寿春一带,乃是情理中事。至于"楚辞"得以在民间传播不绝,则宋玉、唐勒、朱买臣、刘安诸人的功绩是不可埋没的。

(一) 屈原作品保存于楚地,民间"以相教传"

屈原曾任三闾大夫的职务。三闾大夫,即"公族大夫",掌管王族内部的事务,教育公族子弟正是其职权范围内的事情。屈原是否将自己的作品用做教育公族子弟学习辞赋的教材,现在已难以确知,但是,因为屈原的作品蕴涵着高尚的人生理想,体现了耿介的精神人格,加之文辞壮丽,辞藻动人,楚地民间将其用做文学教本迭相传授,则是可以肯定的。据推测,屈原的作品最初以单篇的形式流传于世。《史记·屈原贾生列传》文末太史公说:"余读《离骚》、《天问》、《招魂》、《哀郢》,悲其志。"司马迁历数"楚辞"篇名,可知当时所能见到的皆是单篇行世的作品。又汉代刘安、班固、贾逵、马融曾注《离骚》,刘向、扬雄曾注《天问》,这也是二文长期单篇流传的旁证。后来这些作品逐渐汇集起来,包括屈原的作品及传说的屈原故事,共计有25篇。

(二) 宋玉、唐勒之属祖其文学辞令

宋玉、唐勒都曾在楚顷襄王时做过文学侍从之臣,景差也与他们大致同时,地位相近。他们是在屈原辞赋影响下出现的最早的楚国文学之士。宋玉《登徒子好色赋》中说"口多微词,所学于师也",又《风赋》说"臣闻于师"。今天固然难以肯定宋玉笔下的"师"就是屈原,但是宋玉、唐勒、景差等人学习过屈原的辞赋,他们为收集、保存屈原的作品做出了自己的贡献,应该是可以推想而知的。

在屈原、宋玉的时代,楚文学的中心最初是江汉平原的郢都(今湖北荆州、沙市一带),他们辞赋的创作与流传也主要集中在这一区域。楚顷襄王二十一年(公元前278年),秦将白起攻破郢都,火烧楚先王墓夷陵,顷襄王"东北保于陈城"(在今河南东部)。楚考烈王二十二年(公元前241年),楚国与诸侯国共谋伐秦不利,徙都寿春(今安徽寿县)。楚王负刍五年(公元前223年),秦将王翦攻入寿春,负刍被俘,楚国就此灭亡。可以确定,在屈原去世以后不久,楚文学的中心便逐渐向东转移。而在楚考烈王迁都以后,楚文学的中心更移到江淮的寿春一带了。

西汉初年,屈原的辞赋作品也就被发现于寿春之地。

(三) 西汉初年,"楚辞"文本流传到中原各地

为了巩固新建皇朝的统治,西汉朝廷曾经将楚国的王室大族迁到关中地区。关于这次迁徙,《汉书·地理志》记载:"汉兴,立都长安,徙齐诸田,楚昭、屈、景,及诸功臣家于长陵……其世家则好礼文。"又据《汉书·高帝纪》:"(九年)十一月,徙齐楚大族昭氏、屈氏、景氏、怀氏、田氏五姓关中,与利田宅。"可能正是这次由朝廷主导的楚国大族迁徙,将"楚辞"由南方的楚地带到了关中,进而传播到全国各地。

还有一些其他的途径也促成"楚辞"的传播。如楚国春申君,他是著名的"战国四公子"之一,门下宾客三千,本人"游学博闻",往来秦楚之间极为频繁。又如陆贾,本为楚人,平时喜说《诗》、《书》,著有《新语》,《汉书·艺文志》载录"陆贾赋三篇"。他们都

有机会接触到"楚辞",也就有可能成为"楚辞"的传播者。这里还应特别提到的一位关键人物是严(一作庄)夫子,即严忌,他家于会稽。汉王符《潜夫论·志氏姓》载录楚子鬻熊的后裔中有严氏,本是楚庄王的支孙,"以谥为姓,避(汉)明帝讳改为严氏"。据此可知,严忌本来就是楚王的同姓,他得以获得并保存屈原的作品也就不难理解了。严忌对于楚国的历史十分熟悉,对于屈原的遭遇充满了同情。他在《哀时命》中写道:"子胥死而成义兮,屈原沈于汨罗。虽体解其不变兮,岂忠信之可化!"《汉书·艺文志》载录"庄夫子赋二十四篇",并载录其子"严助赋三十五篇",可见他们家族世代对于辞赋的爱好。

总之,"楚辞"的传播有着潜在的多种途径,进入中原乃是历史的必然。

(四) 西汉皇室喜好"楚风","楚辞"进入文学主流

"楚辞"得以进入汉代文学的主流,与汉皇室的喜好与提倡密不可分。汉高祖刘邦祖籍沛(今属江苏),后期正在楚国的疆域范围内。《汉书·礼乐志》记载:"高祖乐楚声,故《房中乐》楚声也。"刘邦称帝后回到故乡,"醉酒欢哀,作'风起'之诗,令沛中僮儿百二十人习而歌之",唱的也是"楚声"。汉武帝刘彻特别喜爱"楚辞",使淮南王刘安作《离骚经章句》(一作《离骚传》),又召见朱买臣"说《春秋》,言'楚词',帝甚悦之,拜买臣为中大夫"。刘彻所作《秋风辞》、《瓠子歌》,也纯粹是楚歌的风调。汉宣帝刘询继承武帝的风尚,"征能为楚辞九江被公,召见诵读"(见《汉书·王褒传》)。刘询又召刘向等"待诏金马门",任命王褒为谏大夫。"楚辞"自身既具有动人的艺术魅力,又得到帝王的大力提倡,便迅速流传开来,最终成为汉代文学的主流形态。

（五）刘向整理宫中图书，"楚辞"正式结集

据《汉书·成帝本记》载："河平三年秋八月，光禄大夫刘向校中秘书。谒者陈农使求遗书于天下。"河平三年即公元前26年，至公元前6年刘向去世，前后计20年之久。这期间，刘向将宫廷秘府堆积如山的图籍典册及各地献上的佚书分别校雠缮写，每一书整理完毕，便写出《叙录》，"论其指归，辨其讹谬，叙而录之"。刘向主要负责经传、诸子、诗赋等类。《楚辞》的整理、结集工作，应该就在此期间完成。传本《楚辞章句》扉页题曰"汉护左都水使者光禄大夫臣刘向集、后汉校书郎臣王逸章句"是最早的说明。王逸在《楚辞章句·离骚后叙》中说，屈原作品25篇，"后世雄俊，莫不瞻慕。舒肆妙虑，缵述其词。逮至刘向，典校经书，分为十六卷"。王逸注《楚辞》，所依据的就是刘向编辑整理的这个本子。

刘向校书秘府，使得"楚辞"正式结集。但是在《汉书·艺文志》中只有"屈原赋二十五篇"、"宋玉赋十六篇"等载录，而并无《楚辞》一书的名目，所以当代有学者对此提出疑问。然而，在刘向所作《九叹》中，有"叹《离骚》以扬意兮，犹未殚于《九章》"的句子，而刘向之前无《九章》之名。刘向又曾注《天问》，其《九叹》中模仿《离骚》、《九章》、《九歌》、《远游》的句子甚多，这些都可以成为刘向曾经熟读，乃至编辑整理《楚辞》一书的内证。这个刘向所辑16卷本的《楚辞》，其原本已经失传，然而它所载录的作品却通过王逸的《楚辞章句》完整地保留了下来。

三 《楚辞》的主要篇章内容

《楚辞》蕴涵广大，寓意深远，情志的寄托显得丰富多彩。就作品的情调而言，它们或抒发离别的幽怨，或倾诉贬逐的悲愤，或

求索人生,或质疑天命,或演绎现实生活中的困惑,或在鬼神的天地里舒展自由想象的翅膀。在我国古代文学中,《楚辞》犹如一座巍峨的高山,其景色或雄奇,或峻峭,或幽深,或谲诡,各呈其美;又如一首气势宏大、组织精巧密致的交响乐章,其曲调或激烈,或飞扬,或清绮,或悠长,各极其致。以下分别介绍其主要的篇章内容。

(一)《离骚》:抒写政治理想与求索之志

《离骚》是《楚辞》中最重要的作品,一度用做《楚辞》的别名。它全篇共有373句,近2 500字,是我国先秦诗歌中最著名的政治抒情诗章。

屈原创作《离骚》,大约是在楚怀王执政的后期,即楚怀王二十五年(公元前304年)前后的一段时间内。这正是战国群雄在外交上纵横捭阖、活动频繁的时期,也是关系到楚国命运盛衰兴亡的时期。屈原的外交谋略是联合东方的齐国,共同对抗秦国,为此,他曾经出使齐国,以缔结两国之间的友好关系。然而,自从楚怀王十六年(公元前313年)以后,楚国便一步一步地落入秦国精心策划的陷阱。楚怀王先是断绝了与齐国的联盟关系,因而失信于诸侯。后来楚王之子又与秦王之女结为婚姻,紧接着,楚怀王与秦昭王相会于黄棘,两国结为同盟。当齐、韩、魏三国因为楚怀王背叛盟约而讨伐楚国时,楚王又以太子入质于秦以换得秦国的援军。在这种情势下,屈原不得不离开郢都,前往汉北一带。屈原不仅为遭受党人的谗毁而愤激,也为国事危机四伏而忧伤。也正是在这种背景下,屈原写下了千古奇文——《离骚》。

《离骚》全篇可以分为三个大的部分。在第一部分中,屈原自述与楚国血肉一体、不可分割的联系,倾诉自己对于朝政的忧伤,表达对于奸邪党人的愤激之情。在全篇开端,诗人首先自述世系、生辰、名字以及对于德性修炼的勤奋努力,说明自己的政治抱负在于引导君王振兴自己的祖国;然而,现实政治却令人失望,君王听信谗言,党人营私偷乐,因而国家的前途幽昧险隘。推究楚王信谗的原因,在于不能明察人心,以致党人相互勾结,妒忌并诬陷贤者,世俗之辈工于机巧,附和权势。面对这种污浊的社会气氛,诗人有过内心的苦闷、彷徨,对于人生选择有过种种的考虑,最后,他仍然决心保持高尚的节操,绝不变心从俗、苟合求容。在这一部分的结束,诗人表白道:"虽体解吾犹未变兮,岂予心之可惩!"也就是说,诗人宁肯牺牲自己的生命,也决不改变自己的志向、信念与节操。

从"女媭之婵媛兮"到"余焉能忍与此终古",是《离骚》的第二部分。相对于前一部分来说,这一部分在思想认识上进一步深化,情感进一步激荡,从而展现了新一层虚拟、幻想的境界。女媭是与屈原关系亲近的人物,可能具有女巫与侍妾的双重身份。她向屈原指出了世俗势力的强大,劝告屈原注意自身的安危。此后的场面则在幻想中展开:一是诗人南渡沅湘,向重华(即舜)陈词。在陈词中,屈原列举古史传说中启、羿、浞、浇、桀、纣等人荒淫享乐、暴虐无道,最终导致国破身亡的教训,又举出夏禹、商汤、周文王等人任贤授能、遵循正道因而成功的榜样。这番陈词说明,屈原的立身之道经过深思熟虑,有着深厚的历史文化蕴涵,绝不是一时的策略、偶尔的冲动。也正由于此,屈原能为自己的理想奋斗、求索不已。二是诗人的上下求索。上是指天上,想要敲开帝宫之门;下是指人间,往人间寻求美女。然而,这一切的努力都失败了:上天求索遭遇到重重的阻隔,帝宫的大门不向他开放;往人间求美女,无论是求宓妃、求有娀之佚女,还是求有虞之二姚,也由于各种原因无一成功。至此,屈原算是完全失去了希望。

从"索藑茅以筳篿兮"到篇末为第三部分。这一部分的中心意旨是去留问题。屈原既然事君不合、求贤不得,那么,留在楚国又有何意义呢?在这种矛盾困惑之中,屈原便向灵氛问卜。灵氛劝诗人不妨离开故乡,前去他国。屈原犹豫未决,又借巫咸降神,请求为之决疑。巫咸传达神的意旨,要屈原暂时留下来以等待君臣遇合的机会,又劝屈原顺从世俗,以避免党人的迫害。屈原则回答说:自己不能够违背道义,苟合世俗。于是,他决定周流天下,以观四荒。诗人既然做出了去国远逝的决定,便开始驾龙驭凤,往游四方。诗中所写的昆仑、天津、西极、流沙、赤水、不周山、西海,都是神话传说中的地名。然而,当驾八龙、载云旗、神游高空之上的诗人突然间俯看到自己的故乡时,他一下子像是被电击了一样,内心感到的只有极度的矛盾与悲伤。故国难舍、美政无望,诗人只能决心用生命去殉理想,以报答自己的祖国了。

《离骚》的主导情感脉络是明晰的:首先是对于朝政的焦虑,对于邪恶势力的愤懑;其次是上下求索,以图振兴自己的祖国;在上下求索均告失败之后,便是去留的困惑,最后则立下以身殉国的决心。全篇的基调呈现悲壮、激昂而又缠绵婉转的特色。对于楚王的依恋与怨望,去留两难的情感反复,热烈追求美政的殷切期望与九死不悔的誓愿,构成了《离骚》内在的多重情感旋律。

(二)《九章》:诉说忠君之心与贬逐之痛

《九章》一共包括九篇作品,它的主要内容与《离骚》有相似、相通之处。汉人刘向作《九叹》,其中有两句是:"叹《离骚》以扬意兮,犹未殚于《九章》。"意思是说,想以《离骚》来表达自己的志趣,然而在《九章》还是意犹未尽。可知,《九章》也主要是抒发政治社会情感的咏怀诗。

王逸《楚辞章句·九章叙》说:"《九章》者,屈原之所作也。屈原放于江南之野,思君念国,忧心罔极,故复作《九章》。"同书《离骚叙》中亦说,顷襄王"复用谗言,迁屈原于江南。屈原放在草野,复作《九章》"。王逸认为《九章》是屈原被流放江南之野时的作品,时间则在楚顷襄王之世,此说并不完全正确。据考察,《九章》的创作跨越了楚怀王、顷襄王两个朝代,创作地点则或在郢都,或在汉北,但是多数篇章作于放逐江南这一时期。

以下大致依照写作时间的先后,将《九章》各篇的创作背景及主要内容作一简略叙述。

《惜诵》

本篇作于屈原初遭谗毁、被楚怀王疏远之时,具体时间大约是怀王十六年(公元前313年)前后,地点当在郢都。"惜诵"意谓以痛惜的心情向天地神灵倾诉衷肠的诗篇。首二句说"惜诵以致愍兮,发愤以抒情",诗题即由首二字组成。诗中倾诉了作者忠君爱国反遭谗毁的不公正待遇,表达了自己进退两难、彷徨歧途的悲愤心情。

《抽思》

本篇作于屈原被怀王疏远、退居汉北的初期,时间大约在怀王二十五年(公元前304年)左右。"抽思"是排遣忧思、婉转以抒情之意。诗中有"与美人抽思兮,并日夜而无正"之句,美人指楚王,可知它是写给楚王的一首怨歌。诗中倾诉了屈原盼望回到郢都,实现自己政治抱负的迫切心情。

《思美人》

本篇大约作于屈原退居汉北的后期。诗中表示自己尽管历年遭遇忧患,内心十分孤独,却仍然不改初衷的决心,同时抒发了君臣阻隔、苦无良媒的幽恨之情。诗中还写到他沿江夏而行,采摘芳草以寄托情思,这种构思与《离骚》颇有几分相似,所以,《思美人》与《离骚》的创作时间可能比较接近。

《涉江》

本篇是屈原被流放早期的作品。诗中描述的流放路线是从鄂渚至洞庭,经沅水而宿辰阳,最后到达溆浦的丛山之中。本篇所倾诉的感情是愤激又昂扬的,所表达的意志是慷慨又坚毅的。诗中有"与天地兮比寿,与日月兮齐光"这样高亢嘹亮的句子,可以想见屈原渡江南行时坚守正道而决不屈服的精神气概。

《橘颂》

本篇赞美生长在南国的橘树,寄托诗人美好的道德追求与受命不迁的故国情怀。《橘颂》的创作时间有几种不同的说法:一说它是屈原早期的作品,是少年咏物言志之作;另一说它是屈原在朝得意时,歌咏社树之作;又一说据诗中"生南国兮"("南国"可能指江南)句,认为它是屈原流放江南途中睹物咏怀之作。

《哀郢》

本篇的写作时间与地点学者之间意见不一,但是,它是屈原流放多年后的作品则是可以肯定的。诗中描写了郢都破灭、百姓流离失所的悲惨情景,表达了诗人对于楚国民众遭遇祸难的深重忧虑,同时抒发了自己忠而获罪、不能返回故国的哀伤。

《怀沙》

本篇是屈原流放后期、可能是自沉前不久的作品。对于"怀沙"之意,主要有两种不同的解说:一种认为"沙"指沙石,是屈原表示将要怀抱沙石、自沉而死的意思;第二种认为"沙"指长沙,屈原寓怀长沙而有此作。诗中说"知死不可让,愿勿爱兮",可知此时屈原已经下定了以身殉国的决心。

《惜往日》

本篇是屈原流放后期、可能是诗人自沉前不久的作品。诗中回忆了当年受到楚怀王信任、申明法治、改革朝政以至遭谗被逐的经过,实际上,它是屈原一生政治生涯的总结。在以前的作品中屈原总是用"美人"、"哲王"、"灵修"之类美好的词称呼楚王,本篇却两次指责楚王是"壅君",这反映了屈原因对朝政绝望而生起的愤激之情,有学者据此认为《惜往日》是屈原的"绝笔"。

《悲回风》

本篇也是屈原流放的后期、同样可能是诗人自沉前不久的作品。诗首以旋风(即回风)摧折了兰蕙香草起兴,比喻邪恶的党人迫害正直耿介之士。诗的情感起伏跌宕,气概悲壮沉雄,充满着视死如归的精神。宋代朱熹《楚辞辩证》认为屈原写作《悲回风》时,"其身已临沉湘之渊,而命在晷刻矣"。清代王夫之《楚辞通释》论定"盖原自沈时永诀之词"。李陈玉《楚辞笺注》则说它是屈原"将沉渊之绝笔也,亦是一篇自祭文"。

综上所述,《怀沙》、《惜往日》、《悲回风》三篇分别被某些学者视为屈原最后的绝笔。如果不拘泥于这一问题的争论,可以感到上述篇章中的情感、意志与想象,本来是可以相通并互为补充的。

(三)《九歌》:摹写男女恋情以祭神娱神

在《楚辞》中,《九歌》具有独特的艺术风姿。据古籍记载,《九歌》本是上古夏朝的乐曲名。《山海经》还具体描述说:《九歌》原来是天帝的仙乐,夏启乘两龙飞升上天,将三名美女献给天帝,窃得《九歌》下到人间。这当然只是一个神话传说。大约《九歌》从夏代开始便用来祭天祀祖,楚人因为与夏朝的文化联系,也沿用它作为祭神的乐歌,所以有的学者干脆认为,《九歌》是"整套神曲"。

王逸《楚辞章句·九歌叙》说:《九歌》是屈原创作的。在楚国的南郢之野、沅湘之间,那里的风俗相信鬼神而喜好祭祀。每当举行祭祀的日子,一定会载歌载舞来娱乐鬼神。屈原被放逐到这一地域,他的内心极为痛苦忧伤。他看到当地人民祭祀神灵的礼仪,听到娱乐鬼神的乐曲,其中的歌词粗俗鄙陋,于是写作了新的《九歌》。屈原创作的《九歌》上则表达对神灵的尊敬,下则寄托了自己的冤屈,并借此对君王进行讽谏。依据王逸的说法,《九歌》是屈原流放江南以后的作品。明清以后,逐渐有学者提出了新的解释。清代学者马其昶提出《九歌》是屈原秉承楚怀王之命而作的,其目的在于乞求神灵的帮助,以打退秦军的侵犯。近代学者闻一多进而认为《九歌》实际上是"楚郊祀歌",孙作云说《九歌》是"楚国国家祀典的乐章",汤炳正说《九歌》"是屈原根据楚国国家祭典的需要而创作的一组祭歌,与汉司马相如等作《郊祀歌》之事相似"。这些说法思路一脉相承,都是对马其昶意见的发挥与延伸。但是,从《九歌》所祭祀的神灵中包括湘水之神(而不是长江或汉水之神),从诗中不时流露出幽怨企盼的情调看,《九歌》创作最大的可能性仍是在屈原流放江南时期。

《九歌》所祭祀的神灵有九个:一曰东皇太一,是最尊贵的天帝;二曰云中君,是云神或月神;三曰湘君,是湘水之神;四曰湘夫人,是湘君的配偶神;五曰大司命,是掌管人生寿命长短之神;六曰少司命,是掌管人间生儿育女之神;七曰东君,是太阳神;八曰河伯,是黄河之神;九曰山鬼,是巫山之神。除了祭祀上述九神之外,还有《国殇》——祭祀并悼念为保卫祖国而英勇捐躯的将士。

《九歌》中的情感,或者表示尊崇与赞美,或者倾诉爱慕与思念,其中有歌舞娱乐的场面,有神灵来去的场面,有敌我交锋、战场拼杀的描述,更多的是表现爱情期待与相思痛苦的情景。所以,在祭祀神灵的氛围之中,《九歌》又反映了那个时代多彩多姿的现实生活景象。

(四)《天问》:探询自然人事并质疑天命

《天问》是一篇千古奇文。有的研究者将《天问》与《离骚》比拟为鸟之两翼、车之二轮,有了这两首雄伟的诗篇,《楚辞》就像鸟有了翅膀,车有了双轮,就可以永远翱翔于中国辞赋的长空,永远驰骋在中国文学的坦途上。

什么是"天问"?有三种解释。一说"天问"就是"问天",人在痛苦忧伤之极的时候就会呼天、问天，这是一种愤懑情感的自然发泄。王逸《楚辞章句》说：屈原在被放逐中忧愁悲伤，容貌憔悴，后来进到一处祭祀楚国先王的庙堂。庙堂四周墙壁上画有天地、山川、神灵的图像，还有许多古代贤人的事迹，以及社会上流传的各种怪异故事。屈原因为长途流浪，疲惫不堪，便坐在墙壁下休息。当屈原抬头看见墙上的壁画，就将自己的疑问一一写在墙壁上，以发泄心中长期积累的愤懑与忧愁。楚人将这些疑问逐条抄录下来，这就是《天问》一诗的由来。在对《天问》的解释中，这种"呵壁问天说"长期处于主导的地位。二说"天问"就是对于天道、天命的质问、怀疑，古代"天"的含义包容极为广大，诗人举出有关天地、社会、历史、自然、神话等一切不可理解之事而问之，故曰"天问"。所以，《天问》代表的是一种富于情感而又极其深沉的理性思考，是最早的长篇哲理诗。三说《天问》是楚国世代相传的巫诗，是"楚国巫史长期积累和保存的各种知识的汇萃，是巫官的启示录，史官的教育诗"（郑在瀛《楚辞探奇》）。

关于《天问》的创作时间也有三种说法：一说这是楚怀王时期屈原被疏远时作于汉北。有的学者推测，屈原在受到政敌谗毁而被迫离开郢都后，曾经徘徊在汉江以北的地域。那一带的宜城是春秋时楚昭王的都城，所以有楚先王庙及公卿祠堂。屈原参拜了楚先王庙堂，见壁画有感而创作了《天问》。二说认为《天问》是屈原被放逐江南以后的作品。据《大清一统志》记载，湖南"益阳县西南有凤凰庙祀屈原，相传此地为屈原作《天问》处"。第三种说法则怀疑甚至否定王逸的"呵壁问天说"，认为屈原创作《天问》的依据是流行于楚民族的传统的古老神话故事与历史传说。此说认为《天问》不是题壁之作，而是一首哲理或宗教的诗篇，因此，对于它的写作时间不作具体断定。

《天问》总共三百七十余句，提出了一百七十多个疑问。从表象看,它的结构比较杂乱,似乎东一句西一句,让人摸不着头脑。其中可能存在错简而造成文字颠倒的情况,然而总体看,它的结构还是有层次可寻的。《天问》全篇总体可以分为两大部分:开篇问及天地开辟、宇宙起源、自然构造、日月运行、阴阳变化等,属于天文的内容;在鲧禹治水之后,问及九州分布、山川景象、神话故事以及怪异传说,属于地理及自然神话的内容。以上都可以看做是对于自然界的疑问,是第一大部分。从"禹之力献功"开始,分别对夏、商、周三代古史,以及春秋、战国的历史人物、传说故事发问,最后在问及与楚国有关的治乱兴亡事件后结束全篇。这是对于人类社会文明史的疑问,是第二大部分。

总之,《天问》问到了天地之间一切不可知、不可解之事,涉及自然世界、神话传说、王朝兴衰、社会文明等广泛的内容。其中有的问题是知识性的,有的问题是思想性的;有的是一般的发问,有的则是深沉的质疑;有的是有疑而问,有的在提问中就包含了诗人的论断。因此,《天问》绝不是简单的疑问辑录,其中积淀着深厚的历史文化蕴涵。

正如许多学者所指出的,在人类文明开创之初,各个民族这种"天问"式的思考及其文学表现并非绝无仅有,它反映了不同民族所共同具有的求知欲望、探索精神与悲剧意识。对比之下,屈原的《天问》又有着个人的特色。《天问》的精神实质不是宗教的,而是文学的;它不是导向神秘,而是导向历史的理性;它时常对天命提出质疑,试图寻求在古今兴亡成败、吉凶祸福背后隐藏的历史规律。《天问》永恒的思想与文学价值,也正在于此。

(五)《招魂》:展现丰富的先秦民俗画卷

王逸《楚辞章句》将《招魂》的著作权归于宋玉。他说:屈原忠君爱国而遭到排斥,被放逐流浪于山泽之间,魂魄离散,生命危在旦夕。宋玉因此写作了《招魂》，想借此恢复屈原的精神，延长屈原的寿命。宋代朱熹继承了这种观点，他说宋玉同情屈原无罪被逐的遭遇，"恐其魂魄离散而不复还，遂因国俗、托帝命、假巫语以招之"。明代以前，这种观点占据着主导的地位。从明末开始有学者明确提出宋玉招屈原生魂之说不符合情理，定《招魂》为屈原所作。从此，《招魂》的著作权还归于屈原，并且逐渐为多数《楚辞》研究者所认可。

关于《招魂》中所招魂魄的身份，除了宋玉招屈原之魂一说外，又有屈原自招生魂、屈原招楚怀王之生魂、屈原招楚怀王之亡魂、宋玉招楚顷襄王之魂等多种说法。要读懂《招魂》，首先要明白，古代的"招魂"，是丧礼中一项必备的仪式。古人认为人的死亡是因为魂魄离散，如果能够召唤亡魂归来，死者就能够再度复活。在先秦等级分明的社会里，招魂仪式的规格程序因为死者身份的差别而有不同的规定。其中国君死亡，招魂的仪式最为繁复，场面也最隆重。据《周礼》记载，国君去世后，专门的招魂之官有12人之多，他们要到国君的寝宫、祖庙、四郊等地招魂，大抵国君平时去过的地方都不能漏掉。郑玄注曰："尊者求之备也，亦他日所尝有事。"意思是说，君王地位尊荣，仪式要求特别齐备，这些处所也都是国君生前去过的地方。另据《史记·楚世家》记载，楚顷襄王三年（公元前296年），楚怀王在被秦扣留中死去，"秦归其丧于楚，楚人皆怜之，如悲亲戚"。据推测，大约在这个时候，屈原写作了这篇作品，以招楚怀王的亡魂归来。

《招魂》的构思，乃是本于先秦时代"招魂"的习俗。所以，开篇便是天帝派遣巫阳往下界招魂，从而引出一段对答之语，然后，便开始了招魂的仪式。文中次第描述了天地四方环境的凶险：东方有身高千仞专门吞噬人的灵魂的长人，还有能够熔化金石的10个太阳，所以，东方不可以去；南方有怪兽以人肉为祭品、用人骨熬成酱汁,那里遍地是毒蛇、巨蟒、封狐,往来追逐吃人,所以,南方不可以去;西方有流沙千里,有能使人粉身碎骨的雷渊,有身大如象的赤蚁、体若葫芦的黑蜂,那里气候干燥,土壤能使人体腐烂,所以,西方不可以去;北方天气奇寒,那里冰冻如山,飞雪千里,所以,北方也不可以去。不仅四方凶险异常,而且天上地下也都非常可怕:天上有虎豹把守九门,有形形色色的怪兽将人戏耍后投入深渊中,所以,天上不可以去;地下由幽都的魔王统治着,它虎头牛身、有三只眼睛、头上长着尖角、手指上沾满鲜血,专门以吃人为乐趣,所以,地下也不可以去。既然天地四方都是如此恐怖,亡魂当然只能归来了。《招魂》接下去便描写巫官引导亡魂进入郢都、返回故居,然后相继铺陈以宫室陈设之美、二八女色之丽、宫苑游赏之欢悦、美味佳肴之可口、音乐歌舞之享受、宾客狎戏之畅意,用种种的享受招引亡魂回到楚国郢都来。最后"乱辞"中对于打猎场面的描写,乃是因招魂而引起的对于往事的回忆,抒发了作者悲伤的情怀。

司马迁《史记·屈原贾生列传》中说:"余读《离骚》、《天问》、《招魂》、《哀郢》,悲其志。"这篇使司马迁为之感动的作品,同样感动了后世千千万万的读者。明人陆时雍说,《招魂》"鬼斧神工,人莫窥其下手处"。近人梁启超说,《招魂》是全部《楚辞》作品中"最酣恣、最深刻之作"。其中对于天地四方以及先秦民俗的描写,尤其引起后世学者的重视。

(六)《远游》:乘云游仙化解现实的压迫

在《楚辞》中,《远游》是一篇思想风貌别具特色的作品。它以超然脱俗、虚静无为的道家思想为主导,以飞升求仙、周游四方为主要内容,与屈原的其他作品旨趣有所不同。王逸在《楚辞章句》中分析说:屈原行为正直端方,不被容于朝廷上下。在上屈原受到朝中奸佞的谗毁,在下又为俗人所困扰。他徘徊山泽之间,内心的忧伤无人可以告诉。于是,屈原抒发妙思,假借游仙来寄托自己的情感,便创作了这篇《远游》。明代黄文焕《楚辞听直》进一步论述说:《远游》与《离骚》中往观四方、乘风上征的构思是相同的。所不同者,《离骚》多言"求女",《远游》则言"求仙"。"求女"实有寄托,"求仙"则是反话。从汉代到清代,学者们大都认同屈原作《远游》之说。到了近代,有一些学者提出疑问,他们认为《远游》中所表现的道家思想、出世态度与屈原一向的主张不合,其中袭用《离骚》的句子甚多,因而怀疑《远游》是汉代人的模拟之作。在这种怀疑论兴起的同时,仍有一些学者坚持《远游》为屈原所作的论点。

平心而论,超越世俗、飞升远游的想象贯穿在屈原的作品中,构成了它的一大文学景观。《离骚》中屈原朝发苍梧,夕至悬圃,饮马咸池,结辔扶桑,上叩天阍,下求佚女,是第一次的"远游"。不过,这次远游的目的不是为了求神仙,而是为了上下求索,以探索一条复兴楚国的道路。在灵氛占卜、巫咸降神之后,屈原开始乘龙驭凤、"周流观乎上下"了,然而,终因眷恋故土,屈原的这次远游半途而废。《涉江》中屈原在幻想中驾青虬,骖白螭,登昆仑,食玉英,与重华同游瑶之圃,算得上又一次小型的"远游"。可见《远游》这篇作品的出现绝非偶然,它不过是把《离骚》、《九章》中的相关想象提取出来,重新展开命意构思,熔铸为新的篇章罢了。

《远游》全篇可以分为五个部分:第一部分写自己因为现实的压迫,内心抑郁,孤苦无告,因而有了求仙的思想,这是写远游的原因;第二部分写诗人对神仙的向往以及对于现实的绝望,这是写远游前的心情;第三部分写诗人前往会见仙人王子乔,听他传授养气修炼之术,这是远游前的准备;第四部分写诗人从南州出发,乘浮云上达天庭,然后经过东方游到西方,在南游途中从空中俯视故乡,欣赏了上古仙乐,后来又游到北方的天空,这便是远游的全过程;第五部分抒写远游后的心情,在经历了天宫帝都以及东西南北的纵游之后,诗人的结论是要超然物外,进入至清而无为的泰初境界。由现实压迫的心理苦闷,到飞升天空的四方遨游,最终归结为精神的超越,这就是《远游》全篇的基本思想脉络。

《远游》的写作,可能是在《离骚》之后,在屈原被流放江南时期。《远游》的思想旨趣,与《离骚》相比,又有着明显的差异。《离骚》全篇表达的是对于君王的眷恋,对于党人的愤慨,《远游》追求的却是摆脱现实的超然境界;《离骚》关注的是眼前的楚国朝政,《远游》却有一种思考"天地之无穷"的宇宙意识;《离骚》之决心以身殉国与《远游》之追求生命永恒,二者也是一种鲜明的对照。因此,对于《离骚》的入世、执著,《远游》便构成了一种补充与化解。《远游》之思想意义与文学价值,亦由此可以想见。

(七)《九辩》:用悲秋演绎人生伤感的情怀

《九辩》是中国悲秋诗赋之祖。杜甫《咏怀古迹》诗曰:"摇落深知宋玉悲,风流儒雅亦吾师!""摇落"二字,便出自于《九辩》"草木摇落而变衰"一句。王逸《楚辞章句·九辩叙》肯定《九辩》是宋玉的作品,他说:"宋玉者,屈原弟子也。闵惜其师忠而放逐,故作《九辩》以述其志。"此说认为《九辩》是宋玉代屈原抒情,也就是说《九辩》的抒情主人公应该是屈原。后来,有学者认为《九辩》全篇语气都是自为悲愤之言,不像是哀悼他人,改说这是宋玉的自我抒情,与屈原没有关系。又有人调和上述两种说法,认为首章是宋玉的自我抒情,以下各章则是代屈原立言。主张《九辩》是代屈原抒情之说中,通常又认为其中兼有宋玉自怜自悲的意味。从明代开始到近代,一直也有学者主张《九辩》应是屈原的作品。

就意境而论,悲秋是《九辩》的主题。不过《九辩》之悲秋,并非单纯的感伤节令转换、万物萧索、岁月流逝。在《九辩》悲秋的氛围中,朝廷政治、个人遭遇与自然景物,融为一气,所有国势之衰落、朝政之混乱、个人身世之不遇以及眼前景物之惨淡,无不笼罩在秋色之中。至此,悲秋便具有悲伤时令物候之秋、个人生命之秋以及国运衰落之秋的多重含义。

《九辩》的内容可以划分为10章:首章描写秋气降临、草木摇落、万物萧瑟,加上贫士失意,心怀愤懑,羁旅无友,悲伤不已,这是总写悲秋之情。第二章抒写自己孤独寂寞的感伤,表达不能面见楚王、陈诉衷情的内心痛苦。第三章再次描写秋天草木凋零的景象,抒发生不逢时、岁华将暮的忧思。第四章诉说浮云蔽日、奸人谗毁,致使君臣阻隔,抒发内心悲愤之情。第五章痛陈楚王不辨忠奸、贤愚,因而,奸佞之辈高高在上,忠贞者退隐山泽之间,这是楚国朝政的痼弊。第六章进一步表现自己进退无路,只能用文学创作来寄托忧伤,并表示即使饥寒以死,也绝不改变初衷、希世求宠的坚定意志。第七章说在这漫长的秋夜,自己痛感年岁衰老,事业无成,心中充满凄怆惆怅的幽思。第八章再度表达对于朝廷政治的忧虑,由于小人蒙蔽君王,朝中祸患重重,危机四伏。第九章指出朝政的关键不在于修缮甲兵,而在于政治清明、举贤任能,当今贤者遭到疏放,忠心不能报答国家,这是最令人痛苦悲伤的事情。从"愿赐不肖之躯而别离兮"至篇末是第十章,描写诗人在幻想中远游,仍然不能忘怀于自己的国家,并希望祖国兴盛、君王平安无恙。有的学者认为第十章是对前九章的总结,其作用相当于"乱辞"。

总之,《九辩》是一篇感时忧国而又自伤身世之作。悲秋是它的主题,触景生情是它的抒情脉络,忧国与自伤是它的情怀。其中各章的内容具有相对的独立性,大约相当于后世的组诗。

（八）《卜居》、《渔父》：设为问答以抒发胸臆

《卜居》、《渔父》是姊妹篇，它们都是采用问答的形式，表达诗人的内心世界与人生态度。王逸《楚辞章句》将这两篇作品都说是"屈原之所作也"。洪兴祖《补注》继承了这一观点，他说："《卜居》、《渔父》，皆假设问答以寄意耳。"但是，这两篇作品的头一句都是"屈原既放"，很像是第三者的口吻。王逸因而在《渔父叙》中又说："渔父避世隐身，钓鱼江滨，欣然自乐。时遇屈原川泽之域，怪而问之，遂相应答。楚人思念屈原，因叙其辞以相传焉。"依据这一补充说明，《渔父》似乎又是楚人的叙事之作，这就引起后人关于作者问题的讨论。

坦白地说，《卜居》、《渔父》的作者究竟是屈原还是他的弟子后学之辈，目前仍然难下定论。不过这两篇作品用的是先秦时代的古韵，因此它们的文学与史料价值仍然是珍贵的。而在习惯上，多数人依旧将它们视为屈原的作品。

"卜居"二字的本意，就是卜问人生立身行事的处世之道。文中提出了八组相互对立的人生态度，归纳起来就是说：是要做一个忠诚纯朴、超越世俗、具有远大志向与独立品格的高尚的人呢，还是做一个平庸势利、蝇营狗苟、圆滑媚世、丧失节操的猥琐的人呢？二者之间孰吉孰凶，何去何从？其实，屈原心中对此本有着明确的是非判断，诗人并不是真的要太卜为他决断疑惑，而是要借此对于黑暗的现实表示抗议与谴责。这也就是文中所揭露的："世溷浊而不清：蝉翼为重，千钧为轻；黄钟毁弃，瓦釜雷鸣；谗人高张，贤士无名。"太卜郑詹尹对于屈原的提问自然心领神会，他只能收起占卜用的龟甲、蓍草，劝屈原按照自己的价值判断行事（即"用君之心，行君之意"）。所以，《卜居》实际上是屈原人生观的内心独白。

《渔父》写的是屈原与渔父之间的一场问答之词。渔父是江

湖隐逸之士,他与屈原不同,秉持着一种顺应社会、和光同尘的人生态度。当屈原抒发内心的愤懑,说明因为"举世皆浊我独清,众人皆醉我独醒",所以遭到流放时,渔父的回答是:圣人在现实面前不固执行事,而能与世推移,随机变化。世人皆浊,你为什么不参与其中、随波逐流呢?众人皆醉,你为什么不参与酣饮、麻醉自己呢?为什么要保持独立的思想、高洁的品行,自己造成被放逐的结果呢?最后,渔父唱了一首楚地的民歌,大意说:沧浪之水清啊,就用它来洗涤我的帽缨;沧浪之水浊啊,就用它来冲洗我的双足!这种悠然自在、顺时无为的态度,形象地表达了渔父的人生观。

对比之下,《卜居》中屈原的人生态度占据着正面主导的地位,那是一个是非问题。而《渔父》中屈原与渔父的人生态度则是并行的,某种意义上是互补的,那只是一个心理取向的问题。渔父对屈原并无恶意,屈原对渔父也未加褒贬。实际上,《渔父》只是一篇寓言式的文学作品,有无渔父其人,有无相互问答之事,都并不重要。

四 《楚辞》的思想蕴涵与民族精神

《楚辞》有着丰厚的思想蕴涵。作为一种文学典籍,它的思想不是通过概念演绎与推理,不是通过理性思辨与求证来体现的,它展现在读者面前的是富有艺术个性的人物形象,是热情又潇洒、痛苦又浪漫、执著又超越的人生情感,是金相玉质般美丽又活泼的诗歌语言。透过这种文学的形象、情感、语言,读者可以感受到诗人对于人生与社会的感悟,对于理想与人格的追求,感受到诗人对于现实世界的眷恋、殷忧与深重的质疑。这是诗人对于人类所寄居的宇宙空间的真诚探寻,对于人类所经历的历史文明的深沉反思,是诗人对于人的生命、人格以及生存方式的一次空前的求索。对于读者来说,这些不是出于理念的阐释,而是一种情感的表达;不是出于逻辑的求证,而是一种心灵的倾诉;不是出于思想的诱导,而是一种审美的体悟。

《楚辞》的思想蕴涵汇入了中国传统文化的江海之中。在漫长的历史年代里,《楚辞》的这种思想蕴涵对于陶冶民族文化传统、熔铸民族灵魂、建设民族精神,对于提升士大夫的道德人格、丰富其心灵境界、形成其特有的生存方式,一直起着不可忽视的积极作用。

《楚辞》对于民族精神的作用不只是一种文化参与,更是一种交汇与融合,它的表现是纵横联系、难以分割的。以下从爱国情怀、美政理想、独立人格、历史文化、宗教文明等方面加以概要阐述。

(一) 爱国情怀

肯定屈原的爱国情怀,是对于屈原精神最重要的伦理价值判断。曾有人质疑"屈原——爱国诗人"的命题,认为在先秦时代并不存在中国与外国的对立,某一个人是否离开故土、前往他国,也并非判断其是否爱国的标准,屈原自沉汨罗而死不是出于爱国的动机,乃是因为他与楚王室的血缘联系。但是,若不是从概念出发,读者并不难从《楚辞》中感受到诗人热爱故国的情怀,感受到他的一颗坚强而又活泼的爱国心。这种爱国心,不是出自某种抽象的理念,而是源于浓郁的情感。屈原的爱国,是热爱他的故土,热爱他赖以生存的楚国,热爱楚国的人民与文化。

楚人有着强烈的民族意识与热爱故国的传统。屈原的远祖是古代传说中的颛顼,亦即高阳氏。高阳氏是黄帝轩辕氏之孙,在渺邈的远古时代,高阳氏的这一支后裔逐渐由中原向南方迁移,来到荆楚大地,成了楚人。当时的楚国被认为是蛮夷之地,广大的地域尚未被开发,自然条件极为恶劣。高阳氏的后裔与当地土著人民一起,开辟山林,建立家园,抵御外患,拓展疆域,养成了优良的民族传统。楚国的都城多次迁徙,都沿用"郢"之旧名。楚军统帅在打败仗之后,常常自杀以表示向国人谢罪,更是楚人爱国精神的生动体现。

屈原继承了这种强烈的民族意识与爱国情感,并将之转化为一种坚定的志向,一种自觉的责任感,一种踏踏实实的行动。在《离骚》中,屈原把自己的国家比做一辆行驶中的车子,他希望国家能够在康庄大道上顺利前进,他自己则愿意奔走前后,为之先导;他时刻担心的是这辆车子在幽隘的道路上一朝翻覆,并为此而日夜焦灼不安。在屈原的作品中,读者总是感受到诗人要将国家的安危兴衰担负在自己肩头的强烈责任心。尽管他遭到党人的逸毁与世俗之辈的嘲笑,遭到昏庸之君的轻忽与误解,他还是不改一片痴心,日夜眷恋着自己的国家与君王。尽管楚国政治体制的腐败不是屈原个人能够拯救的,楚国国势的衰落不是屈原个人能够挽回的,楚国风气的颓唐不是屈原个人能够更新的,他还是忧心如焚地去极力呼吁,去筹谋改变。他怀抱着一线希望,便用全部的身心精力去争取、去奋斗。因此,他的爱国心便化成了一团火焰、一束光明,永恒地照耀在炎黄子孙的心中。

在《离骚》中,屈原尽情倾诉了他对于楚国朝政的忧虑与失望,而决心去国远游、往观四方;然而,正当他在幻想中驭龙飞天、高驰邈邈、听歌观舞、沐浴着灿烂阳光之际,他忽然从空中俯视到自己的故国,这时屈原自己以及他的仆夫、马匹都同时被一个情结所穿透、所击中,他们顿时沉浸在浓重的悲伤、眷恋之中了。屈原最终仍然不能离开自己的故国。

屈原自沉于汨罗江。他带着自己的忧伤与痛楚,带着自己未曾实现的幻梦,永远地融化在汨罗江澄澈的流水里。他的生命与祖国的江河、山川、大地融为一体。他所挚爱并为之不懈奋斗的理想，也永恒地留在了民族的记忆里。

刘熙载《艺概·文概》中说"有路可走，卒归于无路可走"，这就是屈子；又说"无路可走，卒归于有路可走"，这就是庄子。屈原不能离开他的故国，不能割舍他对于家园的深情，所以，他将自己整个的生命都奉献给了祖国，这就是屈原一腔生死不已的爱国情怀。

(二) 美政理想

"美政"是屈原社会理想的核心，是他用自己的生命去不懈追求的事业。所谓"美政"，即以天下为公、贤能为用、和谐有序、开明自由的政治局面。屈原在《离骚》之末写道："既莫足与为美政兮，吾将从彭咸之所居。"《荀子·儒效》说："儒者在本朝则美政，在下位则美俗。"这种"美政"的内涵大体上包括四个方面：一是关怀人民，二是实行法治，三是任用贤能，四是追求统一。四者相互联系，共同构成"美政"的内涵。

第一，实现美政理想要求政府关心黎民百姓，尊重人民的意志。《楚辞》中"民"字凡十见。它有时是自况、自指，如《离骚》"终不察夫民心"（"民心"即"人心"），"哀民生之多艰"，"民生各有所乐兮"（"民生"即"人生"）；有时则兼指众人，如《离骚》"相观民之计极"，《大招》"万民理之"。《楚辞》中还提到"百姓"、"黎服"，用来指不同阶层的人民。《哀郢》"皇天之不纯命兮，何百姓之震愆"，"百姓"主要指城市居民，这里诗人为百姓遭遇苦难而悲伤，并向上天呼吁。《天问》"何条放致罚，而黎服大悦"，意谓商汤代行天罚，驱逐了残暴的夏桀，放之鸣条之野，所以，天下黎民便一片欢悦了。《楚辞》还提到"民德"的观念。《离骚》中说："皇天无私阿兮，览民德焉错辅。"清代林云铭《楚辞灯》解释"民德"是"为民所德者",今人汤炳正解释为"视万民所感戴者",意思说凡是百姓所拥戴的人,皇天就会派人辅佐他。可见,关怀民众,顺乎民心,重视人民的感受,这是屈原"美政"理想的基础。

第二,实现美政理想要求政府遵循法度,反对君王随心所欲的"心治"。在《九章·惜往日》中,屈原回忆了当年在朝申明法治、革新朝政的往事,而特别点出"法度"二字。诗中说自己当年"明法度之嫌疑",又说"国富强而法立",强调法制的重要。诗人比方说,国家放弃法治,就像骏马没有缰绳、舟筏没有船桨一样,楚王"背法度而心治",党人"背绳墨以追曲"(《离骚》语),上行下效,一起胡作非为,岂不是要使朝政倾覆吗?在屈原笔下,不仅民众要守法,君王尤其要尊重法度、要守法,否则,必然导致严重的灾难。

第三,实现美政理想要求选贤举能,反对任人唯亲。《离骚》中云"举贤而授能兮,循绳墨而不颇",代表了他的政治主张。任用贤能本是春秋战国时期流行的政见,它的对立面便是"世卿世禄"制度。屈原主张不论人的身份贵贱,唯才是举,不拘一格。在《离骚》中,屈原举出历史上的例证说明任贤的重要:"说操筑于傅岩兮,武丁用而不疑",傅说是一个筑墙的工匠,商高宗武丁任用他为相而不疑;"吕望之鼓刀兮,遭周文而得举",吕望是一个卖肉的屠户,周文王却用他做了帝王之师;"宁戚之讴歌兮,齐桓闻以该辅",宁戚是一个唱着歌喂牛的小商贩,齐桓公却用他做了辅佐大臣。在《惜往日》中,屈原又补充说,"闻百里之为虏兮,伊尹烹于庖厨",百里奚曾经是俘虏,秦穆公用五张羊皮将他赎回,伊尹曾经是厨房的厨师,后来辅佐商汤王。屈原反复举出傅说、吕望、宁戚、伊尹、百里奚等人的例子,主张有才能的民众都可以参与政治,英雄不论出身。

第四,实现美政理想要追求国家在德治基础上的统一。屈原经常诉说他的抱负,就是辅佐楚王建立像尧、舜、禹、商汤、周文、周武王那样的伟业，以实现天下一统的清明政治局面。他希望这种天下统一的事业由楚国来完成。自从春秋末年以来，楚的国力迅速扩展壮大。战国中期，楚国已经成为"地方五千里，带甲百万，车千乘，骑万匹，粟支十年"的南方大国。战国七雄纷争，进一步形成"横成则秦帝，纵成则楚王"（《战国策·秦策》）的局势。张仪对楚王也说："凡天下强国，非秦而楚，非楚而秦，两国敌侔交争，其势不两立。"可知，由楚国来统一天下的历史机遇，一度是确实存在过的。

屈原在作品中反复推崇那些能够平定世乱、统一国家的前代先王，他念念不忘建立"三王"式的业绩，这成为他终生追求的最高目标。在《大招》结尾所描述的政治局面也是如此：不仅国势强盛，而且君王德化昭明天下（"天德明只"），朝廷之中三公九卿共同效力，辅佐君主，达到禹、汤、文王的境界（"尚三王只"）。可见，《楚辞》中所寄寓的政治理想是与国家统一的目标完全一致的。

上述关心黎民百姓、遵循法度、任用贤能、追求统一，构成屈原人文理性的核心，是其美政理想的具体表现。

屈原的政治观不是本于僵硬的体制与教条，他反复强调要"上下求索"。《离骚》中说"路曼曼其修远兮，吾将上下而求索"，又说"及余饰之方壮兮，周流观乎上下"。在《远游》中，诗人更是"经营四荒"、"周流六漠"，灵魂在无限的空间中巡游。屈原笔下反复描写的求索场面绝不只是单纯的文学想象，它表现了屈原试图在更广阔的历史空间、更大的文化视野探求人类生存的社会形态，探求人类精神栖息的理想模式，探求心目中的美政目标及其实现途径。虽然他失败了，但是，其精神永远不会磨灭。

然而，屈原这种对美政的追求，似乎一开始便注定了失败的命运，因为楚国王室的腐败已经积累了相当长久的时间。屈原之世，君主昏庸淫逸又被重重蒙蔽，党人势高权重又勾连成网，世风萎靡又唯利是趋。邪辟与世俗的势力结合,像洪水一样足以淹没少数头脑清醒又行为正直的人。在这种社会环境中,屈原除了在崎岖而又漫长的流放之途彳亍行吟之外,又岂有别的道路可走?

屈原在《离骚》结尾曾经表示说:既然不能实现美政的理想,那就只能"从彭咸之所居"。彭咸何许人也?旧说他是殷商时代的贤大夫,因为向君王直言进谏,不被采纳,最后投水而死,又有人说他同时具有巫官与贤臣的两重身份。《悲回风》中说道:我要凌波随风而去,到那彭咸所居住的地方("凌大波而流风兮,托彭咸之所居")。汉代刘向《九叹·离世》中也说:九年放逐不能回归故都,我将追随彭咸游于水中("九年之中不吾反兮,思彭咸之水游")。看来,屈原投水而死,应该是没有疑义的了。

(三) 独立人格

春秋战国时期,新兴的士大夫人格的发展呈现出多元化的趋势。士大夫中有谋略之士,有纵横之士,有史学之士,有文章之士。《楚辞》的出现,标志着其中一种富有文学色彩的士大夫人格的成熟与定型。

屈原有着自己坚定的立身准则与独立的人格追求。在《怀沙》中,他用"重仁袭义兮,谨厚以为丰"来表明心志。这既道出了诗人的修身原则,又展现了他的宽阔胸襟。这里的"仁义"不是一个空洞的概念。"仁"是要爱人,其中最重要的是爱人民。"义"是要讲道理,讲正义,重要的是对民众讲道义。与这种"仁义"的原则相一致,屈原又举出了好修、清白、忠信、耿介等作为立身的道德标准。所谓好修,即追求人性与人格的美好;所谓清白,即力求身心不受世俗尘垢的玷污;所谓忠信,是说待人忠诚,发言行事都要讲求信义;所谓耿介,是说为人光明磊落,不用机心权术害人。内则追求人格道德的清白纯粹,外则保持立身行事的正大光明,这也就是"重仁袭义",就能够为人生立下厚实的根基。否则,趋奉一时的权势,追求一己的私利,因此玷污纯净的本性,从而留下难以磨灭的缺憾,这正是屈原所不愿意亦不屑于去做的。屈原在《离骚》中说"民生各有所乐兮,余独好修以为常",又说"伏清白以死直兮,固前圣之所厚",这正是他的人格理想。

屈原有着高尚的道德自觉与人格追求,然而,他并不是一个只知退让的谦谦君子,而是一个禀性刚烈、宁折不屈的战士。一提到屈原,人们就会在幻想中出现一位穿着奇异服装、身佩长长的宝剑、头戴切云高冠的奇士的身影。他忽而远渡湘沅,流着眼泪向重华陈辞;忽而命驾升空,周游四方。他先是指着苍天发誓,说自己的作为完全是出于一片忠心,后来又责备君主受了蒙蔽,使得那一帮善于逢迎的谗谀之辈日益得势。在屈原的生平事迹中,充溢、流动着抗争、奉献与自我牺牲的精神。他一再表示自己绝不向党人妥协,绝不向世俗让步,抱定献身的决心,而决不后悔。即使身在流放途中,他也是如此,反复申述"吾不能变心而从俗兮,固将愁苦而终穷","余将董道而不豫兮,固将重昏而终身"(《涉江》)。这种守道不阿、终生无悔的人生态度,对于后世身处逆境的知识分子是一种极大的鼓励与安慰。后世的志士仁人,莫不从中汲取力量,增强信心。

清代学者王棻曾经说道:"吾观战国之世有三人焉:以举世皆趋势慕利之徒,而有被服仁义、守先待后、尊王贱霸,如孟子其人者焉;举世皆朝秦暮楚之辈,而有志笃忠贞、謇直不挠、沉身不去,如屈子其人者焉;举世皆同流合污之人,而有高瞻远瞩、特立独行、一国非之不顾、天下非之不顾,如庄子其人者焉。"总之,当天下纷乱变故、沧海横流之际,唯有孟轲、屈原、庄周一类具有独立思想与坚定意志的人能依据自己的价值判断,而葆有各自卓异的人格,因而他们也就成了后代文人的榜样。

(四) 历史文化

人类的历史就是写在时间长卷上的一部永远讲述不完的文化演变史。在历史文化积淀中，可以读到关于人类社会形态、家族组合、个人人格以及学术思想生发与变迁的全部秘密。从这个意义上说，历史文化不仅为文学准备了材料，也陶冶着文学的精神。

注重历史与文化，是《楚辞》的一大特色。在《离骚》、《天问》中，几乎可以读到上古三代至春秋战国的全部历史（当然其表述是诗化的）。《楚辞》涉及众多的历史人物与事件，从上古传闻一直到战国时事，无不融摄进入《楚辞》的篇章。其中圣明的君主如尧、舜、禹、商汤、武丁、周文、周武王等，暴戾淫逸的君主如夏桀、后羿、浇、商纣等，贤良能干之臣如伊尹、皋陶、傅说、吕望、百里奚、宁戚等，忠诚受冤而死之臣如鲧、比干、申徒狄、伍子胥等，廉洁隐逸之士如伯夷、介之推、接舆、桑扈等，都在《楚辞》的篇章中有所载录与表现。

屈原吟咏这些历史人物及其事件，其意义首先是对民族文化传统的肯定，对于历史经验教训的确认。简而言之，就是惩恶扬善、激浊扬清。司马迁在《史记·屈原贾生列传》中说，《离骚》"上称帝喾，下道齐桓，中述汤武，以刺世事"。班固《离骚赞序》说，《离骚》"上陈尧、舜、禹、汤、文王之法，下言羿、浇、桀、纣之失以风"，他们都强调屈原作品所蕴涵的借古讽今之旨。其次，更为重要的是屈原对于历史变迁的深入思辨。在《天问》中，屈原曾经就殷商王朝的兴亡发问道：天帝使殷商统一了天下，殷商有些什么德化（"授殷天下，其德安施"）？后来，殷商又终至亡国，他又有何罪过（"及成乃亡，其罪伊何"）？这里隐含的问题是：历史发展的动力与规律是什么？其中，所谓"天命"的作用何在？

只要深思历史，就会发现相互矛盾的两个方面：一方面是"天命"与人事的统一,如尧、舜、禹、商汤、周文王等圣君功德在民,所以享国长久;夏桀、商纣荒淫暴戾,终于国除身灭。《抽思》所说"善不由外来兮,名不可以虚作",便是对这种现象的概括。与之相反的是"天命"与人事的相互矛盾,如《天问》所说的,王亥有美德,却被杀于有易之国("该秉季德……胡终弊于有扈");梅伯直谏却被剁成肉酱,箕子怀抱忠诚却只能假装疯狂("梅伯受醢,箕子佯狂")。因此,屈原不禁要问:天命为什么反复无常,它究竟惩罚谁又保佑谁("天命反侧,何罚何佑")？屈原的这些思考,无疑深化了《楚辞》的历史文化蕴涵。

从地域上说,《楚辞》文化是开放而多元的。《楚辞》中是否包含中国以外的异域文化成分？对此学术界意见不一。苏雪林认为《楚辞》中之《离骚》、《九歌》、《天问》充满了"域外文化分子"。她认为域外文化在夏代已经传进中国,混合在我们自己的文化体系之中,融汇成为一片;战国时代,域外文化又以排山倒海之势再度涌入中国,从而开始了"战国中叶波澜壮阔、光芒四射的学术文化的黄金时代"(《苏雪林文集》卷四《屈赋之谜》)。从广义文化(包括神话、历史传说、民俗等)的意义上说,域外文化对于《楚辞》的影响是与其言其无、不如信其有的。即使将这一问题存而勿论,《楚辞》中包容了多元的中国地域文化成分也是显而易见的。楚文化熔铸了《楚辞》的灵魂,陶冶了《楚辞》的艺术精神,已不待论。其他如以典章制度、礼乐文明为主要内容的中原文化,以稷下谈士为代表、具有泱泱风度的齐文化,以及巴蜀、吴越文化等,都在《楚辞》中留下了自己的投影。

《楚辞》不仅是文学的丰碑,也是文化的丰碑。屈原不断地在进行文化与历史的沉思。他的思维空间是那样的广大、那样的久远！他对于社会人生的思考与表述,成为春秋战国思想文化更新进程的一部分。屈原对于社会发展原动力的思索,对于"天命"的质疑,对于究竟应该由谁来管理天下的阐说,都表现出理性探求的精神。《楚辞》的文化视野是开阔的。他在《离骚》中写道"路曼曼其修远兮,吾将上下而求索",又说"及余饰之方壮兮,周流观乎上下"。这些固然是一种超然的想象,但也可以认做是对于多种文化理性的广泛探求与吸纳。正是在此基础上,屈原造就了自己蕴涵内美而又独立飘逸的文化人格。

屈原在政治上是一个悲壮的失败者,在文化上却是一个伟大的胜利者。正是《楚辞》深厚的历史文化蕴涵,确定了中国诗赋千古不易的人文传统。

(五) 宗教文明

中国上古的神话传说,以《山海经》载录最多,其次就是《楚辞》了。鲁迅曾说《天问》是"中国神话传说的渊薮",其实,在《楚辞》的其他篇章中这方面的内容也并不少见。屈原作品中有关上古神话与宗教的记述,不仅内容丰富,而且多姿多彩。概而言之,有与古史杂糅的神话传说,有曲折表现人类与自然斗争的神话故事,有对于日月星辰、四方神灵的幻想,有民间巫术的表现,也有不少是在神话巫术熏陶下产生的文学想象。《楚辞》总体呈现极为瑰丽奇异的艺术风貌,与它的宗教神话蕴涵有着密切的关系。同时,《楚辞》的非凡成就,又为中国的神话文化增添了异彩。

屈原自称是高阳氏颛顼的后裔。在历史上,颛顼是黄帝之孙(一说曾孙),传说他从小辅佐少昊氏,20岁时登上帝位。在传说中,颛顼是一个充满神异色彩的人物。《大戴礼》记载颛顼曾乘龙而至四海,凡是日月所照以内的人民莫不归顺。神话传说共工(一说是人面蛇身的天神,一说是神农时的诸侯)与颛顼争夺帝位,共工怒而触不周之山,结果将不周之山撞倒了。这座不周山本是擎天的柱子,天柱既然倒了,大地便发生倾斜,江、河之水就向东南流去了。在颛顼的后裔之中,还有一位彭祖(名铿),也是十分著名的人物。传说彭祖活到了八百岁,因为他曾经将一种美味的野鸡汤献给天帝,天帝高兴了,便赐给他长寿。《天问》中说"彭铿斟雉,帝何飨?受寿永多,夫何久长",就是问的这件事。

高辛氏帝喾是上古著名的帝王,《史记》列为五帝之一。传说高辛氏有四个妃子:元妃是有邰氏之女名叫姜嫄,她生育了后来成为周民族始祖的后稷;第二个妃子是有娀氏之女名叫简狄,她生育了后来成为殷民族始祖的契;第三个妃子是陈锋氏之女名叫庆都,她生下了著名的帝尧;第四个妃子是鲰訾氏之女名叫常仪,她生下了帝挚。其中后稷与契的出生最带神异色彩。据说姜嫄到野外游玩,看见地上有一个巨大的足迹,当她脚踩在这巨大足迹之上时,仿佛受到震动,回家后便怀孕了。后稷出生后历尽苦难,他曾被抛弃在寒冰之上,而群鸟却用翅膀去温暖他。有娀氏之女简狄的故事也带有传奇的意味。传说简狄姐妹住在九重瑶台上,饮食时都要击鼓奏乐。后来,高辛氏派去了一只燕子,留下两枚五色蛋。简狄不小心吞下了一枚燕卵,便怀孕生下了契。《天问》就此事问道:简狄住在高台上,帝喾怎么就相中了她?玄鸟(即燕子)留下鸟卵,怎么就能使简狄生下孩子?在《离骚》中也有由此生出的想象,其中写道:"望瑶台之偃蹇兮,见有娀之佚女","凤皇既受诒兮,恐高辛之先我!"在《九章·思美人》中,诗人又一次提到了帝喾与简狄之间这一段神奇的传说。可知这一美丽的神话故事,多么受到诗人的喜爱。

在我国的古史传说中,尧、舜都是有名的圣君。《楚辞》中的尧、舜,除了英明耿介、遵道得路的一面之外,还带有神话的色彩。据载,尧将自己的两个女儿嫁给了舜,后来,舜在南巡途中死于苍梧之野,葬于九嶷之山。舜之二妃即帝尧之二女得到凶信,非常悲伤,啼泣不已,据说她们"以涕挥竹,竹尽斑"(《博物志》卷一),所以,至今世有湘妃竹,又称斑竹。舜及二妃死后均为神。舜为天神,可以周游天下;二妃居住在洞庭之山,经常"神游洞庭之渊,出入潇湘之浦"。《九歌》中的《湘君》、《湘夫人》,有的学者认为写的就是神话传说中这一生死相恋的缠绵故事。至于在《离骚》中诗人幻想南渡沅湘向重华陈辞,《涉江》中诗人幻想与重华同游瑶之圃,其中舜(即重华)的形象也都被天神化了。

在先秦古籍中,多处有着唐尧之世天下洪水泛滥的记载。据说当时洪水横流,田地庄稼被淹没,五谷不收,遍地野兽出没,严重威胁到人类的生存。唐尧派鲧治水九年没有成功,后来,禹继承其父未竟的事业,继续治理洪水。禹三过家门而不入,开凿山川,疏通河道,这才根治了水患。于是鲧与禹都成了治水的英雄,不过鲧是失败的英雄,禹则是成功的英雄。

在神话传说中,鲧治理水患时从天上偷来了天帝的"息壤",这是一种能自己生长以阻挡洪水泛滥的神土,然而,鲧也因此受到了严酷的惩罚,他被天帝派人杀死于羽山之野。又传说鲧死之后,尸体三年不腐,天帝派神用吴刀剖开他的腹部,从中间出来了一条黄龙,这条黄龙就是大禹;而鲧的尸体又化成一头黄熊,进入羽渊之中。后来,禹治水时,便有应龙前来帮助他开导水路。这些奇怪的传说,都在《天问》中有所反映。

中国神话作为民族初祖对于混沌初开之际天地万物的朦胧想象,有着丰富奇幻的内容。自然界的日月星辰、四方山川都一一被人格化,同时也神化了。在《九歌》中,太阳神名叫东君,他是一个驾着龙车,载有云旗,身穿青云衣、白霓裳的天神。他出自扶桑,驱除夜间的黑暗而给人们带来光明,然后向西方行驶而去。为月神驾车的使者则名叫望舒,当屈原在幻想中展开上下求索时,望舒被派遣为前导。又传说月亮中有玉兔(一说蟾蜍),由于月亮圆缺相续这一极富神秘性的自然现象,先民便产生出月亮死而复生的幻想。《天问》因而问道:"夜光何德,死则又育?"又问道:"厥利维何,而顾菟在腹?"民间又广泛传说后羿向西王母请得不死之药,嫦娥服后飞升到月亮之上,成为月精的故事。这样一来,关于月亮的种种传说就更富于文学的意味了。

　　《楚辞》中还写到四方之神:东方之神名叫句芒,西方之神名叫蓐收,北方之神名叫玄冥,南方之神名叫祝融。《楚辞》还写到风神飞廉、雨神屏师、雷神(一说云神)丰隆。《九歌》中的大司命、少司命是一对星辰之神,主管人间的生死寿命及生儿育女的事。还写到湘水之神湘君(湘灵),黄河之神河伯(冯夷),北海之神海若,巫山之神山鬼,还写到其他众多的神,从而构成了一幅神秘、雄武又富于浪漫情调的神的世界。与神灵世界相近的是鬼怪的世界。神灵的形象是弘毅、庄严的,鬼怪的世界则是恐怖、离奇的。《招魂》描写天地四方的精怪,有九个脑袋的毒蛇、专吃魂魄的长人,有体型如象的赤蚁、壶般巨大的玄蜂,有丑陋的沾着血迹的土伯、凶猛的三个眼睛的老虎。这些,开了后世鬼怪故事幻想的先河。

　　《楚辞》中的巫术,包括祀神、降神、卜筮、占梦、招魂等多项内容。它们展现了先民所创造的最原始的文化形态,最早的民族习俗。屈原本来具有巫史文化的家族背景,诗人又富于艺术表现的天才,《楚辞》中所表现的巫术描写也就显得尤为形象生动、丰富多彩而濡染文学的意味了。

　　综上所述,《楚辞》作为富有艺术个性与生命活力的国学经典,一直对于我国的传统文化起着积极的作用。这种影响是深入的、全方位的、持久不衰的。历史岁月并未冲淡《楚辞》的文化魅力。在中国的文化艺术苑囿中,《楚辞》与其他的文化景观相映生辉,相涉成趣。《楚辞》完全融入了中华文化之中,成为它的一个有机的组成部分。《楚辞》的文化蕴涵,早已融化、凝聚在我们的民族精神之中了。

五 《楚辞》的传播与接受

"楚辞"正式结集是在西汉刘向校书宫廷秘府之际,距离屈原去世已经大约二百八十年了。刘向的成就,是编辑了十六卷本的《楚辞》。这本《楚辞》除收录屈原所有传世的作品外,还选录了宋玉、景差、贾谊、淮南小山、东方朔、严忌、王褒等人的相关辞赋,以及刘向自己所作的《九叹》,所以,《四库全书总目提要》说:"哀屈宋诸赋,定名《楚辞》,自刘向始也。"又说:"初刘向裒集屈原《离骚》、《九歌》、《天问》、《九章》、《远游》、《卜居》、《渔父》,宋玉《九辩》、《招魂》,景差《大招》,而以贾谊《惜誓》、淮南小山《招隐士》、东方朔《七谏》、严忌《哀时命》、王褒《九怀》,及向所作《九叹》,共为《楚辞》十六篇,是为总集之祖。"

从此,《楚辞》传播与接受的历史篇章正式揭开了。两千年来,注释、解说、研究、评介《楚辞》的著作浩如烟海。其间,持论之见仁见智,辩说之矛戟交错,意见之纷纭多端,足以令一般读者如堕五里雾中。以下就历代对于《楚辞》的文本诠释、精神价值的阐说以及屈原形象的塑造等方面加以简要的描述,庶几对于中国文化特别是国学爱好者认识和理解《楚辞》的精华有所裨益。

(一) 对于《楚辞》文本的诠释

历代《楚辞》注本甚多,其中影响最大、流传广远者有东汉王逸《楚辞章句》,宋代朱熹《楚辞集注》、洪兴祖《楚辞补注》,明代王瑗《楚辞集解》,清代王夫之《楚辞通释》、蒋骥《山带阁注楚辞》等。近代学人注释更多,限于篇幅,不能一一列举。

王逸《楚辞章句》

王逸,字叔师,南郡宜城(今湖北宜城)人。据《后汉书·文苑传》记载,王逸在东汉安帝元初(114—120年)中被荐举为上计吏,为校书郎,曾参与编修《东观汉记》。汉顺帝时为侍中,又曾出任豫章太守。据陆侃如《中古文学系年》考证,王逸《楚辞章句》作于元初三年(116年),《九思》作于阳嘉四年(135年)。这时期,朝中宦官势力已经形成,政局反复,忠贞之士时常受到谗毁与迫害。因此,王逸注释《楚辞》,固然因为他与屈原"同土共国,悼伤之情与凡有异"(《楚辞章句·九思叙》),不满意班固对于屈原人格的贬责,同时,也可能由于现实的感触,有激而为之。

《楚辞章句》是现存最早的《楚辞》注本。王逸对于《楚辞》的论述与解说,在《楚辞》学术史上有着特殊的地位。首先,该书17卷,每卷之前都有一篇叙,另外《离骚》、《天问》还各有一篇后叙,提供了关于篇章作者的意见与具体材料,对于每首作品的创作缘由及篇章大意,作了概括的说明,这些都是十分珍贵、无可取代的。其次,该书对《楚辞》文本作了认真的解释,完整地阐说了汉代人对《楚辞》的理解,并保存了许多可贵的训诂资料,因而具有重要的文献价值。王逸注《楚辞》,比汉代各家前进了一大步:其一,它是对刘向所辑16卷的通释,而不只是注释其中的一章一卷;其二,王逸生长于楚地,他对于楚地方言、名物的解释尤为可贵;其三,作者审慎地保留了汉代人对同一词语的不同解说,为后人的进一步研究提供了方便。

《楚辞章句》存在的问题主要表现在两方面:一是学术思想上,由于汉代经学兴盛,而自董仲舒之后,天人感应、阴阳灾异之说又勃然而起,成为笼罩一切的流行思潮,王逸受到这种思潮的影响,在《楚辞章句》中也有种种荒唐迂腐、不切事理的议论。二是在具体词语的解说中,穿凿附会、误解妄说之例屡见。

洪兴祖《楚辞补注》

洪兴祖(1090—1155年),字庆善,镇江丹阳(今属江苏)人。他入仕之后,正逢中原板荡、宋室仓皇南奔之际,因为上疏陈列"朝廷纪纲之失,为时宰所恶"。后来出任地方官,因为他禀性正直,不肯阿附权贵,受到迫害并遭罢官,被编管昭州而卒。一直到秦桧死后,洪兴祖的冤案才得到平反昭雪。

洪兴祖"补注",立意乃在于补正王逸的《楚辞章句》。在体例上,《补注》将王逸的注文抄录于前,将自己的注文附之于后,凡王逸注释词意未尽者则加以补充,凡王逸注释意义未明者则加以阐发,凡王逸注释有误者则加以纠正,同时,对屈原的道德人格加以新的发挥与阐释。

《楚辞补注》的价值主要表现在三个方面:

一是荟萃众本,校正文字。据宋人陈振孙《直斋书录解题》,洪氏作《补注》时,先后搜集得苏轼、洪炎、姚廷辉、欧阳修、孙觉、苏颂等十多位学者的《楚辞》读本(包括校本),实际上他集中了当时最主要的版本,进行了认真的参校,其价值也就不言自明了。

二是补释语意,驳正旧注。王逸《章句》有的用字简约,语意不明,洪氏则加以补充。如《离骚》"初既与余成言兮"一句,王逸解释"成言"说:"成,平也;言,犹议也。"意思含糊,读者不明究竟。洪氏补充说:"成言,谓诚信之言,一成而不易也。《九章》作'诚言'。"经过洪氏的补充,其意义才明晰起来。对于王逸注(以及唐代五臣《文选注》)中的错误,洪氏也不时加以纠正。如《离骚》"勉升降以上下兮"一句,王逸注解说:"上谓君,下谓臣。"洪氏纠正说:"升降上下,犹所谓经营四荒、周流六漠耳。不必指君臣。"

三是保存文献,载录旧说。《补注》中保存了若干已经失传的著作材料,如关于古本《楚辞释文》一书,因为洪氏的征引而受到后世《楚辞》学者的广泛重视,吉光片羽,显得尤为可贵。

由于《楚辞补注》的体例限制，书中因循旧说、牵强附会之处依然存在，不可不察。

朱熹《楚辞集注》

朱熹（1130—1200年），字元晦，号晦庵，徽州婺源（今属江西）人，宋代著名的理学家。他晚年讲学于福建建阳的考亭，因此，学者或称他为"考亭先生"。通观朱熹的一生，尽管有思想、有政见、有气节，但学者气味甚浓，在政治圈子里四处碰壁，只能以学问终其一生，也只能以学者名世。

朱熹很早就对《楚辞》产生了兴趣，他正式注《楚辞》，则是在"作牧于楚"（宋光宗绍熙四年冬十二月，朱熹被任命为潭州知州、湖南安抚使）之后，这一年他已经64岁。不久，宁宗即位，朱熹受赵汝愚的推荐，入朝任焕章阁待制兼侍讲。由于禀性刚直，正言得罪，在朝四十日即罢职离京。当时朝廷党争激烈，朱熹首当其冲。韩侂胄擅权，道学被视为"伪学"，学者被认为是罪人。宋庆元三年（1197年），68岁高龄的朱熹被削去官职名号，列名"伪逆党籍"，还有人上书要求朝廷"斩（朱）熹以绝伪学"。皇权专制体制对于学者的欺凌与迫害达到如此严重的地步，这不能不对朱熹的《楚辞》研究带来深刻的影响。王应麟《困学纪闻》引南塘赵汝谈《挽赵忠定》诗说："空令考亭老，垂白注《离骚》。""庆元党争"对于朱熹注《楚辞》的影响，主要表现在情感基础及文化心态之上。就其主要内容而言，《楚辞集注》仍然是一部认真的《楚辞》研究著作。

《楚辞集注》在学术上的贡献主要在三个方面：

第一，申明大义，倡导屈原忠君之旨。朱熹将"忠君爱国"看做屈原根本的人格精神，他说屈原的一切行为都是出于"忠君爱国之诚心"，《楚辞》的一切辞旨都是生于"缱绻恻怛、不能自已之至意"。他又说："《楚辞》不甚怨君，今被诸家解得都成怨君，不成模样!《九歌》是托神以为君,言人间隔,不可企及,如己不得亲近于君之意。以此观之,他便不是怨君。"(《朱子语类》卷一三九)朱熹没有说过屈原的行为尽善尽美,他论述的是大节,是本心。他说:"屈原之心,其为忠清洁白,故无待于辩论而自显。"他感叹说:"况如屈子,乃千载而一人哉!"

第二,反对《楚辞》解说中的穿凿比附,立"泛为寓言"之说。朱熹注释《离骚》,认为屈原陈词于重华、乘龙驭凤以下"多假托之词,非实有是物与是事也"。在《楚辞辩证》中又说:"经涉山川,驱役百神,下至飘风云霓之属,则亦泛为寓言,而未必有所拟伦矣。二注(指王逸、洪兴祖注)类皆曲为之说,反害文义。至于县圃、阆风、扶桑、若木之类,亦非实事,不足考信。"这些阐说,比起语语穿凿、事事附会的旧注,要高明多了。

第三,在文字考证、词语训诂上,亦多有创见。突出的例证是《天问》"启棘宾商"一句,从王逸《章句》到洪兴祖《补注》都文字全同,无异字可校。王逸把"棘"解释为"陈",把"宾"解释为"列",把"商"解释为五音之"宫商",显得十分牵强。洪兴祖看出王逸注释不妥,于是将"棘"改释为"急",将"商"改释为契的封地,说它的意思是急于"待商以宾客之礼",上下文意仍然难通。朱熹通过细心考释,论定此句本是"启梦宾天",意思是说"启梦上宾于天,而得帝乐以归"。至此,对此句的解释才算廓清了迷雾,为后世多数学者所认同。

汪瑗《楚辞集解》

汪瑗,字玉卿,新安(今安徽歙县)人。他是明代著名散文家归有光的弟子,又与"后七子"中的王世贞、李攀龙相友善。他的《楚辞集解》成书于嘉靖年间,包括《集解》、《蒙引》、《考异》、《大小序》等。当时的学术界,正值文学复古思潮泛滥的时期,也正是改革变易的思想孕育滋生之时。当此学术观念潜移暗换之际,汪瑗广泛搜罗资料,独立思考问题,不是盲目因袭陈见或排斥异说,而是以宽容的态度广采博收,通过理智的思考去判定是非,在一系列问题上提出新见,给后人以启发,从而确立了该书在《楚辞》学术史上的历史地位。

首先,该书对于词语的训诂和语义的阐释,用心甚细。《楚辞蒙引》上下卷共计二百四十余条,或考证名物,或训释词语,或辨析句意,对于旧说多有纠正,其中不乏真知灼见。如《离骚》"昔三后之纯粹"一句,王逸解释"三后"是"夏禹、殷汤、周之文武也",朱熹《集注》因之,同时又怀疑"三后"是指"少昊、颛顼、高辛也"。汪瑗通过细致的分析,指出"只言三后而不著其名者,盖指楚之先君耳。先言楚之先君而后及尧、舜,在屈子则得立言之序也"。又如《离骚》"理弱而媒拙"一句,唐代五臣注谓"又恐道理弱于少康,而媒无巧辞",宋代朱熹沿用其说,将"理"释作"道理",显然是误解。汪瑗则引《思美人》、《抽思》中的语例,下判断说:"屈子每每以'理'与'媒'对言,则'理'者亦'媒'之别名也无疑矣。"他的这一解说,纠正了唐宋以来一直相沿袭的错误,已为《楚辞》学界所公认。

其次,关于"楚辞"体制及相关的篇章大意,汪瑗亦颇有新的认识。他认为《九歌》只是"借此题目,漫写己之意兴,如汉魏乐章、乐府之类",开《九歌》乐府说之先河。他又说《九歌》十一篇,最后一篇《礼魂》是前十篇的"乱辞"。后世王夫之说《礼魂》是"送神之曲",屈复云"此篇乃前十篇之乱辞",皆本其说。

再次,关于屈原生平思想的一些重大问题,他也有独立的思考。针对流行的屈原"忠君爱国"说,他倡言"《九歌》、《橘颂》、《天问》、《远游》,皆屈子平日之作,无关于君也"。他又反对洪兴祖"同姓无可去之义,有死而已"的说法,认为"殷之三仁"(指微子、箕子、比干)中既有去国者,也有不死者,"岂可谓同姓之臣自古皆不去而尽死也"？这些皆与主流意识形态的观点背道而驰,并且立论毫不含糊,表现了可贵的学术勇气。

《四库全书总目提要》强烈批评《楚辞集解》,说汪瑗"以臆测之见,务为新说,以排诋诸家",是"疑所不当疑,信所不当信",一笔抹杀了该书的成就与贡献,乃是出于馆阁之臣的学术偏见与傲慢,有失公允。然而,该书所持的论点亦并非完全正确,其中否定屈原投水自沉一说,最为后人所诟病。汪瑗认为投水而死无补于国事,毫无价值,屈原必然不会那样做。然而,屈原誓死之心,他的作品中既多次提到,汉代人的歌咏又屡载篇章,所以汪瑗的这一推论实属武断。

王夫之《楚辞通释》

王夫之(1619—1692年),号姜斋,湖南衡阳人,明末清初著名的学者。早年参与抗清斗争,后隐居湘西金兰乡的石船山,穷力著述,学者称"船山先生"。

王夫之注《楚辞》,带有强烈的自我情感寄托的意味。他一再表彰屈原乃"忠臣之极致",将屈原忠君、爱国、忧民之情糅为一体,显然从中寄托了自己的抱负。他在注释《离骚》中说:"君子不幸与奸佞同朝,必逢其害,固势所必然。素料其然,而自信无悔,则虽死而固不足为己伤也。"又说:"虽见放逐,饮坠露,餐落英,食贫不饱,且恬然安之。"这种高洁的情操,绝不向奸佞屈服的精神,既揭示了屈子的志向,也表白了作者的心声。

《楚辞通释》虽多寄托之语,但仍是一部认真的《楚辞》研究著作。该书不同意王逸关于《九歌》"上陈事神之敬,下见己之冤结,托之以风谏"的说法,认为《九歌》是颂神之辞,其中不应夹杂有个人的冤屈。只是"其情贞者其言恻,其志菀者其音悲",情感的流露是无意识的、自然而然的。关于大司命、少司命,旧说皆引《周礼·大宗伯》及《史记·天官书》作依据,认为是指天上的星辰(三台中的上台二星及文昌宫第四星),《通释》则认为大司命统管人间生死,少司命则管人间之子嗣,是楚地祭祀之神。关于《九章·哀郢》的创作,王夫之既不同意王逸《章句》所载"怀王不明,信用谗言而放逐己"的说法,也不赞成朱熹所谓"适会凶荒,人民离散,而(屈)原亦在行中"的推断,而认为《哀郢》作于楚顷襄王二十一年(公元前278年),当时秦将白起攻破郢都,顷襄王"弃故都而迁于陈"。此说虽始于汪瑗,但王夫之的意见却对后世产生了更大的影响。在具体的词语阐释中,该书辩证旧说,也提出了一些独到的见解。

《楚辞通释》也有许多不足之处。一是过于强调屈原忠君的一面,而不承认屈原同时有怨君的情感。在他对江淹《爱远山》所做的注释中说:"不得于君,亦时命之适然,岂敢以怨怼君父哉!"这表现了作者的思想局限性。二是用东汉人魏伯阳,宋代白玉蟾、张平叔的修炼养气之说解释《离骚》末章及《远游》篇,用内丹术中的铅汞、炼己、铸剑、三花、五氕之说来解说《楚辞》,违背了它的文学特质,失于武断,难以令人信服。

蒋骥《山带阁注楚辞》

蒋骥(1678—1745年),室号山带阁,江苏武进(今江苏常州市)人。他自青年时代起身体多病,"头目之疾,毕生不痊"。在科举功名上,他又是一个完全的失败者。人生的一切乐趣,诸如春花秋月、人生嬉游之事,一概与他无缘。在如此困顿的境地中,他仍然以不懈的意志,沉浸于《楚辞》的研究,从开始撰稿到最后成书,共经历了约二十年的岁月。

《山带阁注楚辞》卷首除序言及采撷书目外,还列有汉代司马迁的《史记·屈原贾生列传》,唐代沈亚之的《屈原外传》、《楚世家节略》以及《考正地图》五幅。通过上述材料,读者对于屈原所处时代背景、生平行踪、履历概况可以得到具体的感受。正文6卷,分别取屈原作品为注,以《招魂》、《大招》为屈原作,《九辩》以下则削而不录。《余论》2卷,或阐发篇章意旨,或探析屈赋艺术,或考订时地,或驳正旧注,其中不乏精粹之见。《楚辞说韵》1卷,考校古音,辨析韵部。总的来看,这是一部特色鲜明、自成系统的《楚辞》学术著作,对于该领域研究的深入与展开有着显著的意义。

《山带阁注楚辞》的学术价值主要体现在以下方面:

其一,该书将屈原作为一个具体的历史人物进行考察,讲求历史实证,不为凿空之谈。在蒋氏之前,《楚辞灯》的作者林云铭曾辑有《楚怀襄二王在位事迹考》,对于屈原所处时代及屈子生平履历的相关材料进行了初步的搜集整理。在此基础上,蒋氏重新辑录了《史记·楚世家》中的内容,兼采其他资料,著为《楚世家节略》,不仅所言较林氏详尽,而且突出了屈原在楚国政治、外交中所起的作用,将屈原个人的命运与楚国的命运紧密联系在一起了,从而强化了"楚之治乱兴亡,系于屈子一人"这一思想主旨。蒋氏还认真考察了屈原遭受贬谪后的行踪,将其绘制成地图五幅,使屈子行迹可以一目了然。这五幅图分别是:1.《楚辞地理总图》,以明楚国山川方域全貌;2.《抽思·思美人路图》,以明屈原被斥居汉北时的地理方位;3.《哀郢路图》,以明楚顷襄王初年屈原被迁逐江南时的路线;4.《涉江路图》,以明屈原渡过长江、经洞庭、南抵溆浦的路线;5.《渔父·怀沙路图》,以明屈原江潭遇渔父、南徂长沙、卒以自沉的路线。这些具体路线的描述未必完全正确,然而,它们是从屈原作品中勾辑考索出来的,比起悬空之谈究竟要可靠得多。

其二,该书阐述篇章意旨,多有个人独到之见。《楚辞》篇章的写作背景、基本内容、艺术手法等,学者见仁见智,聚讼纷纭,对此蒋氏进行了深入的考察与细致的分析。如《涉江》、《哀郢》都是楚顷襄王时屈原被放逐江南时所作,孰先孰后,注家意见不一。该书认为这两篇作品虽然同写放逐,然而起止地点不同,方向不同,路线互异,而且《哀郢》是乘舟而行,《涉江》则兼用车马。蒋氏的结论是:楚顷襄王时期屈原遭放逐,《哀郢》创作在前,"《涉江》则既放以后,又往来江南之地耳"。蒋氏之见,可备一说。

其三,在词语训诂方面,该书亦时有新见。如《离骚》"屈心而抑志兮,忍尤而攘诟"二句,王逸解释"攘诟"为"除去耻辱,诛谄佞之人",朱熹解释为"或有耻辱,亦当以理解遣,若攘却之,而不受于怀",蒋氏则认为"攘诟"与"忍尤"同意,意谓包藏耻辱。后来俞樾认为"攘"与"囊"声同,有包藏之义,认为"容忍其尤,而包藏其垢,实一义也",证成了蒋氏之说。

毋庸讳言,该书也存在着一些缺陷与不足。蒋氏认为"屈子之文,大抵源本六经",袭用陈说,显得迂腐不堪;又认为《离骚》"昔三后之纯粹"中,屈原"以三后自比,而望其居为尧、舜也",亦不足信。

(二) 对于《楚辞》精神价值的探求

由于不同时代的社会状况、学术思潮有异,加之研究者不同的人生遭遇、文化心态及情感寄托,历史上人们对于"楚辞"的思想及精神价值有着不尽相同的判断。从特定的意义说,对于《楚辞》内在价值的探求是一个不断演变的过程,它同时又是变化中的民族心灵史的一个具体而微的历史投影。

1. 汉人认为屈原"虽非明哲,可谓妙才"

汉初黄老之学勃然兴起,奠立了汉代"楚辞"接受的基调。黄老学说本以糅合儒道为旨归,而又以道家思想为主要的学术渊源。道家通达自然、安时处顺以及儒家"用之则行,舍之则藏"的人生态度,给予汉代文人以精神的陶冶。所以,汉代文人之缅怀屈原,常常一方面对于屈原高尚的人格情操表示钦敬,对于屈原遭谗受贬充满同情；另一方面，又对屈原狷介以持身、自沉以绝世的人生选择表示由衷的惋惜，并用道家进止随时、行藏自然来做情绪的化解与心灵的慰藉。在汉代，这种批评代表了黄老之学的人生价值判断。

随着汉武帝"罢黜百家，独尊儒术"，经学建立起了它的思想控制与话语霸权。用儒家所规范的伦理观念及人格模式批评"楚辞"，成为这一时期引人注目的文化现象。班固对于《楚辞》态度的转变，便是一个典型的文化个案。班固在《奏记东平王苍》中曾说："昔卞和献宝，以离断趾；灵均纳忠，终于沉身。而和氏之璧，千载垂光；屈子之篇，万世归善。"这篇奏记写于汉永平初年（公元58年），当时班固约27岁，此时他对屈原的敬仰之情溢于言表。后来，他久历官场上的升沉荣辱，现实际遇从正反不同的方面规范了班固的精神世界，使他的思想趋向保守与正统。在班固后期所作《离骚序》中，班固一反自己当年对屈原的推崇与赞许，从三个方面对屈原及其创作提出了批评：一是在人格上，班固认为屈原应该明哲保身，而不是露才扬己；二是指责屈原作赋"责数怀王，怨恶椒兰，愁神苦思，强非其人"，认为屈原的作品从思想内容到艺术构思都不符合经义；三是认为屈原沉江而死，乃是狂狷之举，否定了班固自己说过的"灵均纳忠，终于沉身"。这些显然是班固背离自己独立士人的立场，转向主流意识形态的一次倒退。

汉代对"楚辞"的接受，又与皇权专制之下士人的心灵压抑感与忧患意识密切相关。当政治相对清明时，文人对于屈原的悼念乃是发思古之幽情，是一种超越历史时空的心灵回响。而当朝政转向溷浊时，文人悼念屈原便有了更多的情感寄托的意味，成了现实生活的折射与投影。东汉中后期政局反复，文人心神备受压抑，这时，人们从屈原的遭遇中获得更多的心灵共感。面对强大的经学主流意识形态持久的压迫，汉代士人只能用道家退守自适的态度去化解与自慰。班彪在《悼离骚》中将人生穷达比拟为草木的荣枯与阴阳的迁化,主张顺天由命、或行或隐、或屈或伸,这便将对现实世界的抗争退缩为个人心灵的固守了。从这种意义上说,王逸注《楚辞》不仅是一种学术的事业,同时也是一种现实情感的寄托。在随后的党锢之祸中,文人感慨时局,通过悼屈赋骚以寄托怀抱,逐渐形成了一种创作传统。

2. 魏晋南北朝推崇《楚辞》的文学成就,誉为"金相玉质,百世无匹"

魏晋南北朝时期,我国的政治及社会形势发生了巨大的变化。兵连祸结、动乱频仍的社会局面,对于知识分子的精神压制与政治迫害,使得老庄思想勃然兴起。主张齐物我、外荣辱以达到精神绝对自由的庄子思想,一时仿佛成为"文明的核心"。在思想文化史上,这又是一个多元文化冲突、融汇与转折的时期。玄学的兴起,佛教的传入,导致时代学术思想的主流发生重大的转变。经学的藩篱被打破了,人的自由精神增强了,文学的自觉意识进一步发展了。文学研究不再是经学的奴婢与附庸,而显示出独立的品格与绰约的风度。从总体上看,这一时期的《楚辞》研究比上一阶段有了新的开拓与发展。如果说汉代文人主要是以经学的眼光审视《楚辞》,那么魏晋人便从更为广泛的角度,主要是用文学艺术的眼光来欣赏《楚辞》了。南朝齐梁之际,出现了一部体大思精的文学评论著作——《文心雕龙》。对于《楚辞》的评论及其艺术成就的总结,构成《文心雕龙》博大体系的一个组成部分。

随着玄学的昌炽,《楚辞》进一步融入时代文化的主流,成了名士的精神食粮。《世说新语·任诞篇》记载:

> 王孝伯言:"名士不必须奇才。但使常得无事,痛饮酒,熟读《离骚》,便可称名士。"

可知在名士的眼中,《楚辞》不再是儒教经书的"别体",它的飘逸不羁的想象成为一种浪漫精神的抒发,它的任诞潇洒的人格成为自由与艺术的展现,它的超越世俗的行为方式成为特定人生风度的显示。熟读《楚辞》,成为"魏晋风流"的文化标志与符号。

3. 唐代文化多元开放,对于《楚辞》的评价褒贬不一

在批判六朝玄虚、风气萎靡的文化思潮的基础上,唐代建立了多元文化并存互补的格局,不同的思想呈现相互排斥又相互融合的态势。这一时期,文人的精神、心理受着时代风气的感染,思想活跃,精神开放,注重心灵情感的抒发,对于思想理论抱持宽容的态度。基于不同的文化视角,对于《楚辞》的评价则出现了不同的声音。

初唐、盛唐时期,屈原的生平事迹、精神品格及文学风采作为一种文化遗产受到人们广泛的景仰,成为叹赏及歌颂的对象。对于前代的文学成就,人们从中汲取人格及知识的营养,却不注重发明其中的"微言大义"。唐人非常推崇《楚辞》的想象超奇、文采华美,将其奉为文学的典范。魏徵等撰《隋书·经籍志》说屈原之作"气质高丽,雅致清远,后之文人,咸不能逮。"令狐德棻主持修撰的《周书》也说:"(屈原)作《离骚》以叙志,宏才艳发,有恻隐之美。"仰慕、追踪屈原的文采风流,更是诗人们发自内心的歌咏。李白《江上吟》说:"屈平词赋悬日月,楚王台榭空山丘。"杜甫《戏为六绝句》说:"窃攀屈宋宜方驾,恐与齐梁作后尘。"他们可以看做是诗人追慕屈原的代表。安史之乱的爆发,使得唐帝国迅速走向衰落及动乱。政治腐败,皇室衰微,宦官专权,藩镇割据,社会的变迁牵动文人纷乱的心绪。人们从屈原的作品中发现了当前社会的影子,从而更加重视《楚辞》的社会价值,更加强调屈原不屈不挠的斗争精神。中唐开始,社会的巨大变迁进一步启发了人们的认识,从而引起学术思想的转变。韩愈在《送孟东野序》中以《楚辞》与《诗经》、《尚书》并提,认为它们是特定社会的反映,体现了时代的不平之鸣。他说:"太凡物不得其平则鸣……楚,大国也,其亡也,以屈原鸣。"裴度也说:"骚人之文,发愤之文也。雅多自贤,颇有狂态。"不平之鸣、发愤之文,特殊的社会现实激发了屈原情感,从而产生了宏伟的《楚辞》。人们还通过歌咏屈原的遭遇,指责昏庸信谗的庸君,从中寄托社会的及个人自身的"不平之鸣"。这方面,有柳宗元、皮日休等杰出的文学家为代表。

总的来看,赞美屈原忠贞的节操、高尚的人格,对于《楚辞》丰富的内容、超凡的艺术想象表示由衷的钦仰,构成了唐代"楚辞"观的主流;另一方面,在唐代文坛上也一直存在着一种对屈原及《楚辞》表示不满的声音。这种声音的产生本源于对六朝浮艳文风的批评。持这种观点的人中,有人将绮靡淫放的不良文风一直上溯到屈、宋,认为《诗经》诗体纯粹、情感雅正,屈原以后流荡忘返、每况愈下。王勃在《上吏部裴侍郎启》中说:"屈、宋导浇源于前,枚、马张淫风于后……故魏文用之而中国衰,宋武贵之而江东乱。虽沈、谢争骛,适先兆齐、梁之危;徐、庾并驰,不能免周、陈之祸。"在王勃的笔下,由屈原开创的这股淫丽文风一直倾覆了魏至宋、齐、梁、陈、北周的江山社稷,其祸患可谓大矣!后来主张文学应宗经、载道派文人中也多继承这种指责。据李华《扬册功曹萧颖士文集序》,萧颖士认为:"六经之后有屈原、宋玉,文甚雄壮,而不能经。""不能经",就是不符合经典。其弟子李华在《赠礼部尚书清河孝公崔沔集序》中说:"屈平、宋玉,哀而伤,靡而不返,六经之道遁矣。"中唐柳冕在《与徐给事论文书》中说:"文章本于教化,形于治乱,系于国风……自屈、宋以降,为文者本于哀艳,务于恢诞,亡于比兴,失古义矣。"诗人贾至在《工部侍郎李公集序》中说:"洎骚人怨靡,扬马诡丽,班张崔蔡,曹王潘陆,扬波扇飚,大变风雅。宋齐梁陈,荡而不返。"在这些论者的眼中,一部文学史上的邪风昌炽,其祸本厉阶全都归于"骚人"。这种否定《楚辞》及其影响的意见,是唐代"楚辞"观的支流,又是它的不可忽视的侧面。

4. 宋明时期将屈原精神理学化,推崇屈原人格"盖圣贤之变"

宋皇朝的建立,结束了五代十国长期战乱割据的状态,使国家重新统一起来,社会生活经历了一段相对安定的时期。然而,宋代又是内忧外患交织、社会矛盾重重的一个时代。冗官、冗兵、积贫、积弱,使得社会危机日益严重。有识之士要求实行政治变革,北宋先后发生了以改进吏治为主要内容的"庆历新政"(范仲淹变法),以经济变革求富国强兵的"熙宁新政"(王安石变法),均以失败而告终。南宋朝廷政治反复,国势更加不振。前有秦桧,后有贾似道,奸佞当道,招权纳贿,结党营私,诛灭异己,排斥忠良,政治极端昏暗。终两宋之世,由于朝政长期处在动荡与危机之中,国势从未真正强盛过。然而,在思想文化上,它却又是一个蕴涵深厚、硕果累累的时代。宋儒由于承受了更多的文化积淀,融汇佛道,学风博通,逐渐养成独立、深湛、周密的思维心理。宋人的抽象思辨较之前朝更为空前活跃,在此基础上形成的理学思想,对于中国社会、尤其是中国知识分子的文化心理造成了广泛而深刻的影响。

作为一般的社会文化心态,宋代诗人对于屈子人格与《楚辞》艺术的体会较之前代更细致深入,也更热情真挚。北宋诗人梅尧臣在《答韩三子华韩五持国韩六玉汝见赠述诗》中说:"屈原作《离骚》,自哀其志穷。愤世嫉邪意,寄在草木虫。"苏轼描述了楚人追悼屈子之风俗,其《屈原塔》诗写道:"楚人悲屈原,千载意未歇。精魂飘何处,父老空哽咽。至今沧江上,投饭救饥渴。遗风成竞渡,哀叫楚山裂。"爱国词人张孝祥在《水调歌头·泛湘江》中热情讴歌道:"拂拭三闾文字,还与日争光!"辛弃疾在《喜迁莺·晋臣赋芙蓉词见寿》中亦说:"千古《离骚》文字,芳至今、犹未歇!"文人诗词中对于屈原的这种深情追思,大多寄寓了某种深沉的现实之感。

宋代理学思潮强调人类良知的自省,从而推动了学风的革新。在宋代,屈学研究再次成为学术的热点。理学思潮的兴起,激起了学术的剧变,传统的汉儒之学被视若土梗,新兴的"宋学"勃然兴起,这一学术思潮转移的态势也影响到屈学领域。可以说,宋人开创了以理学为指导、以阐说《楚辞》义理为旨趣、将《楚辞》精神政治伦理化的时期。两宋先后出现了晁补之、洪兴祖、朱熹等《楚辞》研究大家。他们在《楚辞》校勘、训诂、义理阐发与艺术赏析等方面取得丰硕的成就。其代表作是朱熹的《楚辞集注》。不过,朱熹阐说《楚辞》义理,并非无所依傍的空发议论,他在名物训诂方面仍然主要采用了汉人的成就。所以说,宋人实际上将名物训诂、文字考证整合到对《楚辞》义理的阐发之中了。《楚辞集注》全书始终贯穿的主线,是发明屈原"忠君爱国之诚心"、"不能自已之至意",用以"增夫三纲五常之重"。在明清两代的屈学研究领域,朱熹影响极为深广,后来虽然出现了批判理学的文化思潮,但在总体上并未突破旧的格局。

5. 清代《楚辞》研究出现阶段性特征,初期、中期、晚期各不相同

清朝是中国最后一个封建王朝。在清王朝统治的二百八十多年里,中国社会内部发生着缓慢而深刻的演变,呈现种种复杂的状态。随着社会局势的逐渐变化,清代的文化及学术风气也因之而变化。清初的学者不少是明朝的遗民,在目睹社会大崩溃、大动荡之后,他们通过学术活动寄托情志,并探索明朝覆灭的教训。清初的屈学研究,可以用王夫之《楚辞通释》、钱澄之《屈诂》为代表。王夫之、钱澄之都曾亲身参加过抗清的武装斗争。清军南下时,王夫之曾与人共同组织发动衡山起义,后来参加南明永历政权、担任行人司的行人之职。钱澄之也曾起兵抗清,在永历政权中任礼部仪制司主事、翰林院庶吉士、知制诰等职。他们目睹了一个封建王朝的崩溃与另一个封建王朝的建立,经历了天崩地坼的社会变迁,晚年或者遁迹空山,或者隐沦田间。在从事屈学研究时,他们便自然地将对于家国时局以及个人身世之感融汇其中,这形成了清初《楚辞》研究最为鲜明的时代特色。

清代中叶,随着各地反清武装力量逐渐被平定,清统治者开始大力提倡性理之学,加之接连不断的"文字狱"严重威胁文人的生存,钳制着学术演进的方向,这一时期的屈学研究淡化了现实关怀的品格,而只在纯学术研究的领域展开。以超然的学者态度从事学术探讨成为主流,它试图恢复历史的细节与原貌,而不是寻求政治寄托、抒发身世之感。这一类型的工作始于蒋骥,而大成于乾嘉诸老。蒋氏的《山带阁注楚辞》、戴震的《屈原赋注》,都是严肃认真的《楚辞》学著作,它涉及屈原的身世考订、《楚辞》的篇章次第、版本校勘、地理研究以及名物训诂、音韵通假等几乎所有的方面。

清末的屈学研究则进入了求新求变的时代。清末社会巨变,公羊学说勃然兴起。治公羊学者,讲求微言大义,其中多有"非常异议可怪之论"。用这种方法与学风来研治《楚辞》,便在屈学领域开始了疑古求异的风气。其大旨所归,是要在思想文化领域寻找新资源,发掘新意义,开启新局面。然而,新旧交替之际,传统学者对于新思想、新世界了解甚少,而旧学术、旧观念一时亦难以廓清,内心深怀忧郁困惑,不知所出,乃刻意穿凿,务为新说,流于谲怪,遂多失误。这方面的著作,当以王闿运(1833—1916年)《楚辞释》和廖平(1852—1932年)《楚辞讲义》为代表。王闿运是清末今文学派的大将,他的《楚辞释》一书,处处求奇,失之诡异。他的学生廖平比他走得更远。廖平干脆说《楚辞》不是屈原的作品,而是秦代七十博士所写的《仙真人诗》。他又说《楚辞》是天学,所讲述的都是鬼神之事。这种谲怪诡异的论调,其破坏的力量远大于建设的作用。所以,它们虽然能够惊动学苑,造成一定的声势,然而终究难以令人信服。

不同阶段的《楚辞》研究表现出不同的学术倾向,反映了各自时代文化精神的差异性。清初遗民学者从中寄托的是由强烈的社会责任感所激发的郁愤之情,理学名儒借此表达的是忠正的性理与廉洁的节操,乾嘉诸老写下的是朴拙而缜密的学问,而清末学者所吐露的则是文化巨变前躁动不安的情怀。总体上看,清代《楚辞》学涉及问题之广泛,几乎遍及传统学术的一切领域。因此,它也就自然地成为我国漫长的封建时代《楚辞》研究的总结。

(三) 屈原形象的历史塑造

在《楚辞》研究的历史变迁中,不同时代、学术背景、人生际遇的人们心中矗立着不同的屈原形象。由于历史上一度活跃的生命个体已经消亡,后人只能从传世文本中描画他的身影。这就像一个试图"唤醒"已经消亡的历史生命的过程,在这一"唤醒"过程中人们将自己的期待与想望也悄然注入其中了。因此,被"唤醒"的人物形象既是历史的,又是现实的,既是源于古代文本的,又是依据当下需求的。在被"唤醒"人物的历史身影中,闪烁着现实文化的精神品格。于是,在历史的不同时期,我们看到屈原的形象不断地被重新塑造,乃至构成一个历史的序列,在不同的环节,屈原的形象不尽相同。

1. 在汉代人的笔下,屈原是一个性格狂狷、才华卓杰之士

在汉代,人们并不把屈原当做道德人格的典型,而只看他是杰出的文章才华之士。贾谊、司马迁对于屈原的遭遇虽然充满同情,但其心目中的屈原是一个"悲剧的人物"。贾谊在《吊屈原赋》中,描写屈原所处时代的社会状况:

> 呜呼哀哉,逢时不祥!鸾凤伏窜兮,鸱枭翱翔。阘茸尊显

兮,谗谀得志。贤圣逆曳兮,方正倒植。世谓随夷为溷兮,谓跖跻为廉。莫邪为钝兮,铅刀为铦……斡弃周鼎,宝康瓠兮。腾驾罢牛,骖蹇驴兮。骥垂两耳,服盐车兮。章甫荐履,渐不可久兮。嗟苦先生,独离此咎兮!

在贾谊笔下,屈原生活的时代一切都是颠倒的:猫头鹰在天上飞翔,鸾凤却深藏起来;小人得志尊显,君子却不得其用;正直廉洁的人受到诬蔑,强横残暴的人却得到称誉;宝剑被贬为钝口,铅刀却被说成锋利;国之重宝周鼎被抛弃,空瓦罐却被当成宝物;疲牛跛驴骖驾着马车,千里马却拉着沉重的盐车;帽子本应戴在头上,现在却垫在脚下,被汗水湿透。这就是楚国的时局,在如此铺陈中,屈原的悲剧形象自然地凸显出来。司马迁在《史记·屈原贾生列传》中写道:"余读《离骚》、《天问》、《招魂》、《哀郢》,悲其志。适长沙,观屈原所自沉渊,未尝不垂涕,想见其为人。"贾谊、司马迁的这种诉说,确立了汉人缅怀、悼念屈原的基调。

强大的经学主流意识形态对于士人心灵持久的压迫,不仅改变了士人的学术观念,而且扭曲了士人的独立人格。班固在《离骚序》中认为,屈原应该明哲保身,而不是露才扬己,指责屈原"责数怀王,怨恶椒兰",又认为屈原沉江而死,乃是一个"狂狷景行之士",结论说屈原"虽非明智之器,可谓妙才者也"。

"狂狷"一词,出自《论语·子路》。该篇中记述孔子的话说:"不得中行而与之,必也狂狷乎!狂者进取,狷者有所不为也。"所谓狂,就是高傲、激进的意思;所谓狷,就是守节无为的意思。二者似乎都偏于一面,后来就用来泛指偏激、不合流俗的行为。狂狷的人,洁身以自好,孤高以自处,行为怪诞任性,在日常生活中常有荒唐不经、超越凡众的行为。《楚辞》所描述屈原的性格中,的确存在"狂狷"的成分。然而,问题并不在于屈原性格中是否有着"狂狷"的成分,问题的关键是:在特殊的历史语境中,强调屈原"忠而见疑,信而被谤",乃是将批评的矛头指向昏暗的朝廷政治,指向陈旧而僵化的社会体制;而强调屈原性格中的"狂狷",则是将责任归咎于屈原的人格缺陷。前者要求改革朝政与社会,后者则要求泯灭文人的个性,以适应社会。二者的价值取向,存在着明显的歧异。

刘勰《文心雕龙·辨骚》说:"(屈原)虽非明哲,可谓妙才。"他的概述,正是汉人心目中屈原的"画龙点睛"之笔。

2. 在宋代,经过理学思潮的洗礼,屈原被描画成忠君爱国的圣贤

宋代兴起的理学思潮,对于《楚辞》研究施加了巨大的影响。宋代学者将《楚辞》的社会原则与伦理精神来了一番认真的淘洗,将其彻底儒家化了。在他们看来,孔孟之后、荀子之前,是儒家伦理教义堕落的时期。《诗经》的讽刺之旨,《春秋》的微言大义,在这一时期都湮没无闻,独有屈原孤身一人担当起君臣伦理的道德责任。屈原眷顾楚国,系心君王,成了这个道义倾颓、伦理衰落时期儒家思想承前启后的中流砥柱。晁补之在《鸡肋集·变离骚序》中说:"《诗》亡,《春秋》又微,而百家蜂起。七国时,杨、墨、申、韩、淳于髡、驺衍、驺奭之徒,各以其说乱天下。于时大儒孟、荀,实羽翼六经于其将残。而二儒相去百有余年,中间独屈原履正著书,不流邪说。盖谓(屈)原有力于《诗》亡、《春秋》之微……而独推(屈)原与孟子先后,以贵重(屈)原于礼义欲绝之时。"在《鸡肋集·续离骚序》中,晁补之又说:"则(屈)原之敬王,何异孟子?"晁补之的意思是,《诗三百》讽刺之义,战国时已经消散殆尽,至屈原出而得以振兴,"则列国之风雅,使尽合而为《离骚》"。总之,在晁补之眼中,屈原的思想与人格相同于孟子,《楚辞》的精神与作用亦相等于《诗经》。

洪兴祖在《楚辞补注·离骚后序》中,同样大力表彰屈原忠君爱国的精神。他说:"屈原,楚同姓也。为人臣者,三谏不从则去之。同姓无可去之义,有死而已。"洪兴祖的意思说,屈原与楚王同姓,只能以死报君,以身殉国,舍此而外,别无他途。当然,历史上也有同姓去国之例,如被孔子称为"三仁"之一的微子,是商纣王的庶兄,数谏不听便离国而去。但是,洪兴祖认为,那是由于当时朝中尚有比干,可以担当起救国的责任。洪兴祖说,楚国的情况不同,"楚无人焉,(屈)原去则国从而亡。故虽身被放逐,犹徘徊而不忍去"。洪兴祖将屈原的作用无限夸大,以楚国兴亡的重任系于屈原一身,从而将其行为高度政治伦理化。洪兴祖说屈原"生不得力争而强谏,死犹冀其感发而改行","虽流放废斥,犹知爱其君,眷眷而不忘,臣子之义尽矣"。这就用"忠君爱国"的红线贯穿了屈原的一生。

朱熹在《朱子语类》卷一三七中进一步说:"屈原一书,近偶阅之,从头被人错解了。自古至今,讹谬相传,更无一人能破之者,而又为说以增饰之。看来屈原本是一个忠诚恻怛爱君的人,观他所作《离骚》数篇,尽是归依爱慕、不忍舍去怀王之意,所以拳拳反复,不能自已。何尝有一句是骂怀王?亦不见他有偏躁之心。后来没出气处,不奈何,方投河殒命。而今人句句尽解做骂怀王,枉屈说了屈原。"朱熹要扭转汉儒关于屈原"责数怀王,怨恶椒兰"的人格批评,剖白屈原"忠诚""爱君"、"不能自已"的本心,将屈原进一步伦理化、儒家化了。朱熹在其《楚辞后语》中总结说:"夫屈原之忠,忠而过者也;屈原之过,过于忠者也。"

总之,在理学光芒的映照下,屈原个性中狂狷耿介的一面被隐去了,他成为一个圣贤、一个儒家的代表人物、一个后世忠臣的榜样。

3. 明末清初遗民学者笔下的屈原,更多寄托着作者的民族气节与孤愤情怀

明清易代之际,社会的沧桑巨变在学者心中掀起了情感的狂澜。一个正统的汉民族的封建王朝被推翻,一个在马背上兴起的少数民族新王朝迅速崛起,席卷并有效统治了全中国的疆域。这在历来自认为处在世界中央、强调夷夏之辨的中土学者心里,是难以接受而又不得不面对的政治现实。严酷的现实令人别无选择,学者只能在著述中寄托民族气节与孤愤情怀。于是,历史与现实之间发生了奇妙的叠合,学者从屈原时代朝廷的纷争中仿佛看到了晚明朝廷党争的影子,从屈原力主抗秦中仿佛听到了抵御异族、保家卫国的战斗鼓角。于是,学者的历史想象与现实相遇,对文本的诠释谱入当下的情感,在"唤醒"屈原时又赋予他新的历史品格。屈原成为富有民族气节的爱国者、夙志抗敌的英雄、满怀孤愤的志士。

《楚辞笺注》的作者李陈玉,崇祯年间曾任武塘令、侍御史,明亡之后他披发入山,隐逸不仕,以著述终身。与他同时代的魏学渠在《楚辞笺注·序》中说:"(明亡之后)先生慷慨弃家入山,往来楚粤间,行吟泽畔,憔悴踯躅,犹屈子之志也。"又说他"有《离骚笺注》数卷,其词非前人所能道。然而涉忧患,寓哀愁,犹屈子之志也"。钱继章在《楚辞笺注·后序》中则形象地描写道:"先生北望陵阙,流涕泛滥,屈平《涉江》而《哀郢》也。继而遁迹空山,寒林吊影,乱峰几簇,寒猿四号,抱膝拥书,灯昏路断,屈平之《抽思》而《惜诵》也。先生之志,非犹屈平之志乎!"战国时代与明末清初的历史情景绝不相似,然而这并不影响他们心灵感会的异代相通。

王夫之《楚辞通释》写成于清康熙二十四年(1688年),这时他已经是岁月垂暮的老人了。清兵入关时,年轻的王夫之曾经与人组织衡山起义,抗击清军,失败之后投奔南明桂王政权。桂林陷落后,他才逃回家乡,"知事不可为,乃退而著书","故国之戚,生死不忘"。因此,在《楚辞通释》中,王夫之隐然以屈原自命。他在书前《序例》中说,自己所处与屈原"时地相疑,孤心尚相仿佛"。在

《九昭序》中又说:"有明王夫之,生于屈子之乡,而遘闵戢志,有过于屈者。"从时局看,屈原生活于楚国将亡之前,而王夫之生活于明清易代之际。从身世经历看,屈原与王夫之都曾致力于挽救国家危亡的抗争,都曾深切地感受到朝廷"党争"之患。王夫之引屈原为同道,抒发贞士失志、隐伏山林、孤愤难平的心情,吐露出内心的郁勃不平之气。

王夫之注《楚辞》时,抗清的武装力量已经被扫平,清王朝已经统一天下,所以王夫之只能在注释中曲折地表明自己的民族感情。他在《九昭序》中自称"有明王夫之",也就是不承认清朝统治的"合法性"。在《九昭·荡愤》题下注中,王夫之写道:"楚之誓不两立者,秦也。百相欺、百相夺者,秦也。怀王客死,不共戴天者,秦也。屈子……放窜之余,念大仇之未复、夙志之不舒,西望秦关,与争一旦之命,岂须臾忘哉!"这里所抒发的情感,更多的是表达王夫之反抗清廷统治的幻想而已。

4. 清末王闿运笔下的屈原,有着纵横捭阖的策士的身影

王闿运的《楚辞释》在屈原的身世履历与《楚辞》篇章的解说上都刻意造奇,不同于传统。关于屈原的生平遭遇,本来在《史记·屈原贾生列传》和《新序·节士》中皆有记述,细节虽然不尽相同,但大体是一致的。王闿运却对此作了一番独特的描述,他说屈原在朝名高德盛、专权用事,主张联合齐国、通款于秦。在楚怀王入秦后,他先是积极谋使怀王归国,后来又密谋废掉楚顷襄王,另"求楚宗室贤者立之"。他在注释《离骚》时,将叩阍求索一节解说成屈原为使怀王返归而采取的一连串举动,包括:为了与怀王联络而渡过白河(今陕西境内),准备从汉中进入秦国,又谋求与齐国联姻,并试图缓和与秦国的关系。王闿运解释"求女",认为宓妃隐喻齐国之女,承上述"谋返怀王"说而来。而将求有娀之佚女、求有虞之二姚以废楚顷襄王、另立新王之事解说之。王氏在

"吾令鸩为媒"句下注曰:"鸩,毒药,潜杀人者。废立之事甚秘,故必令鸩而媒之。"在"雄鸠之鸣逝"二句下注曰:"(郑袖)亦不欲立顷襄。"在"恐高辛之先我"句下注曰:"己方被谮,又计谋废立,事虽成,君将先诛我。"一部《楚辞》,被王闿运读成了"烛影斧声,千古之谜"式的策划宫廷政变的秘录,而诗人屈原则成了一个纵横家式的人物。

王闿运对于屈原形象作如是解,有着两方面的缘由。其一是学术思想上,他嗜好公羊学说,属于今文经学一派。而清末的今文经学,借着注释、解说古籍以讥刺时政、倡导新说,成为一时的风气。王氏濡染此种时代风气,故求新、尚奇,勇于别创新说。其二,王氏注《楚辞》,可能包藏着他对于清末某些政治、外交问题的意见,有所寄托而发。有学者认为,"彼盖自伤其一生纵横计不就,而有托焉者也",这也不是没有可能的。

5. 20世纪以来,屈原被描写为文学弄臣、巫官,乃至病态诗人等形象

20世纪以来,中国进入了一个学术文化剧变的时代。清王朝的覆灭,宣告了统治中国长达两千多年的皇权专制的终结。在此前后,西方的社会学说、文艺作品与科学技术潮水般地涌入中国,从而造成了中外文化的大激荡、大整合、大融汇。作为传统学术分支的《楚辞》研究,在这种中外文化的激荡与交汇中完全改观了。从方法到内涵,它都有了脱胎换骨的变化。新的文化精神贯注其中,传统的文字校勘、名物训诂的文本研究扩大而至于地域文化的观照、宗教民俗的探求、文化心理的分析和中外文学的比较。于是,《楚辞》研究在现代学术的背景下显示了一派新的繁荣的景象。

新的时代塑造了新的屈原形象,他更浪漫,更有激情,更加平民化。在梁启超看来,屈原是一个活生生的人,屈原的性格中有着两种矛盾的因素：一种是极高寒的理想，一种是极热烈的感情。屈原对于宇宙和人生有着深刻的疑问，在怀疑与苦闷中冥思苦想而又难以解脱。简而言之，屈原是一个热恋社会而被社会抛弃的失败的理想主义者。

闻一多则力图糅合旧学与新知，从神话及民俗学的角度，去唤醒沉睡已久的屈原。闻氏认为，《九歌》是以古代人神恋爱为背景的歌舞剧。他又解说《离骚》道："每逢我读到这篇奇文，总仿佛看见一个粉墨登场的神采奕奕、潇洒出尘的美男子，扮演着一个什么名正则、字灵均的'神仙中人'说话（毋宁是唱歌）。但说着说着，优伶丢掉了他剧中人的身份，说出自己的心事来。于是个人身世，国家的命运，变成哀怨和愤怒，火浆似地喷向听众，炙灼着、燃烧着千百人的心。"

20世纪后半期，又有学者认为屈原只是楚国的一个"文学弄臣"，是"陪伴着君王们开心寻乐"的男妾。70年代初"评法批儒"中，有人认为屈原是与儒家相对立的法家诗人。80年代以来，有人试图从心理分析的层面透视屈原，说屈原是一个有着幻视、幻听、幻觉、孤独症、自恋症、易装癖的病态诗人，认为屈原"对女性的服饰、装扮有一种病态的嗜好，是因为他心灵深处有一种根深蒂固的自我女性化倾向"。在上述各种说法之中，有着杰出思想的闪光，有着深刻的偏见，也有着明显的荒诞与谬误。

可以肯定，对于屈原形象的重新塑造将永远不会停止。未来新的时代、新的学术思潮下，将会"唤醒"并矗立起新的屈原。就当下而言，我们所看到的屈原，则是一个有着巫文化背景，有着"美政"理想、耿介个性和杰出才华的诗人。尽管屈原在实际政治运作上失败了，但他在文学上的成就是与世永存的。

六 《楚辞》对于文学艺术及民俗的影响

《楚辞》结集以来,对于中国文学的发展造成了极为深广的影响。可以说,《楚辞》就像是一座能量巨大的光源,它的光芒照彻了中国文学的各个领域;它又像一条支脉纵横的江河,滋润了整个中国文学的原野。随着时间的推移,《楚辞》以其特有的文学精神、文体特征、情感寄托、修辞技巧以及语言形态,全面融入了各种不同的文体。

具体而论,《楚辞》中的作品对于不同体裁文学的影响是不同的:首先,继承"楚辞"的体貌,直接形成了骚体文学这一特殊的韵文形式;其次,赋的产生与"楚辞"有着千丝万缕的联系,赋的题材门类可以直接溯源于"楚辞";再则,"楚辞"被认为是诗坛的丰碑,它对于诗歌的影响史是不言而喻的。此外,作为"词章之祖","楚辞"的构思与技法还为散文家所借鉴,从而渗透于文章的写作之中。

除了影响于文学之外,"楚辞"的光和热还辐射到传统艺术的领域,它甚至还影响到了中国的民间风俗。

(一)"楚辞"与骚体文学

随着《楚辞》影响的日益深入人心,历代文人仰慕屈原的道德人格与文章风流,纷纷模拟其辞章。文人不仅借此抒发怀古的幽思,而且从中寄托现实的情怀,于是,拟骚的作品日趋增多。这种直接继承"楚辞"精神与风貌而形成的文学形式,便是骚体文学。

骚体包括楚歌与骚赋。楚歌是歌吟体的短章,它的形成受到"楚辞"与楚民间歌谣的共同影响。骚体赋则是楚辞体式赋化后的产物,通常篇幅稍长,与《离骚》、《九章》、《九歌》的风貌接近。

它们共有的特征有二:其一是内容上以"楚辞"作品为模拟的范式;其二是语言上"兮"字句的大量运用,从而构成了骚赋区别于其他作品的最显明的外在标志。在古代文学园地中,这是一个体式与风貌都较为确定的、容易识别的特殊文体。

1. 汉代楚风体短歌

在汉代的楚歌作品中,首先应该提到的是项羽的《垓下歌》、刘邦的《大风歌》及汉武帝的《秋风辞》。其他较为著名的还有相传司马相如作的《琴歌二首》、李陵的《别歌》、乌孙公主刘细君的《悲愁歌》、息夫躬的《绝命辞》等,都各有特色。明代谢榛《四溟诗话》说,汉武帝的"兰有秀兮菊有芳,怀佳人兮不能忘",出自《湘夫人》"沅有茝兮醴有兰,思公子兮未敢言","汉武读书,故有沿袭"。从这个例子中,也可以看出楚歌所受"楚辞"的影响。

2. 建安骚赋重塑风骨

汉代骚赋作品甚多,著名的如贾谊的《鵩鸟赋》、《吊屈原赋》,司马相如的《长门赋》、《大人赋》,班婕妤的《自悼赋》,扬雄的《太玄赋》,班彪的《北征赋》,班固的《幽通赋》,张衡的《思玄赋》等,也都历来受到学界的重视。

刘熙载《艺概·赋概》说:"'楚辞'风骨高,西汉赋气息厚,建安乃欲由西汉而复于'楚辞'者。"从总体上看,汉代的某些骚体辞赋中个人身世的感遇相对模糊了,对于社会的批评相对淡化了,典雅的文风逐渐掩盖了瑰奇的想象,润色鸿业的辞藻铺陈代替了个人的坎壈咏怀。从某种意义上说,形式化解了内容,意识形态稀释了作家的文学个性。所以,建安赋(这里主要说的是骚体赋)的创作成了对"楚辞"风骨的回归。

《登楼赋》是王粲流落荆州时创作的一篇骚体赋。赋开始便以"登兹楼以四望兮,聊暇日以销忧",引出自己登楼所看到的自然景物。"遭纷浊而迁逝兮,漫逾纪以迄今"以下,抒写自己的怀乡之情。"惟日月之逾迈兮,俟河清其未极"至赋末,则表达了作者对于社会及人生的忧惧。《登楼赋》写作于一个动荡的年代,它所抒发的恋乡怀土之情,反映了流落异乡者普遍的忧思;加上它所传达的情感是如此真切、如此典型,所以,"王粲登楼"也就成了文坛上的一个典故,这篇作品因此而被推崇为"魏晋之赋首"。

魏末向秀的《思旧赋》是又一篇杰出的骚体文学作品。魏晋易代之际,向秀与嵇康、吕安为友,后来嵇康、吕安因为在政治上反抗当朝的司马氏而惨遭杀害。向秀途经友人旧居,心中有话要说,却又不能明说,只能将情感婉转地寄托在这篇作品中。赋前小序说自己的这两个朋友都有不羁之才,只是嵇康"志远而疏",吕安"心旷而放",其后各"以事见法";然后又说嵇康丝竹特妙,受刑之前,"顾视日影,索琴而弹之"。这篇小序给人的感觉是心情压抑,欲语还休。赋作中委婉地道出了嵇康、吕安被杀乃是由于政治的原因。接下去描写嵇康临难受刑的情景,在"悼嵇生之永辞兮,顾日影而弹琴","听鸣笛之慷慨兮,妙声绝而复寻"中,寄托了自己难以言传的幽思与无限深长的感慨。

3. 唐代骚赋抒发贬谪之感

唐代的骚体作家,当以韩愈、柳宗元为代表。韩愈是唐代文坛的大家。他是一个思想正统、富有才力又有独立个性的文人。因为思想正统、才力雄放,在后世有崇高的声誉,被誉为"文起八代之衰";又因为有独立个性,而处世不顺,一再遭到贬谪。既然与世龃龉,就难免受到压抑,用骚体来抒发内心的郁愤便十分自然了。他在这方面的骚体赋有《复志赋》等。与韩愈比较起来,柳宗元遭受的打击更为悲惨。因为参与永贞革新,他被长期放逐在荒僻的江南之地,先是贬为永州司马,后来改任柳州刺史,年仅47岁就去世了。柳宗元的骚体作品,有《招海贾文》、《惩咎赋》、《悯生赋》、《梦归赋》、《吊屈原文》、《吊苌弘文》、《吊乐毅文》、《憎王孙文》等多篇。这些作品,都是柳宗元流放江南时期写成的。

宋代严羽《沧浪诗话》说:"唐人惟柳子厚深得骚学。"应该说,柳宗元深得骚学的精神并大量创作骚体作品,与其寻求政治改革而遭贬逐的人生经历是密切相关联的。柳宗元的生平遭际与屈原或可相通,而其作品亦与《楚辞》情调颇相接近。柳宗元有一组骚体文字分别悼念古代先贤苌弘、屈原、乐毅。可以认为,这种缅怀既是情感的寄托,也是心志的表白,是作者坚守理想信念的自誓之词。在《惩咎赋》、《悯生赋》中,柳宗元直接抒发了他对于人生的忧伤,从中不难感受到他的那种牺牲自我、献身理想的生命意志与奋斗精神,而这又与《楚辞》的情感意蕴一脉相传。

4. 宋明骚赋幽思如缕

宋代以后,写作骚体作品者仍然历代不乏其人。仅据姜亮夫《楚辞书目五种》第三部《绍骚偶录》的记载,这一时期写作骚体作品的就有50人,共计作品300余篇。这些还不是这一时期骚体创作成绩的全部。

然而,从文学发展的规律来看,这种古老的文体已经走向了衰落。这主要取决于以下三个方面的原因:首先,它的文学风貌已经固定了,其表现题材的范围也受到限制,所以,即使新创作的骚体作品,也给人一种拟古的似曾相识的感觉;其二,它早已褪去了南方歌谣的地域特色,而成为古代文学中一种特殊的文体;其三,从其抒情功能说,它受到诗与赋两方面的夹击,作为自然的趋势,它也就被逐渐地边缘化了。

骚体文学虽然衰落了,但是,《楚辞》的文学传统与艺术精神,在中国古代文学中获得了永生。

(二)"楚辞"与诗歌

在中国文学史上,"楚辞"被认为是一种新诗体,屈原被认为是伟大的爱国诗人。"楚辞"开辟了诗歌创作的新时代,成为中国诗歌史上与《诗经》并峙的诗的丰碑,这一点应该是毫无疑问的。

"楚辞"与诗歌有着血脉相承、不可分割的联系,这可以从以下几个方面来看:首先,"楚辞"打破了《诗经》四言为主、重章叠句的体式,从而为诗歌的发展开辟了广阔的道路;其次,"楚辞"丰富了诗歌的题材,拓展了诗歌的表现领域,招隐诗、游仙诗是直接从"楚辞"中孕育出来的,政治咏怀诗受"楚辞"的影响也很大;再次,最为重要的,是"楚辞"在诗坛开创了一种文学传统,被今人称为"浪漫主义"诗风的一派都无一例外地受到"楚辞"的启发,从中汲取精神与艺术的滋养,而成了它的"苗裔"。

1. "楚辞"促成了五言、七言诗的产生

《诗经》的篇章以四言为主。四言诗的形式,适应当时的文学需要,造成了诗坛空前的繁荣。当时的人们用四言记事、抒情、状物,将目中所见、心中所思、手里所做的事情一一歌唱出来,留下了许多优秀的篇章。但是,四字一句的形式较少变化,容易流于平整,乃至失诸板滞,所以,屈原的作品出现以后,四言诗的主导格局便完全被打破了。屈原的作品创造了一种句式富于变化、长短参差不齐的新格式,完成了我国诗体的第一次大解放。据当代学者的研究考察,"《离骚》及《九章》中的大部分诗篇,若将'兮'字不计算,基本是六言诗,而掺杂有纯粹的五言句、七言句及带'兮'字的八言、九言、十言等句式。《九歌》中的大部分诗篇,若不计'兮'字,基本上是五言诗,而掺杂有带'兮'字的七言、八言句式"(蔡守湘主编《先秦文学史》)。这就是说,屈原的作品中已经孕育了后世五言、七言诗的胚胎。

《诗经》中的七言句,如《邶风·式微》"式微式微胡不归",《王风·黍离》"知我者谓我心忧"等,仅有十多句,所占比例极少;而《楚辞》中,这种七言句式便举不胜举,如"人不言兮出不辞,乘回风兮载云旗","悲莫悲兮生别离,乐莫乐兮新相知"等。《楚辞》中又有大量类似"朝饮木兰之坠露兮,夕餐秋菊之落英","虽不周于今之人兮,愿依彭咸之遗则"的诗句,只要将两句之间的"兮"字省去,它们也就成为七言句。正是《楚辞》中大量此类句式的存在,为七言诗的产生准备了条件。

五言诗的产生也大体如此。《九歌》中已有不少的五言句,如"石濑兮浅浅,飞龙兮翩翩","秋兰兮麋芜,罗生兮堂下"等。又如《九歌》中类似"采芳洲兮杜若,将以遗兮下女","纷总总兮九州,何寿夭兮在予","乘水车兮荷盖,驾两龙兮骖螭"的诗句,只要将其中的"兮"字省略,它们也就成为五言句。"楚辞"中上述句式的大量存在,又为五言诗的产生准备了必要的条件。

2. "楚辞"开创了游仙诗与招隐诗

在中国古代诗歌的历史长河里,屈原最早用文学的笔触,描写了在凡人心目中那个无限神秘而又美好的神仙世界。《离骚》、《远游》中那种白日升空、驾飞龙、载云旗的空中遨游,是以前的文学作品中从未有过的;而这种遨游场面之盛大、声势之显赫、空间之广阔、情节之奇幻,又都是常人难以想象的。尤其是与神人同登仙山,共游仙境,更是令人羡慕不已。这些为后世垂示了永恒的范例,使它们成为游仙诗之祖。

《远游》开门见山地说,由于现实的压迫,使得自己期望离开人世,与神仙同游。诗中写道:"悲时俗之迫厄兮,愿轻举而远游","轩辕不可攀援兮,吾将从王乔而娱戏!"《远游》中这种飞升漫游的想象,唱出的是人性在现实压迫下发出的慷慨的声音。魏晋的游仙诗,几乎都是继承这种思路而来。概而言之,首先是由于世俗的压迫而想象出世飞升,然后是在畅游四方中得遇神仙并与之交往,最后是脱去凡骨,成为仙人,永远过那种自由自在、逍遥适意的生活。总之,神仙世界愈广阔、自由与美好,便愈能显出人间的狭窄、猥琐与暗淡。这是魏晋游仙诗的抒情范式,与《楚辞·远游》的情感表达可谓一脉相传。

《楚辞》中有淮南小山作的《招隐士》一诗,描写山中景物荒凉、环境险恶的状况,以召唤隐士出山,回到人间。王逸《楚辞章句》认为,"小山之徒,闵伤屈原……与隐处山泽无异,故作《招隐士》",认为诗中的隐士就是屈原。晋代以后,"招隐"与"游仙"、"咏怀"、"咏史"并列,成为诗歌题材中的重要门类,也源自"楚辞"。晋代间丘冲、左思、陆机均有《招隐诗》。唐代王维《山居秋暝》诗写道"随意春芳歇,王孙自可留",也是针对淮南小山《招隐士》所说"王孙兮归来,山中兮不可以久留"而发的议论。

3. "香草美人"之思

"楚辞"还为中国古代诗赋创作确立了以"香草美人"为中心的意象体系,同时也就开创了以"香草美人"为寄托的象喻修辞手法。《楚辞》中写到草木的地方甚多。《离骚》"扈江离与辟芷兮,纫秋兰以为佩",这是用香草(白芷、秋兰)作为妆饰的材料;"杂申椒与菌桂兮,岂惟纫夫蕙茝",这是用香草(椒、桂、蕙、茝)隐喻贤臣;"余既滋兰之九畹兮,又树蕙之百亩"四句,是用种植香草(兰、蕙、留夷、揭车、杜蘅等)象征培养人才;而"何昔日之芳草兮,今直为此萧艾也",又是以草木败坏来比喻人才变质;"制芰荷以为衣兮,集芙蓉以为裳",是借穿戴香花美草隐喻道德节操的善美;"朝饮木兰之坠露兮,夕餐秋菊之落英","梼木兰以矫蕙兮,䋞申椒以为粮",是将芳草的花叶果实作为食物来象征培养并坚持美好的节操。概而言之,《楚辞》中写到的芝、兰、荃、荪、菊、芷、蕙、芙蓉、杜蘅、薜荔、女萝、揭车、留夷等,都是香草;《楚辞》中写到的橘、桂、椒、松柏、辛夷、木兰等,都是嘉木;《楚辞》中写到的葹、菉、施、艾、茅、萧、葛、椴等,都是臭草恶木。本来,自然界的草木虽然形态、气味有别,却不具备人间善恶的品质。自从《楚辞》歌颂香草嘉木、贬责臭草恶木以后，这些自然物也都被人格化了，被赋予了善与恶、崇高与卑劣的不同品质。香草嘉木象征着忠正贤能之臣，代表着高尚的道德与节操，是美好事物的化身；而臭草恶木则象征着奸邪、谗佞之臣，代表了卑劣的品质，是丑恶事物的化身。这种赋予自然草木以人的精神品质的艺术手法对于后世文学的影响极为深广。宋代诗人梅尧臣有诗写道："屈原作《离骚》，自哀其志穷。愤世嫉邪意，寄在草木虫。"（《答韩三子华韩五持国韩六玉汝见赠述诗》）在《楚辞》的示范作用之下，后世歌颂香草嘉木的诗赋作品绵绵不绝，数不胜数。

所谓"美人"，是以男女之爱来象征君臣朋友之谊，这一手法也是由《楚辞》所开创的。《离骚》与《九章》中多次提到"美人"，他有时是指君主，有时也可能指诗人自己。屈原作品中又多次说到求女之事，叹息没有好的媒人从中联络传情。《离骚》又写道："众女嫉余之蛾眉兮，谣诼谓余以善淫。"这些都是用男女之间的爱情婚姻，来象征君臣遇合之事。总之，在古代，做臣子的得到君主的赏识，就像女子得到男人的喜爱一样，所以，臣子思恋君主，又像是在思恋美人（情人）一样。

在今天看起来，男女之间的爱情婚姻与君臣、朋友关系是本质不同的两个范畴，但是，半为文化的陶冶、半为心理的联想，在古代的文学艺术中，它们却被联系在一起了。表面上写的是男女恋爱，实际想说的是君臣遇合，这就叫寄托。又有人委婉地说这种美人之思中，寄托了作者对理想的追求。心中想的是君王或朋友，写在诗赋中成为向往美人，古人说这是比兴（王逸），或者说这是寓言（朱熹），今人则多认做是象喻或象征的修辞手法。

4."楚辞"乃浪漫诗风之祖

明代蒋骥说过："诗文不从《楚辞》出者，纵传弗贵；能于《楚辞》出者，愈玩愈佳。"蒋氏之所以这样说，大约是因为《楚辞》不仅有着对于现实的执著关怀,而且,其中贯穿了一种浪漫的精神,引导人们超越鄙近,飞腾想象,时间愈久,愈能得到心灵的陶冶与美感的享受。

《楚辞》影响后世诗风表现为相互关联的两个方面:一是执著地关怀着社会与民众,生死不渝地为之思虑、焦灼,直至生命之火熄灭,这是作品内在精神上的;二是超越个人生存的境况,突破一切有形无形的窒碍与束缚,飞动想象的翅膀,在无边的精神王国中翱翔,这是文学形态上的。所以,历代诗人都奉《楚辞》为圭臬,从中汲取精神的力量与文学的智慧。下面以阮籍、李白、龚自珍为例,略说《楚辞》对于后代诗风的影响。

阮籍是正始诗坛的旗手。他一生留下来的诗歌创作,只有大型组诗《咏怀诗》。《咏怀诗》的风貌在有些方面近似于《楚辞》。明人陈祚明曾经评价说:"阮公《咏怀》,神至之笔。观其抒写,直取自然。错出繁称,辞多悠谬。悲在衷心,乃成楚调。公诗自学《离骚》。"(《采菽堂古诗选》卷八)清人沈德潜评价说:"阮公《咏怀》,反复零乱,兴寄无端。和愉哀怨,杂集于中,令读者莫求归趣。此其为阮公之诗也……其原自《离骚》来。"(《古诗源》卷六)阮籍《咏怀诗》给人的感受是:初读之时觉得它反复无端,不知道诗人的意旨何在,甚至给人前后矛盾、反复零乱的感觉。然而,这正是作者内心深沉悲伤的自然流露。尽管阮籍不同于屈原,《咏怀诗》与《离骚》的差别甚为明显:《离骚》所发出的是激昂慷慨的呼吁,《咏怀诗》所抒发的却是遭受压抑的悲伤隐约的情怀;然而,在这种形迹差异的背后,仍然不难感受到两者在心灵层面精神的相通。

在李白的诗歌中,使人强烈感受到的是一种生命跌宕的激情,以及这种情感四处奔突、澎湃激荡、穿透而出的随意挥洒。生命的情感、良知与事物相冲突,而随物赋形,加上诗人的妙思裁剪,一点一滴都凝聚、升华为不朽的诗章。它又像一团火焰,迎风燃烧着自己,直到生命完全熄灭。李白这种激情的表现与屈原十分相像。当人们读着李白的"白骨成丘山,苍生竟何罪"(《经乱离后……赠江夏韦太守良宰》),"苍生疑落叶,白骨空相吊"(《经乱后……留赠崔宣城》),就仿佛读着屈原的"皇天之不纯命兮,何百姓之震愆"(《哀郢》);当读着李白的"安能摧眉折腰事权贵,使我不得开心颜"(《梦游天姥吟留别》),就仿佛读着屈原的"吾不能变心而从俗兮,固将愁苦而终穷"(《涉江》);当读着李白的"我本不弃世,世人自弃我"(《送蔡山人》),就仿佛读着屈原的"户服艾以盈要兮,谓幽兰其不可佩"(《离骚》)。

　　清代的龚自珍是又一个"屈原",又一个"李白"。这样说也许并不确切,毕竟时代不同了。人性的文化内涵随着历史的发展而不断地演化着,他们作为诗人的文学表现与成就也各有特色,然而,在龚自珍的诗歌中,的确可以感受到屈原、李白浪漫诗风的影响。龚自珍的诗富于情感,饱含学识,是从人生本源处流出的诗,是不事沿袭、独辟境界的诗,是用学识充实内在力度、用情感丰富外在风貌的诗。龚自珍曾经评价李白说:"庄、屈实二,不可以并。并之为心,自(李)白始。"这是对李白诗风的揭示,也可以视为龚自珍对自我诗风的一个暗示。

　　《楚辞》浪漫诗风对于后代诗人发生了极为深远的影响,这种影响不仅表现为瑰伟的文辞与丰富的想象,更表现为诗歌中活泼的生命意志与独立的人格追求。就此而言,像屈原、李白、龚自珍等人是不可以用通常的"诗人"去看待的。

(三)"楚辞"与赋体

　　关于赋体的形成,前人有过许多的论述。从大的方面说,赋与《诗经》的技法、战国诸子的文风、纵横家排比论辩的传统都不无关系,然而,其最重要、最直接的渊源是"楚辞"。可以说,赋是从

"楚辞"中生长出来的一种文体,而它所包蕴的文学精神、所呈现的艺术风貌以及它的题材类型,又都与"楚辞"有着不可分割的内在联系。

1. 赋体出于"楚辞"

这里所说的"楚辞",是指在战国时代由屈原所开创的新的文学体式,也指《楚辞》结集之前流传于世的屈原、宋玉等人的辞赋作品。

"赋"字的本义,是吟诵、咏读的意思。《国语·周语》上说:天子处理政务,要让公卿至于列士献诗,盲乐官献上乐曲,史官献上典籍,少师献上箴言,再让盲艺人吟咏讽谏之诗。所以,《汉书·艺文志》说:"不歌而诵谓之赋。"《诗经》中的作品一般篇制短小,又多重章叠句,可以配上音乐歌唱;而屈原的作品篇幅较宏大,结构复杂,除了少数作品(如《九歌》)之外,要配乐歌唱不是容易的事情。然而,屈原的作品适于吟诵应当是不成问题的,因而,屈原的作品又被汉代人称为"屈原赋"。可见,赋就是用特定的声调、讲求节奏与韵律以吟诵作品的方法,后来,就用它代指这种适于吟诵的文体了。

这种难以歌唱而适于吟诵的文体又称为"诵"。在《楚辞》中,屈原称自己的作品为"诵",《抽思》中说"道思作颂,聊以自救兮","颂"通"诵"。宋玉也曾经称之为"诵",《九辩》中说"自压案而学诵",是为明证。"诵"与"赋"意思相近,可以相通,大约从宋玉开始,便开始较为固定地称自己的作品为"赋"。昭明《文选》所收录的作品中,就有题名为宋玉作的《风赋》、《高唐赋》、《神女赋》。汉代人沿用"赋"这种称谓,并将这一体式的创作推向十分兴盛的境地,就形成了赋体。

汉赋直接继承"楚辞"而来的又一个证据是句型方面的。这里有两种情况:一种是全部或大部运用骚体句的作品,通常称之为骚体赋,在前面"骚体文学"中已经作了论述;第二种是大量运用散句的散体赋,散体赋最初是诵的变体,后来却成了赋的正格。然而,散体赋在抒发情感或描写自然景物时,经常顺手插入一些骚体句以增强文章的流动美,如枚乘《七发》在铺叙琴声之美时,插入一段楚歌曰:"麦秀蔪兮雉朝飞,向虚壑兮背槁槐,依绝区兮临回溪!"又在描绘广陵八月潮时,用一长串骚体句来烘托气氛,抒发情感,以增强效果。

这种在散体赋中穿插骚体句的做法,后来成为赋家的一种修辞手法,如宋代苏轼《前赤壁赋》在写景之后,载苏子扣舷而歌曰:"桂棹兮兰桨,击空明兮溯流光。渺渺兮予怀,望美人兮天一方!"这些骚句的插入,使得文势发生了起伏跌宕的变化,更增添了新的意趣,同时也暗示着赋与楚辞之间存在着血脉的联系。

2. 赋心通于"楚辞"

司马相如《答盛览作赋书》说道:"赋家之心,苞括宇宙,总览人物。"在这一点上,它与"楚辞"是相通的。

"楚辞"不同于"国风"。一般来说,《诗经》中风诗的作者可以是普通的百姓。当人们唱着自己的欢乐、唱着自己的期望、唱着自己的辛酸、唱着自己的愤怒与忧伤时,只要它们是真实的,它便具有感动人心的力量。"饥者歌其食,劳者歌其事",着眼点便在一个"真"字。"楚辞"不同,它所反映的固然有个人的遭遇,然而,主导思想是对国家命运的思考,主导情感是忧国忧民的激情,主要的探求是国家兴盛的途径。可见,"国风"是民众的文学,"楚辞"则是士人的文学。从形式上看,前者活泼、短小、朴素自然,后者典雅、瑰丽、惊艳绝伦。从内涵上看,前者主要表达的是个人的情感,后者则包含着有关天地自然、人类历史的广泛信息与深入的思考。赋通于"楚辞",除了文体的继承关系之外,最重要的就是这种文心的相通。

一般说来,屈原、宋玉的作品是一种绝对抒情的、个性化的文学。为了抒情的需要常常大笔淋漓,肆意铺陈,上天入地,交游鬼神,浓彩重色,夸张声情,而又结构宏伟,变化纷纭。汉赋大体上继承了这一特色,从枚乘的《七发》到司马相如的《子虚赋》、《上林赋》,其中,结构规模之宏大,气势奔走之雄健,场面描写之壮观,正与其文心广大的艺术构思相配合。

3. 赋的题材与"楚辞"

在赋的创作中,有一种值得注意的倾向,这就是题材的因袭性与创作的类型化。从主导方面说,赋的主要题材是约定俗成了的,构思的方法也都有路可循。作者可以从中寄托自己的情感,或者点缀一些声色,增减一些描写的场面,但是,题材与基本构思常常没有大的改变。这就形成了赋体创作的类型化倾向。这种类型化是由于对于前代文学作品的模仿所致。由于"楚辞"提供了经典的范例,所以,赋的题材与描写手法有许多是从"楚辞"发展而来的。清代刘熙载在《艺概》中说:枚乘的《七发》出自于《招魂》,司马相如的《大人赋》出自于《远游》、《长门赋》出自于《山鬼》,王粲《登楼赋》出自于《哀郢》,曹植《洛神赋》出自于《湘君》、《湘夫人》。这些说法虽然并不完全准确,但值得深思。

大体而言,抒发士人失志牢骚之赋,受到《离骚》及《九章》诸篇的影响很大。其中篇制较大者,多数是模仿《离骚》;篇制较小者,则效法《九章》中的《涉江》、《怀沙》诸篇。又有一类专门表现士人失志的抒情小赋,如董仲舒有《士不遇赋》、司马迁有《悲士不遇赋》、扬雄有《逐贫赋》、赵壹有《刺世嫉邪赋》等,这类小赋继承了"楚辞"的批判精神,对于现实之正邪、贤愚颠倒采取嘲讽与抨击的态度,因而受到后人的喜爱。

美人之赋(其中多有写人神恋爱之作)肇端于《离骚》求女的情节以及《九歌》的有关描写,宋玉有《高唐赋》、《神女赋》,张衡有

《定情赋》,曹植有《洛神赋》,阮籍有《清思赋》,陶潜有《闲情赋》,江淹有《水上神女赋》等。这一类作品多写男女思慕、阻隔、遇合之事,其中或写爱情,或寓寄托,不能一概而论。

描写城市宫殿苑囿之美、游乐之盛的赋肇端于《招魂》、《大招》中的有关描写,司马相如有《子虚赋》、《上林赋》,班固有《两都赋》,扬雄有《甘泉赋》,张衡有《二京赋》,王延寿有《鲁灵光殿赋》,何晏有《景福殿赋》,左思有《三都赋》等。这类作品都极力夸张宫殿建筑的巍峨,尽力描写其华美的装饰,展现其壮丽的外观与飞动的气势,是赋中最具代表性的作品。

咏物之赋则源于《橘颂》。后世咏植物的有傅玄的《李赋》、《桃赋》,鲍照的《芙蓉赋》,江淹的《莲花赋》、《金灯草赋》等,描写动物的有祢衡的《鹦鹉赋》,张华的《鹪鹩赋》,阮籍的《鸠赋》,颜延年的《赭白马赋》,鲍照的《舞鹤赋》等。这些作品,都各有所寄托。

描写自然物色、借景抒情的赋,大都受到《九辩》的影响。这一类的作品,有题名宋玉的《风赋》、潘岳的《秋兴赋》、谢惠连的《雪赋》、谢庄的《月赋》、欧阳修的《秋声赋》等。在这一类赋中,多有脍炙人口的名篇。

"楚辞"对于赋体的影响大体如上所述。郑振铎在《屈原作品在中国文学上的影响》一文中曾经说道:"这些大赋和小赋,格调虽然是套用了屈原的,但其所叙写的、所表现的、所蕴蓄的内容与情绪,已经不是屈原的同调了。他们另外走上一条道路,这条道路未必是很宽敞的,但还走得通,走得很远。他们记录了他们那个时代的生活,也抒写了他们自己的情感和所要说的话,甚至在恣意地呈现出他们的绝代才华和广博的知识,在极力地施展出他们的优美的写作的技巧。这些由附庸蔚为大国的赋,是有其好的、而且是有用的一面的。"这种评价,应该说是公允的了。

（四）"楚辞"与散文

"楚辞"是一种韵文，它影响到诗赋是很自然的事情，何以又影响及于散文呢？这可以从以下几个方面来说明：一是古代韵文与散文的界限不像今天这样严格，"楚辞"中包含着散文的某些因素；二是由"楚辞"所开创的某些写法为散文创作所汲取，如设置问对及谋篇构思的方法；三是以骚句入散文，是古代散文创作中一个突出的现象，值得重视。

1.《楚辞》与散文相通

《楚辞》除了用韵之外，其体式本身还带有某些散文的成分。比如，它的句式比较活泼，有时长短不齐，相对于四言诗而言就有一些散文化的倾向。它的结构不是国风式的重章叠句，而是行云流水般地抒发胸臆、安排辞章，与散文的谋篇布局也是相通的。它的内涵又比较复杂，有抒情又有言志，有论说也有质疑，突破了传统的诗体而可与散文相连接，所以，前人有时便将《楚辞》放进文章中一并论说。

明人何孟春曾经说过：

> 古今文章，擅奇者六家：左氏之文，以范而奇；庄生之文，以玄而奇；屈子之文，以幽而奇；战国策之文，以雄而奇；太史公之文，以愤而奇；班孟坚之文，以整而奇。

何氏将"屈子之文"与《左传》、《庄子》、《战国策》、《史记》、《汉书》并论，用"以幽而奇"概括屈原作品的特色，虽然并不十分准确，亦可备一说。

清人刘熙载在《艺概·文概》中有两则论述：

> 文如云龙雾豹，出没隐现，变化无方，此庄、骚、太史所同。
>
> 《庄子》是跳过法，《离骚》是回抱法，《国策》是独辟法，《左传》、《史记》是两寄法。

这里谈的是文章写作的方法:《庄子》、《楚辞》与《史记》的相同之处是文章意脉出没隐现,变化无方;不同之处是《庄子》用"跳过法"(超越论题),《楚辞》用"回抱法"(反复陈述),《战国策》用"独辟法"(独力开辟,自作议论),《左传》、《史记》用"两寄法"(夹叙夹议,有所寄托)。

《艺概·文概》谈到《楚辞》的影响时又说:"学《离骚》得其情者为太史公,得其辞者为司马长卿……离形得似,当以史公为尚。"此说认为司马迁的《史记》继承了《离骚》的精神、情调,这是深入独到的真知灼见。鲁迅后来称《史记》为"无韵之《离骚》"(《汉文学史纲要》),便是继承此说而来。

唐代柳宗元《答韦中立论师道书》中谈到散文写作时说:

> 参之谷梁氏以厉其气,参之孟、荀以畅其支,参之庄、老以肆其端,参之《国语》以博其趣,参之《离骚》以致其幽,参之太史公以著其洁。

这段话的意思是说:要学习好文章的写作,就要参读《谷梁传》以磨砺文气,参读《孟子》、《荀子》以使文理畅达,参读《老子》、《庄子》以使文思飞动,参读《国语》以使情趣丰茂,参读《楚辞》以使文章情致幽深,参读《史记》以使文章更加精练、简洁。

可知《楚辞》与散文创作有其可通之处。

2."楚辞"开创问对、牢骚之文

《楚辞》中的《卜居》、《渔父》是两篇富有特色的作品,它们记述的是一问一答的对话。这种以对话为文的方式,因为可以将对话的场面、神色、语调、口吻都惟妙惟肖地表现出来,比较起那种平面阐述意见的文章,更为活泼有趣,也更亲切感人,所以,后世类似的文字绵绵不绝;又因为这种文章中的问答多是假设的,不一定实有其事,作者可以随心所欲地加以发挥,所以《文选》中专门设了"对问"、"设论"这类文体,刘勰《文心雕龙·杂文》中则将这类文章归为"杂文"。这类文章中,专门有一种是抒发内心牢骚的文字,省称曰"牢骚之文"。其中的名篇,当数东方朔《答客难》、扬雄《解嘲》、韩愈《进学解》、柳宗元《愚溪对》等。

东方朔《答客难》是回答客人的责难。有客人问东方朔说:像苏秦、张仪那样的人能处身于卿相的高位,恩泽及于后世;而你终生讽诵诗书、百家之言,一辈子好学乐道,却"官不过侍郎,位不过执戟",这是为什么呢?东方朔听了客人的这一番话,便喟然长叹,向客人讲了一番道理,最后归结说:时代不同了,士人不遇其时,还是只管修身守道好了,至于官位与财富,就不必计较了。

扬雄《解嘲》在结构上模仿《答客难》,但是作者对于世俗的嘲讽有着不同的回答。扬雄用道家的思想批判追逐高官厚爵的欲望。在扬雄看来,高官厚爵反而蕴藏着危机,财富多了意味着灾祸将临,还不如甘于寂寞,追求精神道德的完善为安全。

韩愈的《进学解》史富文采,文章更有起伏波澜。文章开始是先生教诲学生,要他们勤于学习、善于思考,并说只要你们学习有成,不必担心有司不公正明察,不必担心不受选拔重用。然后是一个学生反问先生。那位调皮的弟子笑着说:先生您在欺骗我们!弟子我跟随先生已经多年了,要说学业,先生的学业可谓勤矣!要说思想,先生对于儒家可谓有贡献了。要说文章,先生的文章算得上内容广博而又文笔奔放不羁了。再说为人,先生的道德人格可谓有成了。然而,先生做官动辄得咎,既遭贬逐,又被闲置,妻儿啼饥号寒,处事件件不顺。先生自己尚且如此,怎么能教导别人呢?最后是先生的答复。先生解释说:工匠用木料,要让长短各得其宜;医师用药,要使各类药物各得其用;宰相用人,也要"惟器是适"。孟子、荀子都是圣贤,然而,一个"卒老于行",一个"废死兰陵"。至于先生我自己,学业虽勤却不遵传统,立言虽多却不得其中,文章虽妙却于世无用,修身虽好却不显于众,能够像现在这样有口饭吃,已经是幸运的了。韩愈的《进学解》就是这样一篇寓庄于谐、反话正说的奇文。

柳宗元的《愚溪对》写的是作者与溪神之间的一场假设的问答。事情是这样的:柳宗元被贬逐到永州之后,发现了一条风光幽奇绝美、流水清莹澄澈的山间小溪,名叫冉溪。柳宗元认为自己"以愚触罪",贬来此地,便将这条小溪改名为愚溪。《愚溪对》写的是柳宗元在梦中与溪神的对答之词。先是溪神责问,说自己流水甚清而景色甚美,功可以灌圃畦,力足以载方舟,为什么要改名为愚溪,这不是对自己的侮辱吗?柳宗元便回答说:你远离京城三千余里,现在欣赏你、与你相伴而居者是一个被贬黜、遭放逐、受侮辱的愚蠢的人,你怎么可能有一个智慧的名字呢?溪神又问道:你是怎么愚蠢法,以至要让我改名愚溪呢?柳宗元于是又回答说:冰雪满天的严寒时节,别人穿着裘皮袄,我却穿着葛布单衫;盛夏酷暑时节,别人向着凉风,我却朝火边跑;我不知道太行山的险阻,以至折断了车子;我不知道吕梁急流的危险,以至弄翻了船只。我踏着陷阱,顶着木石的攻击,在荆棘中前行,倒在毒蛇堆中却毫不害怕。我不知道个人得失,将官位的进退不放在心上,这就是我愚蠢的大致情况。溪神听罢又想了想,叹息说:唉!你可真够愚蠢了,将我改名愚溪也是应该的。

从东方朔的《答客难》到柳宗元的《愚溪对》,可以说都是继承《卜居》《渔父》的思路而来的,是一种假设问答,尽情抒发内心牢骚不平的文学作品。

3. 以骚句入散文

《楚辞》对于散文的渗透,还表现在骚体句式的运用上。在散文中穿插若干骚体句,不仅可以加强抒情的效果,还可以使文章摇曳多姿,增进文采。阮籍《大人先生传》之末,载大人先生歌曰:"天地解兮六合开,星辰陨兮日月颓,我腾而上将何怀?"

这首骚体短歌就像画龙点睛似的,将大人先生超越世俗、崇尚自然的思想与人格都表达出来了。

李华《吊古战场文》是唐代散文中的名篇。这篇文章以古战场为中心,极力描写战争恐怖的场面,从而抒发了作者的反战情绪与"守在四夷"的思想。文中在描写隆冬严寒时节古战场残酷拼杀的一幕之后写道:"鼓衰兮力尽,矢竭兮弦绝。白刃交兮宝刀折,两军蹙兮生死决。"文章接着又写道:"鸟无声兮山寂寂,夜正长兮风淅淅。魂魄结兮天沉沉,鬼神聚兮云幂幂。日光寒兮草短,月色苦兮霜白。伤心惨目,有如是耶?"前引"鼓衰兮力尽"四句是代将士抒怀,它倾诉的是将士悲壮的心声。后引"鸟无声兮山寂寂"六句描写古战场凄凉恐怖、令人惨不忍睹的情景,表现了作者对于阵亡将士的深切同情。这两段骚体句的插入,将写景与抒情糅为一体,增强了作品的表现力与感染力。

明代王守仁的《瘗旅文》也是一篇著名的散文。王守仁为人正直,因为得罪了当权的宦官,被贬逐为荒僻的龙场(在今贵州境内)驿丞。在龙场的第三年秋天,他目睹一名自京赴任的吏目(明朝知州所属的官员)及其子、仆三人相继死于途中的惨祸。王守仁亲自掩埋了他们的尸体,并写了这篇悼念的文章。文中记述这一事件的始末,抒发了无限的感伤之意,也从中寄托了自己被贬逐的凄苦情怀。文中有歌道:"连峰际天兮,飞鸟不通;游子怀乡兮,莫知西东……魂兮魂兮,无悲以恫!"这首歌的意思是说:尽管这里群山环绕、飞鸟难通,仍然属于中国的范围内,因此,劝死者随遇而安,不必悲伤。该文最后又写道:"道旁之冢累累兮,多中土之流离兮……尔安尔居兮,无为厉于兹墟兮。"王守仁祈祷死者的亡魂安居于此,与中土流落者的魂魄相伴,与麋鹿猿猴为友,不要化为厉鬼骚扰地方百姓的安宁生活。这就使得文章在悲痛之中,又增添了一些瑰丽的想象。

在散文中插入骚体句,是文章家习用的技法。以上所举,只是其中的几例而已。

(五)"楚辞"与民间习俗

"楚辞"与民间风俗的关系十分密切,其作用则是双向的:一方面,楚民俗(作为楚文化的一部分)陶冶了"楚辞"的文学与艺术精神,所以,在《楚辞》中不难感受到楚民俗的奇异光彩;另一方面,《楚辞》又在更广大的范围内影响到中国的民俗,并为之增添了新的内涵。

一般地说,能给民间风俗带来影响的作家一定是个伟大的作家,因为他的理想得到了人民的认可,他的遭遇赢得了人民的同情,他的事迹深入到人民的心中,他的灵魂已经与他的人民融为一体了。"楚辞"的奠基者屈原就是这样一位伟大的作家。这方面最为引人注目的表现,是民间端午节纪念屈原习俗的形成,并且千年相传不衰。

端午,即农历五月初五,是我国一个古老的民间节日。端午节活动的最初目的可能是要预防邪疫,禳除各种可能的灾害。其主要活动,一是分发或者赠送五彩丝绳或五色丝织品,将它们系在手臂上,据说可以辟除瘟疫,防止兵器的伤害,它们的名字就叫长命缕、续命缕、辟兵缯、朱索等;或是将艾蒿悬挂在门口,也可以辟除不祥。其次是包粽子、竞渡。竞渡最初是要祭祀水神,祈求水神保佑人类的安全。因为传说屈原死后成为水神,在晋代以后,尤其是南朝时期,便逐渐将端午竞渡与屈原之死联系在一起了。隋唐以后,这种解释被固定了下来。《隋书·地理志》记载荆州风俗时写道:

> 屈原以五月望日赴汨罗。土人追至洞庭不见……因尔鼓棹争归,竞会亭上。习以相传,为竞渡之戏。

《太平寰宇记》引《襄阳风俗记》写道:

> 屈原五月五日投汨罗江……五日先沉,十日而出。楚人于水次迅楫争驰,棹歌乱响,有凄断之声,意存拯救,喧震川陆。风俗迁流,遂有竞渡之戏。

关于端午节吃粽子的解释,也有一个演化的过程。粽子,古代又称角黍,最初可能用于祭祀祖先,后来又用来祭祀水神。随着端午与屈原联系在一起,对粽子的用途又有了新的解说。南朝梁吴均《续齐谐记》中写道:

> 屈原五月五日投汨罗水,楚人哀之。至此日,以竹筒子贮米,投水以祭之。汉建武中,长沙区曲白日忽见一士人,自云三闾大夫,谓曲曰:"闻君常见祭,甚善。但常年所遗,并为蛟龙所窃。今若有惠,当以楝叶塞其上,以彩丝缠之。此二物蛟龙所惮。"曲依其言,今五月五日作粽,并带楝叶、五色丝,皆汨罗之遗风也。

从这以后,将端午节吃粽子、龙舟竞渡与纪念屈原联系在一起,便成为千年不易的解释。民间在这一天自发地开展种种活动,以纪念这位伟大的诗人,端午节也因此而成了"诗人节"。

七 阅读《楚辞》的方法和应注意的问题

作为著名的国学典籍,《楚辞》注本众多。在漫长的历史岁月里,对于《楚辞》作品的理解见仁见智,著述如林,积累的意见重叠纷纭,论辩往还络绎不绝。作为一般的读者,首先是要读懂《楚辞》作品,然后逐层深入,把握其人文与艺术的精华,从中汲取有益的营养,陶冶情志,滋润精神。

（一）循序渐进，逐层深入

翻开《楚辞》，异彩纷呈，扑面而来。作为一般读者，既不能为其繁富的内容所吓倒，望而却步；也不能过于心切，囫囵吞枣，浅尝辄止。读者要采用合理的方法，循序渐进，逐层深入，力求每个阶段都有收益。

第一，正确理解文本语义，体会作者抒发的感情。读者可以先从屈原的作品入手，从那些脍炙人口的作品入手，如《离骚》、《九章》中的《涉江》、《哀郢》、《怀沙》、《橘颂》，《九歌》中的《湘君》、《湘夫人》、《山鬼》、《国殇》等，然后拓展阅读范围，再及屈原的《天问》、《招魂》等其他作品，以及宋玉的《九辩》等他人的作品。切不可贪多求快，否则，要么会因为无法领略作者抒发的情感而中途放弃，要么因为匆匆一瞥，浮光掠影，等于没读。然而，一旦达到对文本基本语义的理解，读者就会被作者浓烈而深沉的情感所震撼，也就会被这些作品强烈地吸引住，从而爱不释手。在此阅读阶段，除了对楚辞这种特殊文体的基础形态，如语言、句式、节律等有直观的认识外，特别要注意理解屈原作品中由香花香草和恶禽臭物等组成的隐喻系统及其所代表的情感取向。这个隐喻系统有着独特的地域文化和文学特质，也是屈原个人文学才能的充分表现。对这些内容的理解，是读者得以领略楚辞这种文体审美风范的基础，也是读者深入理解楚文学与楚文化中的美学特质的基础。

第二，认识屈原所处时代的历史特征，深入作者丰富的内心世界。为此，读者可以延伸阅读，有意识地阅读一些有关战国时期诸侯纷争的历史著作，以充分了解屈原所处的那个时代的政治格局，从而更加深入理解屈原，理解其政治理想，为追求理想做出的种种努力，以及在此过程中体现出的人格风范。作为一个读者，只有和抒情主人公一起感受人生的喜怒哀乐，一起欢笑和哭泣，才能充分理解抒情主人公,才能得到精神的洗礼和美的陶冶。还可以循此方向,将眼光投向历代文人对屈原人格内涵的解读。这不仅有助于理解屈原的人格精神和人格魅力,还有助于了解屈原的人格精神在建构中国古代文人的精神世界中所起的作用,从而进一步了解中国历代优秀文人在与民族、国家同呼吸、共患难中体现出的优秀品质,以便于从中国古代文化中汲取有助于净化心灵、塑造人格的营养。

第三,抓住楚辞作品的一些文学要素,深入领会楚辞体作品的美学风范和独特魅力。为此,读者可以从这种文体中一些有代表性的美学特质入手,如"悲士不遇"的主题、以悲为美的审美取向等等;可以将屈原的作品与后来汉人的楚辞体作品进行对比阅读,从楚辞体作品的发展衍变中去探究"悲士不遇"主题的形成过程;可以从楚国的文化特征入手去寻绎这种文化对"以悲为美"审美取向的形成所起的作用;还可以拓展视野,去追寻这种美学特质对于中国古代文学其他文类的影响。这样一来,对《楚辞》的阅读与理解就将延伸至哲学、美学、文化学等领域,有助于充分理解中国古代文化中的优秀遗产。

第四,带着问题,有选择、有目的地阅读历代有代表性的楚辞研究著作。随着阅读的进一步深入,就会发现,在屈原和楚辞研究中积累着一些问题,对这些问题的解释,历代学者可能意见纷呈,如果一般读者依然兴趣浓厚,可以带着这些问题,继续深入探究。本书在通论部分对很多屈原及楚辞研究中有争议的问题有所介绍,读者可以循此线索,找到相当的研究著作,进行有选择、有重点的阅读,以理解研究者所持的观点和研究思路。这不仅有助于深入认识楚辞作家的精神世界及其作品的深刻内涵,也有助于深入认识历代楚辞研究者的思想背景、文化心态等,从而在不知不觉中步入更为广阔的中国古代思想史领域,去领略中国思想文化的博大和精深。

第五,合理选择注本。本书是特意为广大社会读者撰写的,对阅读欣赏《楚辞》这部国学典籍会有帮助。另外,今人有不少注本,如刘永济《屈赋通笺》和《屈赋音注详解》、汤炳正《楚辞今注》、聂石樵《楚辞新注》等,对于进一步研读《楚辞》都很有帮助。

(二) 搁置旧案,求同存异

《楚辞》自结集流传以来,历代学者进行了大量的诠释与研究,意见纠缠如葛藤,著作汗牛充栋。一般读者在没有通读作品、未曾长期涵咏体悟之前,对于学术界的不同意见难免茫然不知所从。此时若要强作解人,发表评论,只能是人云亦云,贻笑大方。所以,对于一般读者来说,最重要的,首先是要读懂《楚辞》作品,增进自心领悟,通其大意。

前代学者在《楚辞》研究中探讨过许多话题,提出过许多见解。诸如《楚辞》中的作者问题、篇次真伪、题旨、文本异同等等,其中有些问题已经基本获得解决,有些则意见渐趋一致,有些在没有新的资料佐证之前分歧难以弥合。一般读者不妨求同存异,搁置历史的旧案,以免轻易落入"陷阱",影响对文本的阅读与理解。比如,曾有学者否定历史上屈原其人的存在,或者否定屈原对于"楚辞"的著作权,对此绝大多数学者不赞成,一般读者无须纠缠于此类问题。又具体篇章的作者(比如《九辩》有说宋玉所作、有说屈原所作),在没有新的论据发现之前,也不妨搁置分歧。

对于《楚辞》中的重要作品、章节、句子,应该反复熟读,争取能够背诵。古代优秀的篇什,若能长期涵咏咀华,自能增进文学的修养,陶冶人格,滋润性灵,获益多矣。

(三) 知人论世，正确认识屈原

屈原作为一个历史人物，已经过去两千多年了。作为一个爱国的士大夫，屈原献出了自己的生命；作为一个杰出的诗人，屈原留下了不朽的"楚辞"。屈原的人格理想汇入了中华民族的文化传统，"楚辞"成为中华民族的文学经典。因此，我们不应该菲薄屈原，苛责屈原。

屈原所生活的时代不同于今天，不能用今天的标准去要求古人。屈原所面对的是战国时代的政治现实，遭逢着具体的历史环境，沐浴着当时的学术文化思潮，他又是一个个性鲜明、富于激情的人，因此，他的行事也并非完全无可指责。当今对于古代作家作品进行理性求实的分析是必要的，而片面地斥责古人则出自一种偏执的心态。今天不应将当今现实中的弊端简单地归咎于传统，更不能指望两千多年前的屈原对今天的事情负责。

对屈原的社会理想、人格精神、文学成就做出积极、理性的评价，既是对历史的尊重，对民族传统的尊重，同时也是对人类自身的尊重，这是阅读《楚辞》应有的心态。

(四) 汲取人文精华，扬弃历史糟粕

由于时代条件的限制，屈原作品中所表达的思想感情是极为复杂的。屈原是"楚之同姓"，他的家庭身世与楚王室有着血肉不可分割的联系。他主要是在现成的体制内活动，幻想通过改良朝政来寻求振兴楚国的道路。然而，当时楚国上层的腐朽已经十分严重，实际上楚国面临着全面崩溃的命运。尽管不能说屈原的"美政"理想毫无实现的可能，然而，事实是楚怀王错过了振兴楚国的最后机遇，就像历史坐标系上抛物线的坠落，屈原的悲剧带有必然的性质。屈原也曾在痛苦的思索中试图"往观四荒"，想要在更广

大的空间探讨"天命",质询人类生存的困境,化解内心深沉的忧伤,然而他终究未能走出自己的"宿命"。

屈原始终不渝地坚持他的社会理想与人格风范,在他的身上闪烁着人文精华的光芒。然而体制内的求索限制了屈原的思维空间,使他在人生道路上遭遇到重重的困惑与尴尬。他对楚怀王的一片痴情,构成了他的愚忠,被后人称为"臣妾心态",这种负面的精神遗产则应该被肃清。屈原最终自沉汨罗,与上世纪初王国维的投昆明湖而死一样,显示在专制与暴力面前文人生命的脆弱与无奈,发人深思。

(五)把握"楚辞"艺术,继承文学遗产

"楚辞"被誉为"词章之祖"。"楚辞"艺术不只是一种修辞技巧,更是人类心灵的自由舒卷,精神性灵的外在辉耀。当这种充满原始创意、自由灵动、优美奇妙、飘逸不羁的辞章问世时,人们无不为它的惊艳绝伦、金相玉质所感动。"楚辞"为后世诗赋的创作提供了榜样:它的内重情感、外重藻饰的美文风度,它的富于强烈抒情意味、联系广泛的意象系统,它的香草美人的托喻手法,它的要眇宜娟的神思与秀句,始终激励并且诱导着后世的作者,滋润着他们的艺术生命,并给他们以文学灵感的启示。"楚辞"开创了文学的新纪元,艺术的新天地。

学习《楚辞》,犹如步入灵山,所见宝藏令人美不胜收。刘勰在《文心雕龙·辩骚》中称"才高者菀其鸿裁,中巧者猎其艳辞,吟讽者衔其山川,童蒙者拾其香草",便是指这种情况。对于《楚辞》中形形色色的文学表现,读者不妨与后世作品进行联想与比较,以加深自己的审美感受。

八 校注说明

（一）《楚辞》原文以中华书局1983年3月出版宋洪兴祖《楚辞补注》为底本，以简体字横排。

（二）本书《楚辞》原文以下列版本参校：

1. [宋]朱 熹：《楚辞集注》，上海古籍出版社1979年排印本。

2. [明]汪 瑗：《楚辞集解》，北京古籍出版社1994年排印本。

3. [清]王夫之：《楚辞通释》，中华书局1959年排印本。

4. [清]蒋 骥：《山带阁注楚辞》，上海古籍出版社1958年排印本。

5. [清]戴 震：《屈原赋注》，商务印书馆万有文库本。

6. 刘永济：《屈赋通笺》，人民文学出版社1961年版。

（三）本书注释部分，还参考下列各书：

1. 闻一多：《楚辞校补》，《闻一多全集》本。

2. 刘永济：《屈赋音注详解》，上海古籍出版社1983年版。

3. 姜亮夫：《楚辞通诂》，云南人民出版社1999年版。

4. 汤炳正等：《楚辞今注》，上海古籍出版社1996年版。

（四）底本中的脱文、衍字，尽量保存原貌，凡据参校本补、删者，在注释中加以说明。

（五）底本中的古体、异体字，其常用者直接改作今体，不常用者仍存古貌。

（六）注释重在解析字词、语汇，或存异本、异说，读者可以择善而从。其难以理解者，适当疏通文意。

（七）《楚辞》篇章，长短不一。其短篇不另行划分章节，长篇则依据层次内容，参照学界惯例，划分章节，以利于理解。

（八）同篇注释尽量避免重复，如有必要，采取互见方式。

离　　骚①

帝高阳之苗裔兮,朕皇考曰伯庸②。摄提贞于孟陬兮,惟庚寅吾以降③。皇览揆余初度兮,肇锡余以嘉名④。名余曰正则兮,字余曰灵均⑤。纷吾既有此内美兮,又重之以修能⑥。扈江离与辟芷兮,纫秋兰以为佩⑦。汩余若将不及兮,恐年岁之不吾与⑧。朝搴阰之木兰兮,夕揽洲之宿莽⑨。日月忽其不淹兮,春与秋其代序⑩。惟草木之零落兮,恐美人之迟暮⑪。不抚壮而弃秽兮,何不改此度⑫？乘骐骥以驰骋兮,来吾道夫先路⑬。

[注释]①"离骚"有多种解释:1.释"离"为"罹",意谓遭遇忧伤。2.释"离"为离别,"离骚"意谓离别的忧伤。3.释"离骚"为牢骚、牢愁。4.以"离骚"为"劳商"二字之通转,认为它是古乐章之名。　②高阳:即颛顼,传说中的上古五帝之一。苗裔:远代子孙。朕:第一人称代词。先秦无论贵贱,皆可自称为朕。秦始皇始专用做皇帝的自称。皇考:对于亡父或祖辈的尊称。皇:美。伯庸:一说屈原亡父的别号,一说指楚句亶王熊伯庸,为屈氏受姓之祖。　③摄提:摄提格的省称。古代用太岁(木星)纪年,太岁绕日1周约12年,以十二地支来表示。当太岁运行至寅位时,就是摄提格,即寅年。贞:正当。孟陬(zōu):孟春正月,是一岁的开端。夏历正月,即寅月。庚寅:这是以干支纪日,为正月的一天。降:降临、出生。　④皇:"皇考"的省称。览揆:观

察、度量。初度,初生的时节。肇:开始。一说"兆"的假借字,指卜兆,意即屈原之名是因卜兆所得。锡:赐给。嘉名:美名。 ⑤正则:既平正又有法则,隐含屈子名"平"的意思。灵均:平均而有神灵,隐含屈子字"原"的意思。⑥重:加上。修能:即修态,与"内美"相对,指后天道德学术的修养。修,美好。能,通"态",即"态"。 ⑦扈:披戴。江离:生长水中,叶为青色,形似乱发,为香草。一说与蘼芜相似。离,洪兴祖《楚辞补注》引《文选》作"蓠"。辟芷:长于幽僻处的芷草。芷,香草。纫:用线绳联结、贯穿。佩:佩饰之物。⑧汩(yù):流水甚急貌,比喻时光流逝。与:等候。 ⑨搴(qiān):拔取。陂(pí):高山坡。木兰:香木,即辛夷,又称木笔。揽:摘取。宿莽:一种经冬不死的香草。 ⑩忽:迅疾貌。淹:久留。代序:代谢,更替。 ⑪零落:凋谢。美人:屈原自指。一说指楚怀王。迟暮:年岁老去。 ⑫不:与下句"何"互文,意即为何不。抚:秉持,趁着。壮:壮盛之时。秽:杂草荒芜,比喻朝政污秽。 ⑬道夫先路:在前方引路。道,同"导",引导。

　　昔三后之纯粹兮,固众芳之所在①。杂申椒与菌桂兮,岂维纫夫蕙茝②?彼尧舜之耿介兮,既遵道而得路③。何桀纣之猖披兮,夫唯捷径以窘步④。惟夫党人之偷乐兮,路幽昧以险隘⑤。岂余身之惮殃兮,恐皇舆之败绩⑥。忽奔走以先后兮,及前王之踵武⑦。荃不察余之中情兮,反信谗而齌怒⑧。余固知謇謇之为患兮,忍而不能舍也⑨。指九天以为正兮,夫唯灵修之故也⑩。曰黄昏以为期兮,羌中道而改路⑪。初既与余成言兮,后悔遁而有他⑫。余既不难夫离别兮,伤灵修之数化⑬。

[注释]①三后:一说指上古圣王,具体说法又不同,如汉代王逸说指夏禹、商汤、周文王,宋代朱熹则认为指少昊、颛顼、高辛;一说指楚国先君,具体说法也不一样,如王夫之说指鬻熊、熊绎、楚庄王,戴震说指熊绎、若敖、蚡冒。纯粹:指政治清明,品德纯正无私。 ②申椒、菌桂:皆为浓香之木。林云铭

《楚辞灯》:"椒桂带辣气,以其香犹用之,不但用纯香之蕙芷也。"蕙、茝(chǎi):都是香草。　③尧舜:指唐尧、虞舜,传说中的圣君。耿介:光明正大。遵道:遵循治国的正道。得路:使国家走上坦途。　④何:为什么。桀纣:即夏桀、商纣,都是暴君。猖披:狂妄、邪僻,肆行无忌。捷径:旁出的小路,不是正道。窘步:困窘难行。　⑤党人:以追求私利为目的在朝廷结为朋党,谓之党人。偷乐:苟且享乐。幽昧:昏暗。　⑥惮殃:畏惧灾祸。皇舆:国君乘坐的车子,比喻国家。败绩:翻车,指国事败坏,不可收拾。　⑦及:赶上。前王:指前代贤明之君。踵武:踵,脚跟。武,足迹。　⑧荃:香草名,比喻楚怀王。中情:内心真挚之情。信谗:听信谗言。齌(jì)怒:盛怒、暴怒。齌:火急貌。　⑨固:本来。謇謇:忠言直谏之貌。舍:停止。　⑩九天:古人认为天有九重,故称"九天"。正:即"证",意即作证。灵修:对楚怀王的美称。刘永济《屈赋通笺》:"灵修者,神明广远之义。盖托名于天神,而寓意于国君也……《离骚》之文,大都托意神灵,致其怨慕。"　⑪洪兴祖《补注》:"一本有此二句,王逸无注;至下文'羌内恕己以量人',始释羌义,疑此二句后人所增耳。"朱熹《楚辞集注》:"安知非王逸以前此下已脱两句耶?更详之。"黄昏:古人的迎娶时间。羌:为何,孰料。一曰发语词,无义。　⑫成言:本指婚礼中的媒妁之言,这里指君臣之间达成约定。悔遁:背弃成言,反悔,逃避原有的承诺。有他:别有打算。　⑬数化:屡次变化,反复无常。

余既滋兰之九畹兮,又树蕙之百亩①。畦留夷与揭车兮,杂杜衡与芳芷②。冀枝叶之峻茂兮,愿俟时乎吾将刈③。虽萎绝其亦何伤兮,哀众芳之芜秽④。众皆竞进以贪婪兮,凭不猒乎求索⑤。羌内恕己以量人兮,各兴心而嫉妒⑥。忽驰骛以追逐兮,非余心之所急⑦。老冉冉其将至兮,恐修名之不立⑧。朝饮木兰之坠露兮,夕餐秋菊之落英⑨。苟余情其信姱以练要兮,长顑颔亦何伤⑩?揽木根以结茝兮,贯薜荔之落蕊⑪。矫菌桂以纫蕙兮,索胡绳之缅缅⑫。謇吾法夫前修兮,非世俗之所服⑬。虽不周于今之人兮,愿依彭咸之遗则⑭。

[注释]①滋兰:栽种兰草。滋,培植。九畹,言其多也。一畹十二亩,一说三十亩。树:种植、培育。 ②畦:田垄,这里意为划分田垄进行种植。留夷、揭车、杜衡、芳芷:均为香草名,皆比喻人才。 ③冀:希望。峻茂,指香草发育成熟,生长繁茂。俟(sì):等待。刈(yì):割草。 ④萎绝:草木枯萎而死。众芳之芜秽:各种香草,皆肮脏变质。刘永济《通笺》:"萎绝与芜秽,义自有别。萎绝不过被霜雪而凋落耳,芜秽则有混浊污秽之意。萎绝尚由于外力,芜秽则出于自致,即所谓'不好修'、'委厥美'也。" ⑤凭:盈满。不猒(yàn)乎求索:贪得无厌,个人欲望没有满足的时候。猒,满足。 ⑥恕己以量人:以己之心,妄自揣测他人。贾谊《新书·道术》:"以己量人谓之恕。"兴心:产生不良之心。兴,生。 ⑦驰骛:形容奔波追逐名利之态。 ⑧冉冉:岁月流逝之貌。修名:美名。 ⑨木兰之坠露:指落在木兰花叶上的露珠。落英:初开之花。《尔雅》:"落,始也。"汪瑗《楚辞集解》:"所谓朝(饮)夕(餐),不过谓已动以香洁常自润泽耳。" ⑩苟:倘若、只要。信姱:确有内在之美。信,的确。姱,美好。练要:精纯不杂。顑颔(kǎn hàn):饮食不饱,面黄肌瘦之貌。 ⑪木根:泛指香木之根。结茝,意谓将香花缠结在木根上。贯:串联。薜荔:一种香草,缘木而生。 ⑫矫:选取。纫蕙:将蕙草连接在一起。索胡绳:将胡绳连接如绳索状。胡绳,一种香草名。缅缅:飘逸之状。 ⑬法夫前修:效法前代圣贤。法,效法。前修,即前贤。所服:服饰、佩饰之物,指木根、薜荔、菌桂、胡绳之类。 ⑭周:相容。彭咸:屈原作品中多次提到彭咸,其事迹不可考。王逸说是殷商贤大夫,进谏不从,自沉而死。一说为古之大巫,即巫彭、巫咸。遗则:留下的法则、榜样。

　　长太息以掩涕兮,哀民生之多艰①。余虽好修姱以鞿羁兮,謇朝谇而夕替②。既替余以蕙纕兮,又申之以揽茝③。亦余心之所善兮,虽九死其犹未悔。怨灵修之浩荡兮,终不察夫民心④。众女嫉余之蛾眉兮,谣诼谓余以善淫⑤。固时俗之工巧兮,偭规矩而改错⑥。背绳墨以追曲兮,竞周容以为度⑦。忳郁邑余侘傺兮,吾独穷困乎此时也⑧。宁溘死以流亡兮,余不忍为此态也⑨。鸷鸟之不群兮,自前世而固然⑩。何方圜之能周兮,夫孰异道而相安⑪?屈心而抑志兮,忍尤而攘诟⑫。伏清白以死直兮,固前圣之所厚⑬。

[**注释**]①太息:叹息。掩涕:掩面拭泪貌。民生:人生。陈第说:"人生多艰,谓遇合之难。" ②羁(jī jī):马缰绳、马笼头,比喻自我约束,坚守道德节操。谇:进谏。替:贬谪、废斥。刘永济《通笺》:"此言余朝謇然进谏,而夕被废也。" ③以:因为。蕙𫄧(xiāng):佩带蕙草。𫄧,佩带。申:重复、重申。揽茝:采摘白芷。蕙𫄧、揽茝,比喻进德修业,坚守节操。 ④浩荡:水面浩大、横无涯际貌,喻君王放纵恣肆,变化无常。 ⑤众女:喻朝中奸佞、党人。蛾眉:双眉弯曲如蚕蛾,美好貌。谣诼(zhuó):谗言毁谤,造谣中伤。谣,毁谤。诼,谗言。善淫:行为放荡,不正派。 ⑥工巧:善于取巧。偭(miǎn):背弃。规矩:本是圆规和直尺,喻指法度。改错:改变正确的措施。错,通"措",指正常的措施。 ⑦绳墨:木工以墨线为准绳,喻行为准则。追曲:追随邪曲。周容:苟合求容。度:常法。 ⑧忳(tún):苦闷。郁邑:忧思郁结。侘傺(chà chì):惆怅失志,心神不宁。 ⑨宁:宁愿。溘(kè)死:突然死去。溘,忽然。流亡:漂泊异乡。游国恩《离骚纂义》:"溘死与流亡对文,言宁愿奄然物化,或流放以死也。" ⑩鸷鸟:猛禽,性情刚烈,如鹰之类。不群:不能与燕雀之类的凡鸟同群。固然:从来都是这样。 ⑪方圜(yuán):方枘与圆孔,不同形状。圜,同"圆"。周,相合。朱熹《集注》:"圆凿方枘,不能相合……贤者之居乱世,亦犹是也。" ⑫屈心:心受委屈。抑志:压抑心志,强制自己。忍尤:忍受着外来强加的罪过。尤,罪过。攘诟:含藏、承受诬蔑与侮辱。攘,藏也。俞樾《读楚辞》:"攘之言藏也……义存乎声,攘与曩声同,亦得有藏义。" ⑬伏:从事,实行,通"服"。死直:为保持正直的节操而献出生命。厚:重视。

悔相道之不察兮,延伫乎吾将反①。回朕车以复路兮,及行迷之未远②。步余马于兰皋兮,驰椒丘且焉止息③。进不入以离尤兮,退将复修吾初服④。制芰荷以为衣兮,集芙蓉以为裳⑤。不吾知其亦已兮,苟余情其信芳⑥。高余冠之岌岌兮,长余佩之陆离⑦。芳与泽其杂糅兮,唯昭质其犹未亏⑧。忽反顾以游目兮,将往观乎四荒⑨。佩缤纷其繁饰兮,芳菲菲其弥章⑩。民生各有所乐兮,余独好修以为常⑪。虽体解吾犹未变兮,岂余心之可惩⑫。

[注释]①相道:审视方向、道路。不察:没有看清楚。延伫:长时间地站立。反:返回。刘永济《屈赋音注详解》:"(屈子)追悔自己所取的道路或有所未明,致此穷困,乃生退隐之心。" ②复路:回到原来行走的道路。迷:迷途。 ③兰皋:长有兰草的泽畔高地。皋,泽畔高地。椒丘:生长椒木的小山丘。且焉止息:姑且停留于此。焉,在此。刘永济《音注详解》:"步马兰皋,止车椒丘,皆芳洁的道路,以见归去之可乐。" ④离尤:遭遇祸害。离,同"罹",遭受。修吾初服:修炼自己本来的品德。初服,指未仕时的服饰。⑤制:裁制。芰(jì):菱。衣:指上衣。芙蓉:荷花。裳:指下衣。屈复《楚辞新注》:"二句互文,谓取芰荷、芙蓉以为衣裳耳。" ⑥不吾知:就是"不知吾"的倒装,意即不理解我。已:算了。 ⑦岌岌(jí):高耸貌。佩:指剑或兰芷之类的饰物。陆离:一说长之貌,一说参差之貌。高冠、长佩是楚地服装的特征。⑧芳与泽:形容衣裳冠佩,气味芳香,色调润泽。游国恩《纂义》:"芳泽杂糅,自是承上文而言,盖谓既退以后,修吾初服,芳洁其衣裳,泽润其冠佩,香泽杂糅,美德在躬,而不失其明洁之质也。"一说"泽"指污垢,与"芳"相反。昭质:光明的本质。亏:亏损。刘永济《音注详解》:"芳香润泽,美之见于外表者;昭明本质,德之藏于内心者。" ⑨反顾:回望。游目:纵目四望。四荒:四方荒远之地。屈子往观四荒之意,或以为求贤君、求知己同志,或以为洁身远游以避害。 ⑩菲菲:香气浓烈之貌。弥:更加。章:同"彰",明显。 ⑪好修:

爱好修洁,注重德操之美。　常:常规。　⑫体解:肢解,古代的一种刑罚,这里指死亡。惩:受到惩戒而改变。

女媭之婵媛兮,申申其詈予①。曰:"鲧婞直以亡身兮,终然殀乎羽之野②。汝何博謇而好修兮,纷独有此姱节③?薋菉葹以盈室兮,判独离而不服④。众不可户说兮,孰云察余之中情⑤?世并举而好朋兮,夫何茕独而不予听⑥。"依前圣以节中兮,喟凭心而历兹⑦。济沅湘以南征兮,就重华而陈词⑧:启《九辩》与《九歌》兮,夏康娱以自纵⑨。不顾难以图后兮,五子用失乎家巷⑩。羿淫游以佚畋兮,又好射夫封狐⑪。固乱流其鲜终兮,浞又贪夫厥家⑫。浇身被服强圉兮,纵欲而不忍⑬。日康娱而自忘兮,厥首用夫颠陨⑭。夏桀之常违兮,乃遂焉而逢殃⑮。后辛之菹醢兮,殷宗用而不长⑯。汤禹俨而祗敬兮,周论道而莫差⑰。举贤而授能兮,循绳墨而不颇⑱。皇天无私阿兮,览民德焉错辅⑲。夫维圣哲以茂行兮,苟得用此下土⑳。瞻前而顾后兮,相观民之计极㉑。夫孰非义而可用兮,孰非善而可服?阽余身而危死兮,览余初其犹未悔㉒。不量凿而正枘兮,固前修以菹醢㉓。曾歔欷余郁邑兮,哀朕时之不当㉔。揽茹蕙以掩涕兮,沾余襟之浪浪㉕。

[注释]①女媭:楚地女子名,屈原之姊。又一说为女巫名,一说为屈原之侍女。婵媛(chán yuán):南楚方言,内心眷恋,缠绵难舍貌。一说内心悲愤、说话急切貌。申申:反复不已,絮絮叨叨。詈(lì):婉转开导、告诫。一说为责骂。　②鲧(gǔn):夏禹之父。传说他治水失败,天帝将其放逐于羽山。婞(xìng)直:倔强、刚直。亡身:即"忘身",忘自身之安危。殀:或作"夭"。放逐,遏止而不准回去,与《天问》"永遏在羽山"意同。羽之野:羽山之郊野。

③博謇:忠言进谏,无所顾忌。纷:纷纷然,众多之貌。姱节:美好的节操。节,一本作"饰"。　④薋(cī):聚集、草多貌。菉葹(lù shī):普通的野草、恶草名。判:区别、有异于众人。离:舍弃而不用。　⑤户说:一户一户地解说。⑥并举:相互推举。朋:结党。茕(qióng)独:独处。不予听:不听从我的劝告。　⑦依:听从。前圣:前代之圣哲。节中:不偏不倚,正道而行。喟(kuì):叹息貌。凭心:愤懑之情,郁积于心。凭,满。历兹:以至于今。⑧济:渡。沅、湘:水名,主要流经现湖南境内,注入洞庭湖。南征:南行。重华:帝舜之名。据说舜目中有双瞳子,故名。陈词:即以下所言兴亡之事。⑨启:夏禹之子,继位为国君。九辩、九歌:上古乐曲名。传说二曲本为天帝乐名,夏启登天窃下人间。见《山海经·大荒西经》。夏:大、太甚。《尔雅》:"夏,大也"。一说指夏启,一说通"下"。康娱:沉醉享乐。自纵:自我放纵。⑩顾难:顾忌灾祸。图后:计划未来。五子:指启之季子五观(又作武观)。据史载:武观曾占据西河,兴兵叛乱。一说指启的五个儿子。用:因此。失:一读作"夫",语助词;一读作"佚",同"逸",淫逸。家巷(hòng):家庭内斗、内讧。巷,读作"讧"　⑪羿:后羿,传说为有穷氏之君,乘乱夺得夏启之子太康的王位。佚畋:荒于田猎。封狐:大狐狸。封,同"丰",大也。《天问》有云:"帝降夷羿,封豨是射。"封豨指大野猪。一说,"封狐"应作"封豨"。　⑫固:确实。乱流:放肆、淫乱之辈。鲜终:少有好的下场。鲜,少。浞(zhuó):指寒浞,是后羿亲信的大臣。贪夫厥家:贪恋后羿的妻室。据《左传》襄公四年记载:寒浞杀死了后羿,篡夺了后羿的国家,还强占了后羿的妻子纯狐氏之女,生子浇等。　⑬浇:寒浞之子。被服强圉:仗着自己勇猛强暴。被服:穿戴、凭仗。游国恩《纂义》:"力之在身,犹衣之被体,故以被服言之。"圉:通"御"。忍:节制。　⑭厥首:指浇的脑袋。厥,代词。颠陨:坠落,指人头落地。据《左传》记载:浇为少康氏所杀。　⑮夏桀:名履癸,夏代亡国之君。常违:违背天道。遂焉:终究由此。逢殃:遭遇祸殃。据《史记·夏本纪》记载:"汤遂率兵以伐夏桀。桀走鸣条,遂放而死。"　⑯后辛:即商纣王,商代亡国之君。菹醢(zū hǎi):将人杀死,制为肉酱。《涉江》云"比干菹醢",又《史记》云"纣醢九侯,脯鄂侯",皆此之类。殷宗:殷商的宗庙、世系。用而:因此。　⑰汤禹:商汤、夏禹。一说单指大禹。俨而祗(zhī)敬:严肃敬畏。俨、祗,恭敬。

差:过错。 ⑱举贤:推举贤才。授能:任用能人。颇:偏差。 ⑲私阿:袒护。阿,私心。民德:民心所向、百姓拥护者。错辅:安排辅佐、助其成功。错,通"措",安排。辅,铺佐。 ⑳二句倒置,意谓能享用天下者,必圣哲茂行之人。苟,如果。用,享有。茂行,美好的德行。 ㉑相观:认真观察、审视。民之计极:对百姓的根本态度准则。《尚书·君奭》:"乃悉命汝,作汝民极。"《周礼·天官·冢宰》:"设官分职,以为民极。" ㉒阽(diàn):身处危险貌。危死:临近死亡的威胁。 ㉓量凿:度量木孔的形状。凿,多指圆孔。正枘(ruì):方正的榫头。枘,嵌入凿孔中的榫头。 ㉔歔欷(xū xī):悲泣。曾,屡次。嘘唏,悲泣抽噎貌。时之不当:生不逢时。 ㉕茹蕙:柔软的蕙草。茹,柔嫩,又一说香草名。沾:沾湿。浪浪:眼泪不断貌。

　　跪敷衽以陈辞兮,耿吾既得此中正①;驷玉虬以乘鹥兮,溘埃风余上征②。朝发轫于苍梧兮,夕余至乎县圃③;欲少留此灵琐兮,日忽忽其将暮④。吾令羲和弭节兮,望崦嵫而勿迫⑤。路曼曼其修远兮,吾将上下而求索⑥。饮余马于咸池兮,总余辔乎扶桑⑦。折若木以拂日兮,聊逍遥以相羊⑧。前望舒使先驱兮,后飞廉使奔属⑨。鸾皇为余先戒兮,雷师告余以未具⑩。吾令凤鸟飞腾兮,继之以日夜。飘风屯其相离兮,帅云霓而来御⑪。纷总总其离合兮,斑陆离其上下⑫。吾令帝阍开关兮,倚阊阖而望予⑬。时暧暧其将罢兮,结幽兰而延伫⑭。世溷浊而不分兮,好蔽美而嫉妒⑮。

　　[**注释**]①敷衽:铺开上衣的前襟,表示严肃、尊重。敷,铺开。衽,衣的前襟。耿:光明。中正:不纵不佚、不偏不颇、庄敬爱民,即正直之道。 ②驷:共驾一车的四匹马,这里作动词用。虬(qiú):无角之龙,泛指龙。鹥(yī):凤凰之类。溘(kē):迅速。一说掩、依。埃风:旧释为夹着尘埃的风。王夫之《楚辞通释》:"埃当做俟。"刘永济《通笺》:"当做溘飚风余上征"。飚风,疾风

也。 ③发轫:启程,出发。轫,阻止车轮之木。苍梧:相传为舜所葬之地。县圃:即悬圃。神山名,传说在昆仑之上,为神仙所居,是上达天庭的必经之路。 ④灵琐:神之居所,即昆仑之悬圃。琐,门上所刻连锁纹,代指门。《山海经·海内西经》:"海内昆仑之虚,在西北,帝之下都……面有九门……百神之所在。" ⑤羲和:相传是为太阳神驾车的御者。弭节:放慢节奏而徐行。崦嵫(yān zī):神话传说中的日落之山。 ⑥曼曼:遥远貌。修:长。上下求索:上则求天帝之所在,下则浮游以求女。 ⑦咸池:神话中的地名,太阳沐浴的地方。总:结成一束。辔:马的缰绳。扶桑:神树名,树高数千丈,叶似桑树。《山海经·海外东经》:"汤谷上有扶桑,十日所浴。" ⑧若木:昆仑西极有神树,青叶赤花,光照下土,名曰若木。拂日:拂拭太阳,使之明亮而少暮色。一说为"蔽日"。聊:暂且。逍遥、相羊:皆徘徊、遨游貌。 ⑨望舒:相传是为月神驾车的御者,代指月亮。先驱:在前面引路。飞廉:传说中的风神,又称风伯。奔属:奔走于后,紧紧相随。 ⑩鸾皇:凤凰之类。《山海经·西山经》:"女床之山……有鸟焉,其状如翟而五彩文,名曰鸾鸟。"先戒:预先告以行期。一说:先行于前进行警戒。雷师:传说中的雷神,主号令。未具:指各项出发前的准备尚未完成。 ⑪飘风:旋风。屯:聚集。相离:互相附着。游国恩《纂义》:"谓上征于天,天高风急,聚于太空,紧相追逐,如附丽于车驾然也。"帅:统率、率领。云霓:云霞、虹霓。御:迎接。一说"抵御"。 ⑫总总:杂乱貌。离合:乍离乍合,变化多端。斑:缤纷杂乱貌。 ⑬帝阍(hūn):天帝宫殿的守门人。阍,守门人。开关:打开天门。阊阖(chāng hé):天门。望予:望而拒我,使不得进入天宫。一说二句意为:我便令天官阍人倚天门而候望我。 ⑭暧暧:光线昏暗,不分明。将罢:时日即暮,人又疲惫。罢,尽、疲倦。结幽兰:将香草结成一束,作为佩饰,与"纫秋兰以为佩"意同。 ⑮溷(hùn)浊:混乱污浊。

朝吾将济于白水兮,登阆风而绁马①。忽反顾以流涕兮,哀高丘之无女②。溘吾游此春宫兮,折琼枝以继佩③。及荣华之未落兮,相下女之可诒④。吾令丰隆乘云兮,求宓妃之所在⑤。解佩纕以结言兮,吾令蹇修以为理⑥。纷总总其离合兮,忽纬繣其难迁⑦。夕归次于穷石兮,朝濯发乎洧盘⑧。保厥美以骄傲兮,日康娱以淫游⑨。虽信美而无礼兮,来违弃而改求⑩。览相观于四极兮,周流乎天余乃下⑪。望瑶台之偃蹇兮,见有娀之佚女⑫。吾令鸩为媒兮,鸩告余以不好⑬。雄鸠之鸣逝兮,余犹恶其佻巧⑭。心犹豫而狐疑兮,欲自适而不可⑮。凤皇既受诒兮,恐高辛之先我⑯。欲远集而无所止兮,聊浮游以逍遥⑰。及少康之未家兮,留有虞之二姚⑱。理弱而媒拙兮,恐导言之不固⑲。世溷浊而嫉贤兮,好蔽美而称恶⑳。闺中既以邃远兮,哲王又不寤㉑。怀朕情而不发兮,余焉能忍与此终古㉒。

[注释]①白水:神话中的河水名。王逸《楚辞章句》引《淮南子》:"白水出昆仑之山,饮之不死。" 阆(làng)风:神山名,在昆仑之上。继(xiè)马:把马拴住。继,拴牲畜的绳索。 ②高丘:神话中的地名,在昆仑山上。一说楚有高丘之山。无女:无神女可求;一说喻高位无贤。 ③春宫:神话中的仙宫名,东方青帝所居。琼枝:玉树之枝。继佩:继续妆点、更新自己的佩饰。 ④下女:下界的美女,指宓妃等女子。诒(yí):赠送。 ⑤丰隆:云神名。《思美人》:"愿寄言于浮云,遇丰隆而不将",可证。一说雷师名。宓(fú)妃:神女之名。旧注云:伏羲氏之女,溺死于洛水,遂为洛水之神。宓,同"伏"。 ⑥佩纕:佩饰。结言:结为誓言。蹇(jiǎn)修:人名,旧注谓伏羲氏之臣。理,使者、媒人。 ⑦纬繣(huà):乖戾。难迁:习性难以改变。 ⑧次:停留。穷石:神话中的地名,是弱水的源头。一说穷石是后羿之国。濯:清洗。洧(wěi)盘:神话中的河水名,出于崦嵫之山。王逸《章句》:"言宓妃体好清洁,暮即归舍穷石之室,朝沐洧盘之水,遁世隐居,而不肯仕也。" ⑨保:凭恃,依仗。 ⑩信:的确。无礼:不守礼仪。违弃:放弃。改求:改变追求。 ⑪览、相、观:三字义同,看。四极:四方极偏远之处。周流:周游,四处游走。

⑫瑶台:用美玉筑成的高台。偃蹇:高耸貌。有娀(sōng):古代诸侯国名,在今山西境内。佚女:美女。有娀之佚女,指帝喾之妃简狄。简狄生契,为商代之始祖。 ⑬鸩:毒鸟,传说以其羽毛泡酒,可毒死人。比喻谗毒小人。王逸《章句》:"言我使鸩鸟为媒,以求简狄。其性谗贼,不可信用,还诈告我言不好也。" ⑭雄鸠:小鸟名,或曰斑鸠、布谷之类,比喻言辞轻易、巧言无实者。鸣逝:且飞且叫。佻:轻佻。 ⑮犹豫、狐疑:二词义同。自适:亲自前往。适,前往。 ⑯凤皇:凤鸟,一说即玄鸟(燕子)。受诒:接受委托,前往致送聘礼。高辛:帝喾,号高辛氏。司马迁《史记·殷本纪》:"殷契,母曰简狄,有娀氏之女,为帝喾次妃。三人行浴,见玄鸟堕其卵,简狄取吞之,引孕生契。" ⑰集:停留。浮游:漫无目的地游荡。 ⑱少康:夏后相之子,中兴之君。未家:未有家室,指未娶二姚。有虞之二姚:指有虞氏的两个女儿。有虞国,姚姓。古史传说,夏后相被杀,少康逃到有虞国,娶国君之二女,得以中兴夏朝。 ⑲理弱、媒拙:互文见义。"理"即使者,亦指媒人,意谓媒人笨拙、不能为己传达衷情。导言:指媒人传达双方之言。固,成。 ⑳蔽:遮掩。称:赞许。 ㉑闺中:女子的居室,代指前文所述的美女。邈远:深远。此句总结求女失败之事。哲王:明智之君,指楚王。一说指天帝。寤:同"悟",觉醒。此句总结上叩天阍失败之事。 ㉒发:抒发,排遣。终古:到死。

索藑茅以筳篿兮,命灵氛为余占之①。曰:"两美其必合兮,孰信修而慕之②。思九州之博大兮,岂唯是其有女③?"曰:"勉远逝而无狐疑兮,孰求美而释女④?何所独无芳草兮,尔何怀乎故宇?"世幽昧以眩曜兮,孰云察余之善恶⑤!民好恶其不同兮,惟此党人其独异。户服艾以盈要兮,谓幽兰其不可佩⑥。览察草木其犹未得兮,岂珵美之能当⑦?苏粪壤以充帏兮,谓申椒其不芳⑧!"

[注释]①索:取来。藑(qióng)茅:用以占卜的茅草,灵草。筳篿(tíng zhuān):占卜的小竹片。灵氛:巫师之名。楚人名巫为"灵"。一说:灵氛是

古代著名的神巫。占:占卜。或疑当做"卜",与后句之"慕"押韵。　②两美:以男女俱美比喻君臣俱贤。此下四句是屈原问卜的话。慕:爱慕。有人认为"慕"是"莫念"二字的误合。　③是:指楚国。女,美女。王夫之《通释》:"以婚姻譬臣主相遇,言不必楚乃可仕也。"　④远逝:离开楚地,远去他国。释女:舍弃你。女,通"汝"。此下四句,是灵氛占卜后的答辞。　⑤幽昧:昏暗不明。眩曜:是非迷乱,黑白不分。　⑥户服艾:家家户户佩戴艾蒿。盈要:挂满腰间。要,通"腰"。蒋骥《山带阁注楚辞》:"服艾以下,证楚无芳草意。"　⑦珵(chéng):美玉,其长六寸,光芒自照。当:评价得当。王逸《章句》:"观草尚不能别其香臭,岂当知玉之美恶乎?"　⑧苏:索取。粪壤:土。帏:身上佩带的香囊。

欲从灵氛之吉占兮,心犹豫而狐疑。巫咸将夕降兮,怀椒糈而要之①。百神翳其备降兮,九疑缤其并迎②。皇剡剡其扬灵兮,告余以吉故③。曰:"勉升降以上下兮,求矩矱之所同④。汤禹严而求合兮,挚咎繇而能调⑤。苟中情其好修兮,又何必用夫行媒?说操筑于傅岩兮,武丁用而不疑⑥。吕望之鼓刀兮,遭周文而得举⑦。宁戚之讴歌兮,齐桓闻以该辅⑧。及年岁之未晏兮,时亦犹其未央。恐鹈鴂之先鸣兮,使夫百草为之不芳⑨!"

[**注释**]①巫咸:古代神巫有名巫咸者,这里假托其名。夕降:在傍晚降神。椒糈(xǔ):以花椒焚香迎神,以精米祭神。椒,花椒。糈,精米。要:祈请、邀迎。　②百神:指天上众多的神灵。翳:遮蔽天空。备降:全都降临。备,全部。九疑:山名,一说指九嶷之山神。缤:缤纷、繁盛。并迎:一起前往迎接。一说皆邀请之意。迎,或说当做"御"。　③皇剡剡(yǎn):群神辉煌灿烂貌。一说神初降时恍惚不定貌。扬灵:显其神灵。　④勉升降:勉力上下周旋之意。勉,努力。刘永济《音注详解》:"说屈子当勉力留楚,与其君臣周旋求合。"矩矱(huò):度量方形和长短的工具,代指处世之法度、准则。

同,当做"周",相容。 ⑤严:同"俨",恭敬。求合:访求志同道合之臣。挚:伊尹之名。商汤任以国政,成为历史上著名的贤相。咎繇(gāo yáo):即皋陶,古代的贤臣,掌管刑法,为司法之祖。《史记·夏本纪》载"帝禹立而举皋陶荐之,且授政焉",可知夏禹与皋陶志同道合。调,匹合。 ⑥说(yuè):傅说,曾为胥靡(古代服役的刑徒)。操筑:操杵筑土为墙。傅岩:地名。武丁:商王高宗之名。在位时修政行德,重用傅说为相,殷朝由此复兴。 ⑦吕望:姜姓,名望,封于吕,故称吕望,民间称为姜太公。鼓刀:传说吕望未遇文王前十分穷困潦倒,曾在朝歌当屠夫,敲刀屠宰卖肉。 ⑧宁戚:春秋卫人,一度为商贾贩运,在齐国东门外叩牛角而歌。齐桓公听到后,非常欣赏,任命他为客卿。讴歌:指敲牛角而唱歌一事。齐桓:齐桓公,姜姓,名小白,齐之国君,春秋五霸之一。该辅:以备辅佐之臣。该,备为。辅,辅佐之臣。 ⑨鹈鴂(tí jué):杜鹃,常于春夏之间绕山而鸣,鸣后则春芳消歇。一说鹈鴂即伯劳,七月始鸣,鸣时草木开始凋谢。鹈鴂先鸣,比喻青春已逝、年岁向老。

何琼佩之偃蹇兮,众薆然而蔽之①?惟此党人之不谅兮,恐嫉妒而折之②。时缤纷其变易兮,又何可以淹留③?兰芷变而不芳兮,荃蕙化而为茅。何昔日之芳草兮,今直为此萧艾也!岂其有他故兮,莫好修之害也。余以兰为可恃兮,羌无实而容长④!委厥美以从俗兮,苟得列乎众芳⑤。椒专佞以慢慆兮,樧又欲充夫佩帏⑥。既干进而务入兮,又何芳之能祇⑦!固时俗之流从兮,又孰能无变化?览椒兰其若兹兮,又况揭车与江离!惟兹佩之可贵兮,委厥美而历兹⑧。芳菲菲而难亏兮,芬至今犹未沫⑨。和调度以自娱兮,聊浮游而求女⑩。及余饰之方壮兮,周流观乎上下⑪。

[注释]①琼佩:琼枝玉叶等佩饰,比喻美好的道德节操。薆(ài)然:草叶繁盛、隐蔽遮盖之貌。 ②不谅:不相信自己的忠直之性、美好品德。一说不

讲信用。恐:一说当做"共",一起。折:摧折、伤害。　③淹留:久留。
④兰:兰花,比喻人。旧说指楚怀王之少弟子兰,非是。钱澄之《屈诂》:
"(屈)原所最贵者兰也,故纫以为佩,树芳自兰始,责备亦兰为先。"恃,依靠。
无实而容长:内无实才,空有外表。　⑤苟:苟且。刘永济《音注详解》:"此
责其自甘堕落,弃美从俗,虽列于众芳,以苟且侥幸,非真能表里一致、名实相
副也。"　⑥专佞:专权而谄佞。一说"专同嫥,貌可爱曰嫥,言可悦曰佞"。
慢慆(tāo):奸邪、傲慢。樧(shā):茱萸,属香草之类,比喻稍有才能美德而
变节者。佩帏:所佩之香囊。　⑦干进:钻营以图名利。务入:谋求依附权
势。祗(zhī):振作、振起。二句意谓钻营依附之人,附和世俗,必不能自振其
芬芳。　⑧委:抛弃、弃置。厥美:指琼枝、玉佩,比喻自己美好的道德节操。
历兹:以至于今。　⑨未沫(mèi):指芬芳尚未消散。沫,消散。　⑩和调
度:古人身上佩带的玉器有调节行动节奏的功能。"和调度"就是调整使和谐
的意思。和,使和谐。自娱:自我愉悦,沉醉其中。求女:寻求美女,是为屈原
理想的寄托。　⑪壮:盛美。

灵氛既告余以吉占兮,历吉日乎吾将行①。折琼枝以为羞兮,精琼爢以为粻②。为余驾飞龙兮,杂瑶象以为车③。何离心之可同兮,吾将远逝以自疏。邅吾道夫昆仑兮,路修远以周流④。扬云霓之晻蔼兮,鸣玉鸾之啾啾⑤。朝发轫于天津兮,夕余至乎西极⑥。凤皇翼其承旂兮,高翱翔之翼翼⑦。忽吾行此流沙兮,遵赤水而容与⑧。麾蛟龙使梁津兮,诏西皇使涉予⑨。路修远以多艰兮,腾众车使径待⑩。路不周以左转兮,指西海以为期⑪。屯余车其千乘兮,齐玉轪而并驰⑫。驾八龙之婉婉兮,载云旗之委蛇⑬。抑志而弭节兮,神高驰之邈邈⑭。奏《九歌》而舞《韶》兮,聊假日以偷乐⑮。陟升皇之赫戏兮,忽临睨夫旧乡⑯。仆夫悲余马怀兮,蜷局顾而不行⑰。

[注释]①历:选择。 ②羞:美味的食物。朱熹《集注》:"卒章琼枝之属,皆寓言耳。注家曲为比类,非也。"精琼靡(mí):将琼玉舂碎。精,细米,这里作动词。靡:细屑。粻(zhāng):粮食。 ③瑶象:美玉、象牙之类。王夫之《通释》:"驾飞龙而乘象玉之辂,所以自旌高贵而殊于俗也。" ④遭(zhān):楚方言,回转。道:取道。 ⑤扬云霓:云霞飞扬,宛如旌旗一样。晻(yǎn)蔼:遮天蔽日。鸾:用玉做的车铃。啾啾:象声词,鸣声。一说众声合鸣。 ⑥天津:天河的渡口。西极:神话中极西之地。姜亮夫《楚辞通故》:"楚本夏后,起于西土,故以西极为其文义情思所寄之处。" ⑦翼其承旗(qí):形容凤凰相随,展翅飞翔,与车驾之旌旗相接,蔚然结成一体。旗,旗,上面画有龙虎之状。翱翔:鸟飞一上一下曰翱,直飞曰翔。翼翼:高飞貌。 ⑧流沙:神话中的地名,传说在西极之地,沙流而行。《山海经·海内西经》:"流沙出钟山,西行又南行昆仑之虚。"遵:循,沿着。赤水:源于昆仑山。容与:徘徊。 ⑨麾:指挥。梁津:在渡口上架起桥梁。王逸《章句》:"以蛟龙为桥,乘之以渡。"诏:召、告。西皇:神话传说中的少昊氏,是西方之神。涉予:渡我过赤水。 ⑩腾:传告、传话。径待:直接相待卫。径,直。待,通"侍"。一说从小路超至前面等待。 ⑪不周:神话中的山名,在昆仑西北。《山海经·大荒西经》:"西北海之外,大荒之隅,有山而不合,名曰不周。"西海:神话传说中的地名,在昆仑、流沙一带。期:欲达之目的地。《山海经·海内经》:"流沙之东,黑水之西,有朝云之国、司彘之国。黄帝妻雷祖,生昌意,昌意……生韩流。韩流……生帝颛顼。" ⑫玉轪(dài):以美玉为装饰的车轮。轪:楚方言,指车轮。并驰:并驾齐驱。 ⑬八龙:八匹神龙。先秦辞赋言六龙、八龙,皆属寓言,并非实指。婉婉:屈伸蜿蜒貌。云旗:以云为旗。一说旗上绘以云纹。委蛇(wēi yí):卷曲延伸貌。 ⑭抑志:自己压抑着心志。一说:上承"云旗",即垂下旗帜之意。邈邈:远貌。 ⑮韶:《九韶》,上古乐舞之名。奏《九歌》、舞《九韶》,互文见义。 ㉕假日:假以时日、消磨光阴。偷乐:聊且求乐。 ⑯陟(zhì)升:上升。皇:天。一说指太阳。赫戏:光明盛大貌。临睨:临,居高下视。睨,斜视。 ⑰蜷(quán)局:因眷恋而身体拳曲不伸貌。顾而不行:回顾而不能前行。汪瑗《集解》:"屈子自谓,而托言于仆马也。"

乱曰①：已矣哉，国无人莫我知兮，又何怀乎故都②？既莫足与为美政兮，吾将从彭咸之所居③。

[**注释**]①乱：古代乐曲之卒章，亦即"尾声"。在内容上，有总结全篇大旨之意。　②已矣哉：算了吧，绝望的语气。故都：郢都、故国。　③美政：指屈原理想之施政方略，及清明有序之政治局面，如选贤授能、关怀民生、修明法度、讲究道德节操等。

九 歌

东皇太一①

吉日兮辰良,穆将愉兮上皇②。抚长剑兮玉珥,璆锵鸣兮琳琅③。

瑶席兮玉瑱,盍将把兮琼芳④。蕙肴蒸兮兰藉,奠桂酒兮椒浆⑤。扬枹兮拊鼓,疏缓节兮安歌,陈竽瑟兮浩倡⑥。

灵偃蹇兮姣服,芳菲菲兮满堂⑦。五音纷兮繁会,君欣欣兮乐康⑧。

[注释]①东皇太一:天神中地位最为尊贵者,祠在东南郊,以配东帝,故云东皇。东皇太一为受祭之神,其他为陪祭。 ②穆:恭敬。愉:使娱乐。上皇:指东皇太一。 ③抚:持。玉珥(ěr):玉饰的剑鼻。珥,剑柄与身相接处的突出部分。璆(qiú)锵:玉鸣声。琳琅:美玉名。 ④瑶席:以美玉为装饰的坐席。瑱(zhèn):通"镇"。镇压,此指压席的玉器。《周礼》:"玉镇,大宝器,故书作瑱。"盍:何不。琼芳:香美的玉枝。 ⑤蕙肴蒸:以蕙草蒸肉。兰藉:以兰草为衬垫。藉,衬垫之物。奠:安置。桂酒、椒浆:投桂、椒入酒中。五臣云:"蕙、兰、椒、桂,皆取芳香。" ⑥枹(fú):或作"桴",鼓槌。拊(fǔ):击。缓节安歌:缓节而舞,徐歌相和。陈:列。竽:管乐器。瑟:弦乐器。浩

倡:高歌。浩,大。倡,同"唱"。　⑦灵:扮神之巫。偃蹇:曲伸宛转之舞貌。姣:美好。　⑧五音:宫、商、角、徵、羽。繁会:错杂合奏。欣欣:欢喜貌。

云　中　君①

浴兰汤兮沐芳,华采衣兮若英②。灵连蜷兮既留,烂昭昭兮未央③。蹇将憺兮寿宫,与日月兮齐光④。龙驾兮帝服,聊翱游兮周章⑤。

灵皇皇兮既降,猋远举兮云中⑥。览冀州兮有余,横四海兮焉穷⑦。思夫君兮太息,极劳心兮忡忡⑧。

[注释]①云中君:一说云神丰隆,又名屏翳,号云中君。一说指月神,月出没云中,故名。《汉书·郊祀志》列其为按时祭祀的神灵。　②华采衣:五彩衣。若英:像花一样。此二句之意,朱熹《集注》云:"言使灵巫先浴兰汤,沐香芷,衣采衣,如草木之英,以自洁清也。"　③连蜷:屈伸回环之貌。朱熹《集注》:"以其服饰洁清,故神悦之,而降依其身,留连之久也。"烂昭昭:光明貌。未央:无穷。央,尽。　④蹇:语气助词。憺(dàn):憺,安适。又刘永济《通笺》曰:"'蹇将憺'者,高且安也,皆状寿宫之词。"寿宫:供神之宫。王逸《章句》:"祠祀皆欲得寿,故名为寿宫也。"　⑤龙驾:以龙驾车。帝服:衣五彩之色,与五帝同服。周章:往来迅疾之貌。　⑥皇皇:美好貌。猋(biāo):迅速离去貌。朱熹《集注》:"言神饮食既饱,猋然远举,复还其处也。"　⑦冀州:代指中国。顾炎武《日知录》:"古之天子常居冀州,后人因之,遂以冀州为中国之号。"横四海:横游四海。穷:极。　⑧君:指云中君。劳心:因思慕而使心受到劳损。忡忡:忧愁貌。

湘　君①

君不行兮夷犹,蹇谁留兮中洲②?美要眇兮宜修,沛吾乘兮桂舟③。令沅湘兮无波,使江水兮安流④!望夫君兮未来,吹参差兮谁思⑤!

驾飞龙兮北征,邅吾道兮洞庭⑥。薜荔柏兮蕙绸,荪桡兮兰旌⑦。望涔阳兮极浦,横大江兮扬灵⑧。扬灵兮未极,女婵媛兮为余太息⑨。横流涕兮潺湲,隐思君兮陫侧⑩。

桂棹兮兰枻,斲冰兮积雪⑪。采薜荔兮水中,搴芙蓉兮木末⑫。心不同兮媒劳,恩不甚兮轻绝⑬。石濑兮浅浅,飞龙兮翩翩⑭。交不忠兮怨长,期不信兮告余以不闲⑮。

鼂骋骛兮江皋,夕弭节兮北渚⑯。鸟次兮屋上,水周兮堂下⑰。

捐余玦兮江中,遗余佩兮醴浦⑱。采芳洲兮杜若,将以遗兮下女⑲。时不可兮再得,聊逍遥兮容与⑳。

[注释]①湘夫人与湘君是一对配偶神。湘君是男神,湘夫人是女神。《湘君》的主角是湘夫人(女巫饰),内容是抒写对湘君的企盼、相思之情。《湘夫人》的主角是湘君(男巫饰),内容是抒写对湘夫人的企盼、相思之情。一说湘君是帝舜,湘夫人是尧的两个女儿、舜的两个妃子。 ②君:指湘君。夷犹:犹豫。骞:难行貌,一说发语词。谁留:为谁而留。中洲:水中之陆地。 ③要眇(yāo miǎo):美好貌。宜修:修饰得体。沛:疾行貌。桂舟:以桂木制作的船。 ④安流:徐徐流动。 ⑤君:指湘君。参差:乐器,洞箫。谁思:思念谁。 ⑥洞庭:大部位于今湖南境内。洪兴祖《补注》:"湖水广员五百余里,日月若出没于其中。湖中有君山,潜通吴之苞山。" ⑦薜荔柏:以香草薜荔作舟的壁饰。薜荔,香草,缘木而生。柏,或作"拍",壁衣。绸:缠绕。荪:香草名,石菖蒲之类。桡(ráo):舟之小楫。 ⑧涔阳:水名,合澧水流入洞庭湖。极浦:远处的水岸。浦,水滨。扬灵:驾船疾行如飞。灵,通"舲",有窗的

船。 ⑨婵媛:内心眷恋,缠绵难舍貌。参见《离骚》"女媭之婵媛兮,申申其詈予"注。 ⑩潺湲(chán yuán):水流貌,这里指流泪。隐:伤痛。悱(fěi)侧:同"悱恻",内心凄切悲伤。 ⑪棹(zhào)、枻(yì):船桨。斲(zhuó)冰:破冰,斲,斫,砍。 ⑫芙蓉:生于水中。搴芙蓉木末,与上句采薜荔水中,都是比喻的说法。刘永济《音注详解》:"此又疑岂迎神或有不合,故神不降。不合者,如薜荔非可采之水中,芙蓉非可搴于木末者,我今是否采薜荔于水,搴芙蓉于木末?"此句意为:二者心不相通,则媒人疲劳。 ⑬此句意为:二者交往不深,没有恩情,故容易分别。 ⑭濑(lài):水流石上形成的激流。浅浅(jiān):水疾流貌。翩翩:疾飞貌。 ⑮交不忠:爱情交往不忠实,相待不厚,则长相怨恨。期不信:约以为期,而不守信用。闲:空闲。 ⑯鼂(zhāo):同"朝",早晨。骋骛:驰骋。弭节:按节徐行,或停留某地。渚:水中的小洲。 ⑰鸟次:指鸟栖息、停留。周:环绕。 ⑱捐玦(jué):置玉玦于水滨。捐,抛弃。玦,玉佩,如环而有缺。《荀子》:绝人以玦,皆取弃绝之义。遗(wèi)佩:置玉佩于水滨。遗,赠与。醴浦:澧水之滨。醴,同"澧",水名,注入洞庭湖。 ⑲杜若:芳草名。一说杜若令人不忘,采杜若以相赠有"明其不相忘"之意。下女:下界之女,一说湘君的侍女。 ⑳逍遥、容与:徘徊不忍离去之意。刘永济《音注详解》:"此则于既已无可如何之中,犹留连水滨,不忍离去者,以时机难得,亦以表其思念湘君之神之情,无有穷尽也。"

湘 夫 人

帝子降兮北渚,目眇眇兮愁予①。袅袅兮秋风,洞庭波兮木叶下。登白薠兮骋望,与佳期兮夕张②。鸟何萃兮薠中,罾何为兮木上③?

沅有茝兮醴有兰,思公子兮未敢言④。荒忽兮远望,观流水兮潺湲⑤。麋何食兮庭中,蛟何为兮水裔⑥?朝驰余马兮江皋,夕济兮西澨⑦。

闻佳人兮召予,将腾驾兮偕逝⑧。筑室兮水中,葺之兮荷盖⑨。荪壁兮紫坛,播芳椒兮成堂⑩。桂栋兮兰橑,辛夷楣兮药房⑪。罔薜荔兮为帷,擗蕙櫋兮既张⑫。白玉兮为镇,疏石兰兮为芳⑬。芷葺兮荷屋,缭之兮杜衡⑭。合百草兮实庭,建芳馨兮庑门⑮。九嶷缤兮并迎,灵之来兮如云⑯。

捐余袂兮江中,遗余褋兮澧浦⑰。搴汀洲兮杜若,将以遗兮远者⑱。时不可兮骤得,聊逍遥兮容与⑲。

[注释]①帝子:指湘夫人,传说是天帝之女,故称帝女。《山海经·中山经》:"洞庭之山……帝之二女居之,是常游于江渊。"眇眇:凝睇极目远望之貌。愁予:使我忧愁。 ②登白薠(fán):登上长满白薠草的高地。白薠:草名,形似莎草,生长在湖边陆地上。骋望:放眼远眺。与佳期:与湘夫人约定相会的日期。佳,佳人的省称。夕张:为黄昏之相会,已经做好准备,陈设停当。 ③萃:聚集。蘋:一种小叶水草。罾(zēng):一种鱼网。王逸《章句》:"鸟当集木巅而言草上,罾当在水中而言木上,以喻所愿不得,失其所也。" ④沅茝、澧兰:沅地的白芷、澧水的秋兰,互文见义,用作比兴,隐喻湘夫人。公子:楚地青年男女相互间的昵称,这里指湘夫人。 ⑤荒忽:恍恍惚惚,隐约不明貌。一说思念之极而神情迷惘之态。 ⑥麋:山间野鹿之类。庭中:庭院之内。蛟:龙之类。一说似蛇,有足。水裔:水边。二句因湘夫人未至,而以麋鹿、蛟龙处非其地寓意。 ⑦澨(shì):水边之地。二句描写往前迎候湘夫人,朝夕所经历之地。 ⑧闻:仿佛听到。此为虚想之词,并非事实。佳人:指湘夫人。腾驾:车驾飞腾,疾驰前往。偕逝:相伴同往。 ⑨葺(qì):修建房屋。荷盖:以荷叶为屋顶。 ⑩荪壁:用香草荪装饰墙壁。紫坛:用紫草点缀庭院。紫草,一说紫贝。坛:中庭。播:一说当做"掬"。芳椒:花椒,气味芬芳。成堂:满堂。成,通"盛"。一说将花椒粉碎成泥,涂饰在墙壁上,毕而成堂。 ⑪桂栋:用桂木做房梁。兰橑(liáo):用木兰树制为屋椽。橑,椽子。辛夷:香木名,树高数仞,初春花发最早,亭亭如笔,又名木笔。楣:门框上的横木。药房:用白芷点缀、装饰房间。楚人称呼白芷曰"药"。 ⑫罔:编织为网,同"网"。帷:帏帐。擗(pǐ):分开、剖开。蕙櫋(mián):用蕙草装饰屋檐。

樽,屋檐。一说当做"幔"。既张:已经布置停当。 ⑬镇:镇席,用玉石压住坐席。一说:玉制的装饰物,通"瑱"。疏:陈列、布置。石兰:一种兰草,因生长山侧,故又名山兰。 ⑭芷葺:前云"筑室兮水中,葺之兮荷盖",次则又以白芷覆盖在荷屋之上。荷屋,即荷盖。缭:指在屋外用香草缠绕。杜衡:香草名。 ⑮建:设置、安排。芳馨:各种香花芳草。庑门:走廊、屋下、门前。 ⑯九嶷:山名,一说九嶷山的山神。缤:缤纷、繁盛。并迎:一起前往迎接。此句又见《离骚》。 ⑰袂(mèi):衣袖,代指湘夫人的衣物。此下六句与《湘君》略同,意思相对应。《史记·循吏列传》司马贞《索引》引《韩诗》称"子产卒,郑人耕者辍耒,妇人捐其佩玦也"。可知捐弃衣物,是上古时代人们表达思念、悲伤的一种方式。遗:丢弃。褋(xiè):贴身的内衣,一说单裙,代指女性的衣物。 ⑱汀洲:水中的小洲。远者:远方的人,指湘夫人。 ⑲时:时光,指青春岁月。骤得:屡次、再得。此句即青春不再、珍惜岁月之意。

大　司　命①

广开兮天门,纷吾乘兮玄云②。令飘风兮先驱,使涷雨兮洒尘③。

君回翔兮以下,逾空桑兮从女④。纷总总兮九州,何寿夭兮在予⑤!

高飞兮安翔,乘清气兮御阴阳⑥。吾与君兮齋速,导帝之兮九坑⑦。灵衣兮被被,玉佩兮陆离⑧。壹阴兮壹阳,众莫知兮余所为⑨。

折疏麻兮瑶华,将以遗兮离居⑩。老冉冉兮既极,不寖近兮愈疏⑪。乘龙兮辚辚,高驼兮冲天⑫。

结桂枝兮延伫,羌愈思兮愁人。愁人兮奈何,愿若今兮无亏⑬。固人命兮有当,孰离合兮可为⑭?

[注释] ①大司命、少司命,合称"二司命"。大司命主管人间寿夭,是男

神。少司命主管人间生儿育女及儿童命运,是女神。他们是一组神。汪瑗《集解》认为,《大司命》、《少司命》所写是"彼此赠答之词,思慕之意"。 ②天门:天帝所居紫微宫门。吾:大司命自谓。玄云:深青色的云。 ③冻(dōng)雨:暴雨。王逸《章句》:"言司命爵位尊贵,出则风伯、雨师先驱,为轼路也。" ④君:指大司命。回翔:盘旋。空桑:神话传说中的山名。女:同"汝",指大司命。 ⑤纷总总:纷纷然众多貌。寿夭:世间众生或长寿,或夭折。予:大司命自谓。 ⑥安翔:平稳徐缓地飞翔。清气:清轻之气。清,一作"精"。 ⑦齌速:迅速。齌,即"齐",现写做"齐",迅速。一说"齌"即"斋"。帝:指大司命。九坑(gāng):指天下九州之山川大地。洪兴祖《补注》引《周礼·职方氏》:"九州山镇,曰会稽、衡山、华山、沂山、岱山、岳山、医无闾、霍山、恒山也。"又引《淮南子》:"天地之间,九州八极,土有九山,山有九塞。何谓九山,会稽、泰山、王屋、首山、太华、岐山、太行、羊肠、孟门也。" ⑧被被:长衣貌。 ⑨壹阴壹阳:万物的生死,都是阴阳二气的变化,循环无穷已。 ⑩疏麻:神麻。瑶华:如瑶一样的白花。瑶,美玉名。华,同"花"。洪兴祖《补注》:"此花香,服食可致长寿,故以为美,将以赠远。"离居:指离开居处的大司命。 ⑪极:穷尽。寖(jìn)近:渐近。寖,逐渐。 ⑫辚辚:车行之声。驼:一作"驰"。 ⑬无亏:祝愿身体健康无损,是珍重道别之意。亏,缺损。 ⑭此二句是表达一种无奈的情感。刘永济《音注详解》:"言人受命而生,贫富贵贱,各有所当,或离或合,神实司之,非人之所能为也。"

少 司 命

秋兰兮麋芜,罗生兮堂下①。绿叶兮素枝,芳菲菲兮袭予。夫人自有兮美子,荪何以兮愁苦②!

秋兰兮青青,绿叶兮紫茎。满堂兮美人,忽独与余兮目成③。人不言兮出不辞,乘回风兮载云旗④。悲莫悲兮生别离,乐莫乐兮新相知。

荷衣兮蕙带,儵而来兮忽而逝⑤。夕宿兮帝郊,君谁须兮云之际⑥?

与女游兮九河,冲风至兮水扬波⑦。与女沐兮咸池,晞女发兮阳之阿⑧。望美人兮未来,临风怳兮浩歌⑨。

孔盖兮翠旍,登九天兮抚彗星⑩。竦长剑兮拥幼艾,荪独宜兮为民正⑪。

[注释]①麋芜:南方楚地香草之名。一说芎䓖之苗,名曰麋芜,其叶倍香。罗生:罗列而生。 ②夫人:彼人。一说"夫"是发语词。美子:所爱之男子。一说指子女。王逸《章句》:"言天下万民,人人自有子孙。"荪:香草名,喻指少司命。此上六句是迎神之词。 ③余:少司命。一说指迎神之巫。目成:两心相悦,眉目传情,以心相许。 ④回风:回旋之风。二句形容大司命来去的情景。一说是少司命。 ⑤儵(shū):忽然、疾速,通"倏"。汪瑗《集解》:"儵而来者,即入不言也;忽而逝者,即出不辞也。" ⑥帝郊:天帝之郊野,是比拟人间之词。《说文》:"距国百里为郊。"君:指少司命,一说指大司命。须:等待。 ⑦此二句洪兴祖怀疑是《河伯》中语,当删去。 ⑧沐:洗发。咸池:神话中的天池,又星宿名。晞(xī):晾干、晒干。阳之阿:旸谷之阿,为日出之地。洪兴祖《补注》引《淮南子》:"日出汤谷,浴于咸池,拂于扶桑,是谓晨明;登于扶桑,是谓朏(fěi)明;至于曲阿,是谓旦明。" ⑨怳(huǎng):失意貌。 ⑩孔盖:形似孔雀开屏般美丽,指以孔雀羽毛为装饰的车盖。翠旍:以翡翠羽为装饰的旌旗。旍(jīng):旌旗。抚:手持、握着。一说安抚、控制。彗星:又称扫帚星。古人认为,彗星可用来扫除天下的污秽。《左传》昭公二十六年:"且天之有彗也,以除秽也。"一说彗星是灾星、妖星,故应控制,使其不能为害。 ⑪竦:挺出、高举。拥:护卫、保护。幼艾:幼儿、婴儿。一说总言老幼万民。荪:与前之所谓"荪何以兮愁苦"相照应,指少司命。宜:适宜。民正:百姓之主、万民之长。末四句是对少司命的赞颂之词。

东　君①

暾将出兮东方,照吾槛兮扶桑②。抚余马兮安驱,夜皎皎兮既明。驾龙辀兮乘雷,载云旗兮委蛇③。长太息兮将上,心低徊兮顾怀④。羌声色兮娱人,观者憺兮忘归⑤。

縆瑟兮交鼓,箫钟兮瑶簴⑥。鸣篪兮吹竽,思灵保兮贤姱⑦。翾飞兮翠曾,展诗兮会舞⑧。应律兮合节,灵之来兮蔽日。

青云衣兮白霓裳,举长矢兮射天狼⑨。操余弧兮反沦降,援北斗兮酌桂浆⑩。撰余辔兮高驼翔,杳冥冥兮以东行⑪。

[注释]①东君:日神。《礼记·祭义》:"祭日于东,祭月于西。" ②暾(tūn):日始出时的温暖光明之貌,指初升的太阳。吾:东君自谓。王逸《章句》:"东方有扶桑之木,其高万仞,日出,下浴于汤谷,上拂其扶桑,爰始而登,照曜四方,日以扶桑为舍槛,故曰:照吾槛兮扶桑也。" ③龙辀(zhōu):车辕,弯曲似龙形,故名。雷:指车轮,雷气转动,如车轮一样,故名。 ④低徊:徘徊。顾怀:顾念。王夫之《楚辞通释》:"日出委蛇之容,乍升乍降,摇曳再三,若有太息低回顾怀之状。" ⑤观者:观祭礼者,或观日出者。王夫之《通释》:"观者容与而忘归,此景惟泰衡之巅及海滨观日者能得之。" ⑥縆(gēng)瑟:将瑟的弦绷紧。縆,急张弦。交鼓:对击鼓。箫钟:敲钟。箫,敲击。瑶簴(jù):玉饰的钟架。簴,悬挂钟磬之木。 ⑦篪(chí):即篪,古代一种竹制的管乐器。洪兴祖《补注》引《尔雅》:"篪以竹为之,长尽四寸,围三寸,一孔上出,一寸三分,名翘,横吹之。小者尺二寸。"灵保:神巫,代指东君。贤姱:既善良,又美好。 ⑧翾(xuān)飞:形容舞姿犹如鸟之飞翔。翾,小飞。翠曾(zēng):舞态似翠鸟之高飞。曾,向上飞。展诗:陈诗。会舞:合舞。 ⑨青云衣、白霓裳:这是形容夕阳西下时的景色,东君仿佛以青云为上衣、以白霓为下裳。射天狼:形容日暮之后,天上弧九星出现,仿佛东君举长箭射向天狼星。《晋书·天文志》:"狼一星,在东井东南。狼为野将,主侵掠……弧九星,在狼东南,天弓也。主备盗贼,常向于狼。"旧说天狼星是秦分野之星名,主侵略,故此处有影射抗秦之意。 ⑩弧:星名,即弧九星。沦降:隐去,

指日落时节,弧九星消失了。北斗:星名,共七颗,形似勺,这里意指用北斗作酌酒之具。 ⑪撰:持。杳冥冥:幽深之远处。杳,幽远。冥冥:深远。这里指太阳落下之后,在黑暗中东行,次日又将升起。汪瑗《集解》:"'操余弧'、'援北斗',皆言自昼而夜也;'撰余辔'、'杳冥冥',又言自夜而昼也。"

河　　伯①

与女游兮九河,冲风起兮水横波②。乘水车兮荷盖,驾两龙兮骖螭③。

登昆仑兮四望,心飞扬兮浩荡④。日将暮兮怅忘归?惟极浦兮寤怀⑤。

鱼鳞屋兮龙堂,紫贝阙兮朱宫⑥。灵何为兮水中,乘白鼋兮逐文鱼⑦,与女游兮河之渚,流澌纷兮将来下⑧。

子交手兮东行,送美人兮南浦⑨。波滔滔兮来迎,鱼鳞鳞兮媵予⑩。

[注释]①河伯:即冯夷,又名冰夷,黄河之神。《山海经》:"中极之渊,深三百仞,唯冰夷都焉。冰夷,人面而乘龙。" ②女:同"汝"。九河:就是指黄河,相传大禹治水,将黄河分为九段,即徒骇、太史、马颊、覆釜、胡苏、简、絜、钩盘、鬲津。冲风:暴风。横波:汹涌的波涛。 ③水车:即舟,一说水中之车。荷盖:以荷叶为盖。骖(cān)螭(chī):驾驭螭龙。骖,古代以四匹马拉车,中间的两匹称服,两边的两匹称骖。螭,传说中的无角龙。 ④浩荡:情绪飞扬,无拘无束。王夫之《通释》:"昆仑,河所自出。河伯登河源之上,而见其流万里,心与俱驰。" ⑤极浦:遥远的黄河之滨。寤怀:思念、怀念。
⑥鱼鳞屋兮龙堂:即以鱼鳞、龙鳞装饰堂屋之意。紫贝阙:以紫贝为阙。紫贝,一种海贝。阙,宫室上的门楼。朱宫:以珠饰宫殿,朱,同"珠"。洪兴祖《补注》:"河伯,水神也。故托鱼龙之类,以为宫室阙门观也。" ⑦白鼋(yuán):大鳖。逐:随从。文鱼:有花纹的鱼。文,同"纹"。一说文鱼为鲤

鱼。　⑧流澌(sī)：解冻的流冰，一说流水。　⑨子：指河伯。交手：拱手揖别。　⑩潾潾(lín)：通"鳞鳞"，鱼贯而行、次第相连之貌。媵(yìng)：陪嫁、陪伴。

山　鬼①

若有人兮山之阿，被薜荔兮带女萝②。既含睇兮又宜笑，子慕予兮善窈窕③。乘赤豹兮从文狸，辛夷车兮结桂旗④。被石兰兮带杜衡，折芳馨兮遗所思⑤。

余处幽篁兮终不见天，路险难兮独后来⑥。表独立兮山之上，云容容兮而在下⑦。杳冥冥兮羌昼晦，东风飘兮神灵雨⑧。留灵修兮憺忘归，岁既晏兮孰华予⑨？

采三秀兮于山间，石磊磊兮葛蔓蔓⑩。怨公子兮怅忘归，君思我兮不得闲⑪。山中人兮芳杜若，饮石泉兮荫松柏⑫。君思我兮然疑作⑬！

雷填填兮雨冥冥，猿啾啾兮又夜鸣⑭。风飒飒兮木萧萧，思公子兮徒离忧⑮。

[注释]①山鬼，即山神、山灵。旧注多以为山鬼是山魈鬼魅之类，此说与诗中情感大意不合。清人顾成天怀疑山鬼为楚地所传之瑶姬（即巫山神女），又有学者认为山鬼与河伯是一对配偶神，皆可备一说。　②被：披带。薜荔、女萝：皆香草名。女萝，又名兔丝。王逸《章句》："被薜荔之衣，以兔丝为带也。薜荔、兔丝，皆无根，缘物而生……故衣之以为饰也。"　③含睇(dì)：双目微视，含情脉脉。宜笑：笑容自然、动人。子：指山鬼的恋人，即下文所称的"公子"。善窈窕：善为美好的姿态。　④乘赤豹：乘赤豹所驾之车。赤豹是皮毛赤褐、中有黑斑的豹子。从文狸：有花纹的狸猫随从在后。赤豹、文狸皆奇异之兽。辛夷车：以辛夷之木制为车。结桂旗：将桂树花枝编结为旗。
⑤石兰、杜衡：皆芳草之名。上文称"被薜荔兮带女萝"，是形容山鬼自身衣服

的装饰;此句称"被石兰兮带杜衡",是形容山鬼所乘车旗的装饰。 ⑥余:山鬼自称。幽篁:幽暗的竹林。 ⑦表:特立、突出貌。此句写登高远眺,以望所思。容容:形容云流动之貌,通"溶溶"。 ⑧杳冥冥:幽深不明貌。昼晦:白昼昏暗如夜。飘:大风、疾风。神灵雨:风起而雨,变幻迷蒙,如暗中有神灵然。王逸《章句》:"言东风飘然而起,则神灵应之而雨,以言阴阳通感,风雨相和。" ⑨灵修:指山鬼的恋人。灵修本是女子对其爱人的美称,楚辞中多用喻指楚王,这里用其本义。岁既晏:青春既逝,年华老去。晏,迟、晚。华予:使我重获青春美丽。 ⑩三秀:指芝草,一年开花三次,故名。于山:郭沫若《屈原赋今译》读为"巫山",汤炳正《楚辞类稿》认为"于"字是"浅人所增"。磊磊:众石堆叠貌。蔓蔓:绵长蔓延貌。 ⑪公子:楚地青年男女间的昵称,这里指山鬼的恋人。怅:惆怅、失意。不得闲:未得闲暇,所以没来相会。一说:相思不已,无间断之时。 ⑫山中人:山鬼自称。芳杜若:有如杜若之芬芳。杜若,香草名。 ⑬然疑作:且信且疑,疑信参半。 ⑭雷填填:雷声隆隆。填填,形容鼓声、雷声轰鸣。雨冥冥:阴雨蒙蒙,天色昏暗。啾啾(jiū):猿哀鸣之声。猿:一本作"狖"。狖(yòu),猿猴之类。 ⑮飒飒:风声。萧萧:枝叶摇动声。离忧:离别的忧伤。一说"离"通"罹",遭受。

国 殇①

操吴戈兮被犀甲,车错毂兮短兵接②。旌蔽日兮敌若云,矢交坠兮士争先。

凌余阵兮躐余行,左骖殪兮右刃伤③。霾两轮兮絷四马,援玉枹兮击鸣鼓④。天时坠兮威灵怒,严杀尽兮弃原野⑤。

出不入兮往不反,平原忽兮路超远⑥。带长剑兮挟秦弓,首身离兮心不惩⑦。诚既勇兮又以武,终刚强兮不可凌。身既死兮神以灵,子魂魄兮为鬼雄⑧。

[注释]①本篇祭祀为国野战、英勇牺牲者的忠魂。国殇,即为国事而捐躯者。有的学者认为,它是为悼念楚怀王时某次战役所牺牲的将士而作。也有学者认为,它是对楚国历史上英勇杀敌将士的赞颂之词,是后代乐府诗《从军行》之祖。 ②操:手持、挥动。吴戈:吴地生产的兵器,以锋利著称。犀甲:犀牛皮制成的铠甲。错毂(gǔ):战斗时车轮相交错。毂,车轮的中轴。短兵:刀剑之类。一说指将帅的卫队。《商君书·境内》:"五百主,短兵五十人……国封尉,短兵千人;将,短兵四千人。" ③凌:侵犯。躐(liè)余行:冲乱、践踏我军的行阵。躐,践踏。行,军阵、行列。左骖殪(yì):在左边驾车的马被敌人击毙。殪,杀死。右刃伤:在右边驾车的马被刀砍伤。 ④霾(mái)两轮:战车双轮深陷地下。霾,通"埋"。絷(zhí)四马:驾车的四匹战马被绊住,动弹不得。絷,拴、捆。一说将两轮埋起,将四马绊住,表示必死的决心。《孙子·九地》有"方马埋轮,未足恃也"之语,可参考。援玉枹:拿起美玉为饰的鼓槌。枹,鼓槌,同"桴"。 ⑤天时坠:天时不利,大命将倾。坠,坠落、失败。一说日暮。威灵怒:将士之魂灵,威武不屈。一说是惊天地而泣鬼神之意。严杀:悲壮地搏杀。严,悲壮。王逸《章句》:"言壮士尽其死命,则骸骨弃于原野,而不土葬也。" ⑥出不入、往不反:互文见义。反,同"返"。王逸《章句》:"言壮士出斗,不复顾入,一往必死,不复还反也。"忽:渺茫、辽阔貌。路超远:距离家乡道路遥远。此句一作"平原路兮忽超远"。秦弓:秦地出产的弓,以坚劲出名。洪兴祖《补注》引《汉书·地理志》:"秦地迫近戎狄,以身猎为先。又秦有南山檀柘,可为弓干。"王逸《章句》:"言身死,犹带剑持弓,示不舍武也。" ⑦首身离:头被砍,与身体分离。心不惩:不因受惩创、戒惧而改变初衷,即虽死不悔之意。 ⑧子:指为国牺牲的将士。鬼雄:鬼中之雄杰。此四句是群巫的唱词。

礼 魂①

成礼兮会鼓,传芭兮代舞,姱女倡兮容与②。春兰兮秋菊,长无绝兮终古③。

[注释]①《礼魂》相当于前面各首歌舞的乱辞,也就是仪式完成后的送神曲。魂:也就是神。礼:或作祀。成礼:礼毕,各种祭祀的礼仪全部完成。会鼓:一起急促地击鼓。芭(bā):鲜花,一说香草名。代舞:轮番交替地舞蹈。代,更替。姱女:美丽的女子。倡:同"唱"。容与:舒徐貌。　③此二句意为:春祠以兰,秋祠以菊,世世代代,绵延不绝。一说愿神灵长享此乐,如兰菊的芳香,无有歇时。

天问①

　　曰：遂古之初，谁传道之②？上下未形，何由考之③？冥昭瞢闇，谁能极之④？冯翼惟像，何以识之⑤？明明闇闇，惟时何为？阴阳三合，何本何化⑥？圜则九重，孰营度之⑦？惟兹何功？孰初作之⑧？斡维焉系？天极焉加⑨？八柱何当？东南何亏⑩？九天之际，安放安属⑪？隅隈多有，谁知其数⑫？天何所沓？十二焉分⑬？日月安属？列星安陈？出自汤谷，次于蒙汜⑭。自明及晦，所行几里？夜光何德，死则又育⑮？厥利维何，而顾菟在腹⑯？女岐无合，夫焉取九子⑰？伯强何处？惠气安在⑱？何阖而晦？何开而明⑲？角宿未旦，曜灵安藏⑳？

[注释]①天问，关于天道、天命的疑问，即就天地间一切自然、社会、人事中的疑问提出质疑。王逸《章句》解释天问即问天，"天尊不可问，故曰天问"。　②遂古：远古。遂，一说通"邃"。传道：传说。　③上下：上指天，下指地。未形：指天地未分时的混沌状态。考：考定。　④冥昭：明和暗，即昼夜。瞢(méng)闇(àn)：昏暗不明。瞢，目不明。闇，闭门。极：探究其本原。　⑤冯翼：混沌无形貌。王逸《章句》："言天地既分，阴阳运转，冯冯翼翼，何以识知其形像乎？"　⑥三合：参错相合。三，同"参"。本：本原。化：化生。

⑦圜(yuán):同"圆",天体。九重:九层。营度:经营,计量。 ⑧功:工程、功用。此二句意谓天有九重,如此之大的工程,又是谁最初造就? ⑨斡(guǎn)维:控制天体运转的柄轴。天极,指南北极天的中枢。刘永济《音注详解》:"天运如斡,必有维系。又系于何处?又问天之中枢架设何处?加,架也。"一说斡维均为星名。斡,即北斗七星之柄。 ⑩八柱:古代传说中以八座山为柱,撑住天空。亏:缺损。 ⑪九天:指天的中央与八方,即东方皞天,东南方阳天,南方赤天,西南方朱天,西方成天,西北方幽天,北方玄天,东北方变天,中央钧天。安:哪里。际:边界。属:附着,相连。此二句意为:九天的边界,至于何处?如何连属? ⑫隅:角落。隈(wēi):弯曲。《淮南子·天文训》:"天有九野,九千九百九十九隅。" ⑬沓:会合。十二:所指不详。一说指十二辰,或十二分野。 ⑭蒙汜:神话中日落之地。蒙:水名。汜:水边。 ⑮夜光:月亮。刘永济《音注详解》:"古称望日之月有光为生魄,朔日之月无光为死魄。" ⑯顾菟:月中兔名。闻一多认为是蟾蜍。在腹:指月中。 ⑰女岐:古代神话传说中的女神名,即九子母。此二句意为:女岐无夫,为什么能生九子? ⑱伯强:神名,司疫气。惠气:惠风,与疫气相对。安:哪里。 ⑲阖:合。天地昼明夜暗,故有此问。 ⑳角宿:星名,掌管天门的开合。闻一多《天问释天》转引《晋书·天文志》:"角二星,为天关,其间天门也,其内天庭也……"曜灵:指太阳。

不任汩鸿,师何以尚之①?佥曰:"何忧?何不课而行之②?"鸱龟曳衔,鲧何听焉③?顺欲成功,帝何刑焉④?永遏在羽山,夫何三年不施⑤?伯禹愎鲧,夫何以变化⑥?纂就前绪,遂成考功⑦。何续初继业,而厥谋不同⑧?洪泉极深,何以寘之⑨?地方九则,何以坟之⑩?河海应龙,何尽何历⑪?鲧何所营?禹何所成⑫?

[注释]①不任汩(gǔ)鸿:鲧不能胜任治理洪水的责任。汩,疏浚,治理。鸿,通"洪",大水。师,众人。尚,推举。此问鲧既然不能胜任治水的大任,众人为什么还要推举他? ②佥(qiān):皆,都。课:考察。行:用。 ③鸱

(chī)龟：一说形似鸱鸟的大神龟，一说为鸱鹰、神龟二物。曳衔：首尾衔接，相随而行。鲧(gǔn)：传说中的部落首领，奉命治水，筑堤防洪，九年未见成效，被放逐羽山。 ④二句意谓鲧能顺众人之愿而成就治水大业，天帝为何会加刑于他呢？ ⑤永遏(è)在羽山：鲧长久地被幽禁在羽山。羽山，神话中的山名，位于东海。施：舍，释放。 ⑥伯禹：即禹，禹曾被封为夏伯，故称其为伯禹。愎鲧：鲧生禹于腹。愎，通"腹"。变化：指禹改变鲧封堵的治水办法为疏导。《山海经·海内经》："鲧窃帝之息壤以堙洪水，不待帝命，帝乃令祝融杀鲧于羽郊。鲧复生禹。帝乃命禹卒布土以定九州。"又郭璞注："鲧死三岁不腐，剖之以吴刀，化为黄龙。" ⑦纂就前绪：禹继承前人留下来的事业。纂同"缵"，继承。考：先父，指鲧。功：功业。 ⑧续初、继业：义同，继承前人的事业。谋：策略。 ⑨洪泉：洪水的源泉。窴(tián)：同"填"。洪兴祖《补注》引《淮南子》："凡鸿水渊薮，自三百仞以上，二亿三万三千五百五十里，有九渊，禹乃以息土填洪水，以为名山。" ⑩地方九则：将天下之地，划分为九州。坟：区分。 ⑪一本作"应龙何画？河海何历？"应龙：有翼的龙。相传大禹治水时，有应龙相助，应龙以尾画地，禹便依此开掘河道，将洪水导出。历，经过。 ⑫营：经营、营造。成：成就、完成。

　　康回冯怒，地何故以东南倾①？九州安错？川谷何洿②？东流不溢，孰知其故③？东西南北，其修孰多④？南北顺椭，其衍几何⑤？昆仑县圃，其尻安在⑥？增城九重，其高几里⑦？四方之门，其谁从焉⑧？西北辟启，何气通焉⑨？

　　[注释]①康回：共工，神话传说中的人物。冯(píng)怒：大怒。冯，通"凭"，满。一说：冯即怒。《淮南子·天文训》："昔者共工与颛顼争为帝，怒而触不周之山，天柱折，地维绝，天倾西北，故日月星辰移焉，地不满东南，故水潦尘埃归焉。" ②九州：古史记载夏禹治水后，分天下为九州，即冀州、兖州、青州、徐州、扬州、荆州、豫州、梁州、雍州。错：通"措"，安置。洿(wū)：深。 ③溢：满，溢出。王逸《章句》："言百川东流，不知满溢，谁有知其故

也?" ④修:长度。 ⑤顺楕(tuǒ):狭长。衍:多余。此问:天地南北狭长,与东西距离相比,多出多少? ⑥昆仑悬圃:相传神山昆仑的顶峰为悬圃,上通天。尻(kāo):即"尻",尾部。一本作"居"。 ⑦增城:在昆仑山上。洪兴祖《补注》引《淮南子》:"增城九重,其高万一千里百一十四步二尺六寸。" ⑧从:指进出。此问:增城四方的门,是谁从那里出入? ⑨西北:指西北门。辟启:打开。气:指风。此问:增城的西北的门开启的时候,有什么风从那里流通? 洪兴祖《补注》:"按不周山在昆仑西北,不周风自此出也。"

日安不到,烛龙何照①?羲和之未扬,若华何光②?何所冬暖?何所夏寒③?焉有石林?何兽能言④?焉有虬龙,负熊以游⑤?雄虺九首,儵忽焉在⑥?何所不死?长人何守⑦?靡蓱九衢,枲华安居⑧?一蛇吞象,厥大何如⑨?黑水玄趾,三危安在⑩?延年不死,寿何所止⑪?鲮鱼何所?鬿堆焉处⑫?羿焉彃日?乌焉解羽⑬?

[注释]①烛龙:传说西北有幽冥无日之国,那里有龙衔烛照明。《山海经·大荒北经》:"西北海之外,赤水之北,有章尾山。有神,人面蛇身而赤,直目正乘,其瞑乃晦,其视乃明。不食,不寝,不息,风雨是谒,是烛九阴,是谓烛龙。" ②羲和:神话中为太阳驾车的神。扬:升起。一作"阳"。若华:神话中的若木之花。传说若木之花端有十个太阳,此问:太阳尚未升起之时,若木之花为什么能发出光芒? ③《淮南子·地形训》称"南方有不死之草,北方有不释之冰",此二句乃就此发问。 ④二句继续就神话传说发问,意谓世上何处有巨石耸峙成林,而林中有何兽会说人话? ⑤负熊以游:虬龙背负熊游水,其事不详。 ⑥雄虺(huǐ):巨蛇。虺,蛇的别名。儵(shū)忽:同"倏忽",迅疾。一说电光之名。 ⑦不死:长生不死。《山海经·海外南经》:"不死民在其(指交颈国)东,其为人黑色,寿不死。" ⑧蓱(píng):神草名,有奇异的功效。九衢(qú):蓱长有九个分岔。衢,大道,这里指分枝。枲(xǐ)华:神草名,枲麻之花,赤色。枲,一种麻,其子称枲。二句问:枝有九岔的靡蓱,花为赤色的枲麻,生在哪里? ⑨一蛇:指巴蛇。"一"或作"灵"。

《山海经·海内南经》:"巴蛇吞象,三岁而出其骨,君子服之,无心腹之疾。其为蛇青黄赤黑。一曰黑蛇青首,在犀牛西。" ⑩玄趾、三危、黑水:均为神话中的地名,相传三地出产一种神草,人食之不死。 ⑪此二句问哪里的人长寿不死,寿命到底有多长? ⑫鲮(líng)鱼:人面、人手之鱼。《山海经·海内北经》:"鲮鱼人面,手足,鱼身,在海中。"魼(qí)堆:一种食人鸟。《山海经·东山经》:"又东次四经之首,曰北号之山,临于北海……有鸟焉,其状如鸡而白首,鼠足而虎爪,其名曰魼雀,亦食人。" ⑬羿(bì)日:射日。羿,射。乌:乌鸦。神话传说中太阳里的三足乌。解羽:羽翼脱落。王逸《章句》:"《淮南》言尧时十日并出,草木焦枯,尧命羿仰射十日,中其九日,日中九乌皆死,堕其羽翼,故留其一日也。"

　　禹之力献功,降省下土四方①,焉得彼嵞山女,而通之于台桑②?闵妃匹合,厥身是继③,胡维嗜不同味,而快鼌饱④?启代益作后,卒然离蠥⑤,何启惟忧,而能拘是达⑥?皆归射鞠,而无害厥躬⑦。何后益作革,而禹播降⑧?启棘宾商,《九辩》《九歌》⑨。何勤子屠母,而死分竟地⑩?

[注释]①力:勤力。献:贡献。功:功业,指治水。降省:到下面视察。降,下来。省,察看。一本"下土"下无"四方"二字。 ②嵞(tú)山女:禹娶嵞山女为妻。嵞:即"涂";涂山,地名,位于会稽。通:通婚。台桑:地名。一说台桑指桑间野地。 ③闵:担忧。妃:配偶。匹合:匹配。继:继嗣,后代。相传禹三十未娶。 ④胡:为什么。嗜:爱好。一说"嗜"下有"欲"字。快:快意,喜欢。鼌饱:一时之满足。鼌,即"朝"。洪兴祖《补注》引《吕氏春秋》:"禹娶涂山氏女,不以私害公,自辛至甲四日,复往治水。" ⑤启:禹的儿子,涂山女所生。益:伯益,禹的贤臣。后:君王。离蠥(niè):遭受灾祸。蠥,即"孽",灾祸,指启曾被伯益拘禁。一说指启遭遇有扈氏的叛乱;一说指伯益遭受灾祸。王逸《章句》:"言禹以天下禅与益,益避启于箕山之阳。天下皆去益而归启,以为君。益卒不得立,故曰遭忧也。" ⑥拘:拘禁。达:逃脱。相传禹曾传位于伯益,启则谋求帝位,遭伯益拘禁,后逃脱,最终杀伯益而为帝。

⑦射鞠:同"鞠躬",曲身劳苦貌,指伯益辅佐禹,十分勤勉。厥躬:指启。 ⑧作革:指启代益为帝。革,变更。播降:繁荣昌盛,这里指禹的后代繁荣兴旺。播,通"番"。降,通"隆"。此问:为什么益得位便失,而启代益为帝,禹之后嗣便繁荣兴旺呢? ⑨启:指夏启。棘:"梦"字的误写,二者的篆文相似。宾商:朝见天帝。商,即"帝"字的误写,指天帝。一说棘,急;宾,即"嫔",美女。意即启急献美女给天帝,换来《九辩》与《九歌》。《山海经·大荒西经》:"开上三嫔于天,得《九辩》与《九歌》以下。" ⑩勤子:勤劳的儿子,指禹。屠母:指子割裂母背而生。死分竟地:指死后尸体分散,弃置于地。竟,抛弃。此二句或认为是禹割裂母背而生。王逸《章句》:"禹膈剥母背而生,其母之身,分散竟地,何以能有圣德,忧劳天下乎?"

　　帝降夷羿,革孽夏民①。胡射夫河伯,而妻彼雒嫔②?冯珧利决,封豨是射③。何献蒸肉之膏,而后帝不若④?浞娶纯狐,眩妻爰谋⑤。何羿之射革,而交吞揆之⑥?阻穷西征,岩何越焉⑦?化为黄熊,巫何活焉⑧?咸播秬黍,莆雚是营⑨。何由并投,而鲧疾修盈⑩?

　　[注释]①帝:天帝。夷羿:有穷国的君主,有穷国属东夷,故称夷羿。革孽夏民:革除夏民的忧患。一说祸害夏国的人民。孽,忧患。蒋骥《山带阁注楚辞》:"帝俊赐羿彤弓素矰,羿是始恤下地之百艰。" ②河伯:黄河神,参见《九歌·河伯》。雒嫔:洛水女神宓妃。雒,即洛,指洛水。羿射河伯事见王逸《章句》:"传曰:河伯化为白龙,游于水旁,羿见射之,眇其左目。河伯上诉天帝,曰:为我杀羿。天帝曰:尔何故得见射?河伯曰:我时化为白龙出游。天帝曰:使汝深守神灵,羿何从得犯?汝今为虫兽,当为人所射,固其宜也。羿何罪欤?" ③冯(píng)珧(yáo):手持贝壳装饰的弓。冯,同"凭"。珧,贝壳装饰的弓。利决:射箭时套在手指上的起保护作用的扳指,象牙制作。封豨(xī):大野猪。封,大。豨,野猪。 ④蒸肉:祭祀用的肉。蒸,又作"烝",冬祭。膏:肥肉。后帝:指天帝。不若:不以为是。若,顺。 ⑤浞(zhuó):寒浞,后羿之相,详见《离骚》"固乱流而鲜终兮,浞又贪夫厥家"注。纯狐:纯狐

氏之女,后羿的妻子。眩妻:惑乱的妻子。爰:于是。二句谓寒浞与惑乱的纯狐女私通,于是二人共谋杀害后羿。 ⑥射革:射能穿革,指善射。交:一起,合力。吞揆(kuí):算计以将其吞灭。 ⑦阻穷西征:指鲧经历困窘,克服险阻,艰难西行。越:越过。王逸《章句》:"言尧放鲧羽山,西行度越岑岩之险,因堕死也。" ⑧化为黄熊:指鲧死后化为黄熊,入于羽山之渊。活:使复活。 ⑨咸:皆。秬(jù)黍(shǔ):黑黍、黑小米。莆(pú)蕫(huán):水草,可用来编席。营:耕种。 ⑩何由并投:为何要将鲧放逐。并,通"屏",放弃。疾:罪责。修盈:长,满。此问:鲧曾教人民种黑黍,种莆蕫,为什么他却遭到放逐,遭受罪责如此之长,如此之多。

　　白蜺婴茀,胡为此堂①?安得夫良药,不能固臧②?天式从横,阳离爰死③。大鸟何鸣,夫焉丧厥体④?萍号起雨,何以兴之⑤?撰体协胁,鹿何膺之⑥?鳌戴山抃,何以安之⑦?释舟陵行,何以迁之⑧?惟浇在户,何求于嫂⑨?何少康逐犬,而颠陨厥首⑩?女岐缝裳,而馆同爰止⑪,何颠易厥首,而亲以逢殆⑫?

　　[注释]①白蜺:虹,赤白者为虹,青白者为蜺。婴茀(fú):云气萦绕貌。堂:厅堂。 ②安:为什么。固臧:好好地收藏,通"藏"。此所问之事为:崔文子学仙于王子侨,王子侨化为白蜺,缠绕于厅堂,并持药给崔文子,崔文子不知就里,大惊,持戈击中白蜺,白蜺还原成王子侨的尸体,药也泼到了地上。一说:白蜺为白色的霓裳,婴茀为首饰;事指嫦娥身着盛装,从后羿那里偷走不死之药,此事见《淮南子·览冥训》:"羿请不死之药于西王母,姮娥窃以奔月,怅然有丧,无以续之。" ③天式:天道,指自然变化之法则。从横:即纵横,指阴阳二气的消长。阳:指阳气。 ④大鸟:指王子乔变化而现身的鸟。王逸《章句》:"崔文子取王子侨之尸,置之室中,覆之以弊筐,须臾则化为大鸟而鸣,开而视之,翻飞而去,文子焉能亡子侨之身乎?" ⑤萍(píng):萍翳,雨师之名。号:呼叫。兴:起,即起雨。 ⑥撰体协胁:神话传说风伯飞廉鸟首鹿身,身体有骈生的肋骨,意即长有两个上半身。撰:聚集、具有。协胁:肋

骨骈生。膺:受,指与雨师相呼应。刘永济《通笺》:"此言飞廉体具鹿胁,何以能与风师相应而起也?" ⑦戴山:头顶着山。抃(biàn):拍手,鼓掌。安:使安稳。 ⑧释:放下。陵行:在陆地上行走。陵,大山。迁:移动。此问:巨鳌负山而行,山如船在水中。如果释水而陆行,巨鳌何以移动大山?《列子·汤问》:"五山之根无所连著,常随波上下往还,不得暂峙焉。仙圣毒之,诉之于帝。帝恐流于西极,失群圣之居,乃命禺强使巨鳌十五举首而戴之,迭为三番,六万岁一交焉。五山始峙。" ⑨浇(ào):相传是寒浞与后羿之妻所生的儿子。户:家门。王逸《章句》:"言浇无义,淫佚其嫂,往至其户,佯有所求,因与行淫乱也。" ⑩少康:夏后相的儿子,趁打猎之机,放犬咬死了浇,从而恢复了夏统。逐犬:使犬杀人。颠陨厥首:指砍下浇的脑袋。 ⑪女岐:即浇的嫂子。缝裳:指女岐为浇缝制衣裳。馆同:即"同馆",共宿。止:停留。⑫颠易厥首:杀错了头,指误把女岐当做浇而杀头。亲:亲身,指女岐。殆:危险。相传女岐以缝制衣裳为名,与浇共宿,少康派人夜袭,女岐于是遭遇厄运,被当做浇而误斩脑袋。

汤谋易旅,何以厚之①?覆舟斟寻,何道取之②?桀伐蒙山,何所得焉③?妺嬉何肆,汤何殛焉④?舜闵在家,父何以鱝⑤?尧不姚告,二女何亲⑥?厥萌在初,何所亿焉⑦!璜台十成,谁所极焉⑧?登立为帝,孰道尚之⑨?女娲有体,孰制匠之⑩?舜服厥弟,终然为害⑪。何肆犬体,而厥身不危败⑫?吴获迄古,南岳是止⑬。孰期去斯,得两男子⑭?缘鹄饰玉,后帝是飨⑮。何承谋夏桀,终以灭丧⑯?帝乃降观,下逢伊挚⑰。何条放致罚,而黎服大说⑱?

[注释]①汤:指商王成汤。一说为"康"之误,指少康。易旅:指治甲,制造衣甲。厚:使厚实。 ②覆舟斟寻:据《左传》哀公元年记载:夏后相失国,投靠斟灌、斟寻二国。浞使浇带兵灭斟灌、斟寻,杀死夏后相。夏后相的妻子

缗刚刚怀孕,她逃回娘家有仍国,生下少康。少康逃到有虞国,有田一成,有众一旅,后来在有虞国的帮助下,聚集二斟之众,攻灭了浇,恢复了夏朝。斟寻:夏的同姓诸侯国。覆舟:比喻亡国,指二斟被灭亡。何道取之:指少康采用什么办法灭浇复夏。道,方法。　③桀:夏桀,夏朝的最后一个君主。蒙山:国名。　④妺嬉:桀的元妃,伐蒙山所得;后遭桀抛弃,于是与商臣伊尹共谋灭掉了夏。肆:放纵。殄(jí):杀死。此四句意为:夏桀伐蒙山,得到妺嬉,妺嬉却与商臣伊尹共谋灭掉夏,桀又获得了什么呢!妺嬉有什么过错,商汤要将其杀掉?　⑤舜闵在家:指舜的忧虑在于没有成家。舜,姚姓,有虞氏,所以称虞舜。闵,忧虑。鳏(guān):即"鳏",这里作动词,指舜的父亲瞽叟不为舜娶亲,使其成年后久无妻室子嗣。　⑥尧不姚告:指尧没有告诉舜的父亲,就将女儿嫁给了舜。尧,陶唐氏,所以称唐尧。姚,指舜的父亲。二女何亲:尧没有先告知舜的父母,就将女儿嫁给舜。二女,指尧的两个女儿娥皇、女英。　⑦厥萌在初二句:意指事物在刚刚萌芽之时,贤者就可以预知发展。萌,萌芽。亿,原作"億",通"臆",揣测。　⑧璜(huáng)台十成:用玉石装饰的十层高台。成,层。极:至,看透。二句大意说:殷的贤臣箕子看到商纣王使用象牙筷子,箕子十分担忧,预知有象筷必有玉杯,有玉杯必盛熊掌豹胎,如此一来,必然日趋奢华。果然,后来纣王建造了十层高台,荒淫无度,最终亡国。　⑨登立为帝:指女娲登上帝位。立,通"位"。道:导引。尚:尊奉。　⑩女娲(wā):神话中的女帝,人首蛇身,一日七十变,是天地万物的创造者,曾炼石补天。有体:指女娲人首蛇身,一日七十变。二句问:女娲登上天帝之位,是谁的尊奉?一日七十变,其形体又是谁所创造?　⑪舜服厥弟:舜依从同父异母之弟象。终然为害:相传舜的弟弟象、父亲瞽叟以及继母一再谋害舜,都让舜逃脱了,但舜依然对他们以礼相待,态度和顺。　⑫肆犬体:指象放纵其犬豕之心。肆,恣意。厥身:指象。一说指舜。危败:危害。　⑬吴获迄古二句:相传吴国得以长期传世,始于西岐太伯、仲雍逃至南岳。吴,古代之吴国。获,得到。迄古,传世久远。南岳:吴地之衡山,亦称南岳。　⑭孰期去斯二句:谁会料到古公亶父的两个儿子离开西岐,吴也由此得到了两个男子汉?期,预料,期望。斯,指位于西岐的周。两男子:指古公亶父的长子太伯和次子仲雍。据《史记·吴太伯世家》记载:古公亶父病重,想立小儿子王季,以便将王位传给王季的儿子昌(即后来的周文王),他的大儿子太伯和次子仲雍以采药为名,主动出走,来到南岳,再也不回去了,并在当地人的拥护下,创立了吴国。 ⑮缘鹄饰玉:据载伊尹以玉鼎盛鹄汤进献给商汤,请他享用,并借此机会游说商汤图谋夏桀。商汤接受了伊尹的主张,并任用伊尹为相。缘,借助。鹄,指天鹅肉汤。饰玉,指以玉为饰的鼎。后帝,商王汤。飨,请人享用食物。 ⑯承谋夏桀二句:指伊尹接受了图谋夏桀的任务,最终消灭了夏桀。承,接受。谋,图谋。 ⑰帝乃降观:指商王汤下视民情。伊挚:即伊尹,伊尹名挚。 ⑱条:地名,鸣条,放逐夏桀的地方。一说是汤打败夏桀的地方。放:放逐,指商汤放逐夏桀。致罚:给予惩罚。黎服:百姓。服,"民"字之误,古"服"字与"民"形近。说(yuè):通"悦",高兴,指百姓从放逐夏桀的行为中看到商汤的仁德,所以高兴。

简狄在台,喾何宜①?玄鸟致贻,女何喜②?该秉季德,厥父是臧③。胡终弊于有扈,牧夫牛羊④?干协时舞,何以怀之⑤?平胁曼肤,何以肥之⑥?有扈牧竖,云何而逢⑦?击床先出,其命何从⑧?恒秉季德,焉得夫朴牛⑨?何往营班禄,不但还来⑩?昏微遵迹,有狄不宁⑪。何繁鸟萃棘,负子肆情⑫?眩弟并淫,危害厥兄⑬。何变化以作诈,后嗣而逢长⑭?

[注释]①简狄在台,喾何宜:简狄住在瑶台之上,帝喾何以认定她是合适的妃子?简狄,即《离骚》中的有娀氏佚女,住在瑶台之上,后来嫁给帝喾,生下商的祖先契。台,指瑶台,简狄和她的妹妹都住在此高台上。喾(kù),传说中的五帝之一,高辛氏。宜:合适。 ②玄鸟致贻,女何喜:传说燕子在瑶台上产下两枚卵,简狄吞下,遂怀孕,并生下商祖契。《诗经·商颂·玄鸟》:"天命玄鸟,降而生商。"玄鸟,燕子。致贻,赠送,这里指燕子产下两枚卵于瑶台。喜,一本作"嘉",指怀孕生子。 ③该秉季德:王亥秉受了父亲王季的德行。该,通"亥",即王亥,契的六世孙。季,王亥的父亲,名冥。厥父是臧:意

谓王亥以父亲为效法的榜样。臧,善。 ④弊夫有扈(hù):指王亥被有易人杀死一事。弊,通"毙"。一说"弊"通"庇",寄居。有扈,即有易,传说中的古国(或部落),与夏同姓。牧夫牛羊:指王亥在有易放牧牛羊。《山海经·大荒东经》:"王亥托于有易、河伯仆牛。有易杀王亥,取仆牛。"又郭璞注引《竹书纪年》:"殷王子亥宾于有易而淫焉,有易之君绵臣杀而放之,是故殷主甲微假师于河伯以伐有易,灭之,遂杀其君绵臣也。" ⑤干协时舞二句:意谓王亥持盾牌而舞,为什么就能使有易之女动心?干协:盾牌。时:是。刘永济《音注详解》:"古传王亥以歌舞诱有易之女。怀之,私之也。" ⑥平胁曼肤二句:形容有易氏之女仪态端庄,肌肤润泽细腻。肥:借为"妃",匹配。 ⑦逢:遇见,碰到,这里指王亥与有易之女相逢之事。 ⑧击床先出二句:指王亥与有易女会合之时,遭到有易人袭击,王亥被杀,而有易女逃出,其命运如何,不得而知。 ⑨恒秉季德:指王恒和王亥一样秉受了父亲王季的德行。恒,王恒,王亥之弟,和王亥一起寄居有易。得夫朴牛:指王亥死后,王恒得到了其所驯服的牛。朴牛,即驯牛,朴,通"服"。 ⑩营班禄:指王恒极力谋取爵位和俸禄。营,谋求。班禄,指爵位和俸禄。不但还来:但,疑作"得",此句意为:王恒没有能够回到故地并复国。 ⑪昏微遵迹二句:意谓王恒的儿子上甲微沿着父辈的道路来到有易,向有易人复仇,有易也就由此不得安宁之事。昏微,即上甲微,王恒的儿子,后继任殷侯,向河伯借兵,伐有易,杀其君绵臣。遵迹,遵循先人的足迹。有狄,即有易。 ⑫繁鸟萃棘:很多鸟聚集于荆棘丛中。萃,聚集。肆情,放纵。二句可能指上甲微淫乱之事。 ⑬眩弟并淫二句:意谓王恒和有易之女通奸,从而导致王亥丧命。眩弟,指王恒。眩,即王亥。 ⑭此句指王恒变化多端,善于欺诈,其后嗣却兴旺昌盛。逢长:指后嗣众多,人丁兴旺。

成汤东巡,有莘爰极①。何乞彼小臣,而吉妃是得②?水滨之木,得彼小子③。夫何恶之,媵有莘之妇④?汤出重泉,夫何罪尤⑤?不胜心伐帝,夫谁使挑之⑥?

[注释]①成汤:指商汤。有莘(shēn):古国名,在今河南境内。极:到

达。 ②乞彼小臣二句:商汤向有莘国索取伊尹,同时得到一个好妃子。据载,商汤向有莘国索取伊尹,有莘国不给。汤便聘娶有莘国君主的女儿,得到许可。结果,伊尹作为陪嫁送给了汤。小臣:指伊尹,伊尹为有莘氏的媵臣,故称小臣。《史记·殷本纪》:"伊尹名阿衡,阿衡欲干汤而无由,乃为有莘氏媵臣,负鼎俎,以滋味说汤,致于王道。"吉妃,吉善之妃。 ②水滨之木二句:关于伊尹出生,传说有莘国的采桑女在空桑之中拣到一个小孩,即伊尹。木,指空桑。小子,小孩,指伊尹。 ③媵有莘之妇:指伊尹成为有莘氏之女的陪嫁。媵,陪嫁的人或物。王逸《章句》:"伊尹母妊身,梦神女告之曰:'臼灶生蛙,亟去无顾。'居无几何,臼灶中生蛙,母去东走,顾视其邑,尽为大水,母因溺死,化为空桑之木。水干之后,有小儿啼水涯,人取养之。既长大,有殊才。有莘恶伊尹从木中出,因以送女也。" ⑤重泉:夏桀曾将商汤拘禁于夏台之重泉。皋尤:罪过。皋,古"罪"字。《史记·夏本纪》:"(夏桀)乃召汤而囚之夏台,已而释之。" ⑥不胜心:心中不能忍受。伐帝:指商汤伐桀。夫谁使挑之:是谁从中挑拨,使汤伐桀?其言外之意是:汤无罪而遭囚,忍无可忍而伐桀,哪里需要人来挑拨!

会鼌争盟,何践吾期①?苍鸟群飞,孰使萃之②?到击纣躬,叔旦不嘉③。何亲揆发足,周之命以咨嗟④?授殷天下,其位安施⑤?反成乃亡,其罪伊何⑥?争遣伐器,何以行之⑦?并驱击翼,何以将之⑧?

[注释]①会鼌(zhāo)争盟二句:指周武王伐纣时,各诸侯争相盟誓,按照与周约定的日期会盟。会鼌,会合于早晨。鼌,即"朝"。争盟:争相盟誓。践,履行。吾期,指周武王与各诸侯约定的会盟时间。 ②苍鸟群飞:比喻伐纣军队像群飞的苍鹰一样,数量众多,极其勇猛。苍鸟,苍鹰。萃:聚集。一说武王伐纣时的自然征兆。 ③到击纣躬二句:纣的军队倒戈,攻打纣本人,值此民心所向之时,周公旦却有占卜不祥之叹。到击,倒戈。到:通"倒",一本作"列"。纣躬,纣王本人。叔旦不嘉,指周公旦不赞成。刘永济《音注详解》:"武王伐纣,至河上,天大雷雨。周公进曰:'天不祐周矣,意者,吾君德

行未备,百姓疾怨,故天降灾,请还师。'太公曰:'不可。'武王与周公望纣阵,不进。太公问故。周公曰:'天时不顺,占筮不吉,故且待之,不可进也。'故有叔旦不嘉之问。" ④亲揆(kuí):亲自谋划。揆,揣测,谋划。发足:启程。周之命:指周灭殷之命已行天下。咨嗟:感叹或赞美,指周公旦对武王灭殷之功的感叹和赞美。 ⑤授殷天下二句:天帝将天下交给商王,是凭什么给予的?位,指天子之位。安,怎么,按照什么原则。施,给予。 ⑥反成乃亡二句:天帝让殷王朝建立起来,然后又因何罪让其灭亡。反,应作"及"。伊何,是什么。伊,助词,无义。 ⑦伐器:攻伐的兵器,泛指军队。何以行之:如何讨伐,以取得胜利。 ⑧并驱:并驾齐驱。击翼:攻打纣王军队的两翼。将:统帅。此问:各路兵马并驾齐驱,左右夹击纣王的军队,周武王如何统帅联军?

　　昭后成游,南土爰底①。厥利惟何,逢彼白雉②?穆王巧梅,夫何为周流③?环理天下,夫何索求④?妖夫曳衒,何号于市⑤?周幽谁诛,焉得夫褒姒⑥?天命反侧,何罚何佑⑦?齐桓九会,卒然身杀⑧。彼王纣之躬,孰使乱惑⑨?何恶辅弼,谗谄是服⑩?比干何逆,而抑沈之⑪?雷开阿顺,而赐封之⑫?何圣人之一德,卒其异方⑬?梅伯受醢,箕子详狂⑭。

　　[**注释**]①昭后成游:周昭王南巡楚地,溺于汉水。昭后,指周昭王。南土,指楚地。底,至。张守节《史记正义》引《帝王世纪》:"昭王德衰,南征,济于汉。船人恶之,以胶船进王。王御船至中流,胶液船解,王及祭公俱没于水中而崩。" ②逢彼白雉:周昭王亲自前去迎取越裳国(交阯之南)进献的白雉。逢,迎取。雉,野鸡。刘永济《音注详解》:"问周昭王南巡至楚,本相信楚献白雉之利,卒因此遇害。南巡不反,利果何在?" ③穆王:周穆王,名满,昭王的儿子。巧梅:善御。梅,通"牧"。周流:周游,周穆王喜欢驾马出游。 ④环理:周游。索求:追求。刘永济《音注详解》:"问周穆王善牧马,何以要周游天下。且他之周游,所求者为何?言其无益也。" ⑤妖夫曳衒(xuàn):

一对怪人夫妇,相互牵引兜售。衒,通"衒"。何号于市:在市场上叫卖什么。相传周幽王以前有童谣:"桑弧箕服,实亡周国。"后有一对夫妇在市场叫卖这两种东西,被当做妖怪。 ⑥褒姒(bāo sì):周幽王的王后,本是一个宫女的弃婴,被一对卖弓与箭袋的夫妇收养。这对夫妇带着弃婴逃到褒国。后来周幽王讨伐褒国,褒人把长大成人的弃女献给周幽王以赎罪。这个弃女就是褒姒。从此,周幽王不理朝政,终于亡于犬戎的入侵。 ⑦反侧:反复无常。罚:惩罚。佑:保护。 ⑧齐桓九会:齐桓公九次召集诸侯会盟。齐桓公,春秋五霸之一。卒然身杀:管仲曾劝齐桓公远离易牙、竖刁、堂巫、开方四个奸臣,齐桓公不听,终于酿成内乱,齐桓公被围困于一室,饥不得食,渴不得饮,自绝而死,直到11天后,其躯体腐败,蛆虫爬出室外,才为人所知。 ⑨王纣:指纣王。乱惑:昏乱迷惑。 ⑩何恶辅弼:为何厌恶正直的辅佐之臣。逸谄:爱说别人坏话的人、奉迎拍马的人。服:任用。 ⑪比干:纣的叔父,因忠言进谏触怒纣王,被剖心而死。逆:背叛。抑沉:迫害、压迫。 ⑫雷开:纣王的佞臣。阿顺:奉迎,顺从。赐:赏赐。封:封爵。 ⑬圣人:指忠正贤良之臣,即下文之梅伯、箕子。一德:同样品德纯一。异方:结果不一样。 ⑭梅伯受醢:梅伯被杀死后剁成肉酱。梅伯,纣王的诸侯,为人忠直,因多次劝谏,被纣王杀害。箕子详狂:箕子假装疯狂。详,通"佯",假装。箕子,纣王的叔父,封于箕,故称箕子。劝谏纣王,讨王不听,便散发装疯。

　　稷维元子,帝何竺之①?投之于冰上,鸟何燠之②?何冯弓挟矢,殊能将之③?既惊帝切激,何逢长之④?伯昌号衰,秉鞭作牧⑤。何令彻彼岐社,命有殷国⑥?迁藏就岐,何能依⑦?殷有惑妇,何所讥⑧?受赐兹醢,西伯上告⑨。何亲就上帝罚,殷之命以不救⑩?师望在肆,昌何识⑪?鼓刀扬声,后何喜⑫?武发杀殷,何所悒⑬?载尸集战,何所急⑭?

　　[注释]①稷(jì)维元子:后稷,帝喾与姜嫄所生,周的始祖,为嫡长子。

帝何竺之:问帝喾为何厌弃而毒害他。竺,通"毒",憎恶。 ②投之冰上二句:相传后稷为姜嫄在践踏巨人足印后怀孕而生,帝喾以为不祥,便将其弃置于冰上,飞鸟用羽翼将其覆盖,以免其冻死。帝喾感到很神奇,又将其抱回,并取名弃。燠(yù),温暖。 ③冯弓挟矢二句:意谓后稷仗弓持箭,有特异的才能,统帅各路军队。冯、挟,持。王逸《章句》:"后稷长大,持大强弓,挟箭矢,桀然有殊异,将相之才。" ④惊帝切激:指稷初生时使帝喾受惊,帝喾因而大怒。切激,激烈。何逢长之:问何以又能使他的子孙享国久长。 ⑤伯昌:周文王,姬姓,名昌,被商王封为雍州伯,故名伯昌,又称西伯。号衰:当殷朝衰败之时,开始号令于诸侯。号,发号施令。秉鞭作牧:喻周文王挥鞭执政,为诸侯之长。 ⑥彻彼岐社:意谓周文王消灭了商纣王,毁掉建于岐地的社庙,迁都于丰,建立起新的王朝。彻,毁掉。岐,地名,岐山。社,祭祀土地神的庙,立社是立国的象征。命有殷国:上天降命,令周朝取代殷商。 ⑦迁藏:周的祖先本来居于邠,常受戎人的袭扰,于是,古公亶父带着积蓄,率部族迁居岐山。藏,指财物。何能依:能凭什么而立国。 ⑧惑妇:使人惑乱的女人,指纣王的宠妃妲(dá)己。何所讥:还能有什么劝谏?讥,劝谏。这里将亶父与纣王对举而问,意在说明,一个得民心,一个失民心。 ⑨受赐兹醢:纣王将梅伯杀死,剁成肉酱,分赐各诸侯。上告:控告于上天。 ⑩何亲就上帝罚二句:问为什么纣王本人得到了上帝的惩罚,但殷朝灭亡的命运依然无法挽救。亲,指纣王。 ⑪师望:指吕望,即姜太公,师是官名,故名师望。在肆:据载吕望曾在肉铺里卖肉。昌何识:周文王何以便了解吕望其人。 ⑫鼓刀扬声后何喜:吕望操刀卖肉,交谈之后,文王为何欢喜。扬声,古代屠刀柄有铃可以发出声音。据王逸《章句》:"吕望鼓刀在列肆,文王亲往问之,吕望对曰:'下屠屠牛,上屠屠国。'文王喜,载与俱归也。" ⑬武发:周武王姬发。殷:指纣王。恛:恨。 ⑭载尸集战:据载周武王曾经用车载着文王的神牌,以讨伐商纣王。集战,会战。《史记·周本纪》:"九年,武王上祭于毕。东观兵,至盟津。为文王木主,载以车,中军。武王自称太子发,言奉文王以伐,不敢自专。"

伯林雉经,维其何故①?何感天抑地,夫谁畏惧②?

皇天集命,惟何戒之③?受礼天下,又使至代之④?初汤臣挚,后兹承辅⑤。何卒官汤,尊食宗绪⑥?勋阖梦生,少离散亡⑦。何壮武厉,能流厥严⑧?彭铿斟雉,帝何飨⑨?受寿永多,夫何久长⑩?中央共牧,后何怒⑪?蜂蛾微命,力何固⑫?惊女采薇,鹿何祐⑬?北至回水,萃何喜⑭?兄有噬犬,弟何欲⑮?易之以百两,卒无禄⑯。

[注释]①伯林:指晋献公太子申生。晋献公宠爱骊姬,骊姬想立自己生的儿子奚齐为太子,便谗诬告申生谋害晋献公。晋献公听信谗言,逼迫申生自缢而死。一说伯林指商纣王,周武王伐商,纣王自缢而死。雉经:自缢。②感天抑地:感动天地。抑,助词,无义。 ③集命:降下天命。戒:告诫那些受天命的国君。 ④受礼天下:受天命而有天下。代:代替。此问:皇天降命,使某姓拥有天下之时,是如何告诫那些受命者的?于其拥有天下之时,为何又安排他姓取而代之?刘永济《音注详解》:"总问三代兴亡无常,此亡彼代,有国者当引为戒惧。" ⑤初汤臣挚:意谓伊尹初始本为媵臣,后来又担任过夏桀的辅佐大臣。挚,即伊尹。 ⑥何卒官汤:最终以伊尹为汤相。尊食宗绪:指伊尹死后配享于商的祖庙,和商的祖先一起受人供奉祭祀。宗绪,宗族,这里指商的祖先。 ⑦勋阖:指吴王阖闾,有武功,曾为霸主,所以称勋阖。梦:寿梦,阖闾的祖父。生:通"姓",子孙。少离散亡:少时遭遇散离流亡。 ⑧何壮武厉:多么勇猛。能流厥严:问阖闾何以能继承保持勇武的精神。严,应作"庄",避汉明帝讳改。胜敌志强曰勇,好勇致力曰庄。刘永济《音注详解》:"问吴王阖闾少遭放在外,不得立,其后何能有威名,为一时霸主。" ⑨彭铿:即彭祖,姓篯名铿,传说他活到了八百岁,善于烹调。斟雉:调和野鸡汤。斟,以勺子舀取,这里指烹调。帝:指尧。飨:享用。 ⑩受寿永多:即享年很多,寿命很长。 ⑪中央共牧:周厉王行暴政,国人奋起反抗,厉王逃至彘地,周公、召公共同执政,名曰共和,即共牧。后:指周厉王。 ⑫蜂蛾:蜜蜂、蚂蚁之类,比喻百姓、民众。蛾,古"蚁"字。微命:小生命。力何固:指民众团结起来,反抗暴政,力量极其强大。 ⑬惊女采薇:伯夷、叔齐,孤竹君之二子。叔齐让位伯夷,伯夷逃走,叔齐也不肯为国君,也逃走。伯夷出逃

途中,正遇上周武王伐殷,他极力劝阻,认为此是不仁之举。周灭殷后,伯夷和叔齐隐居首阳山,不食周粟,采薇而食。一日,二人遭遇一采薇女,该女子说:"你们义不食周粟,此也是周之草木啊。"二人便连薇也不食。惊女,意即警于采薇女之言。鹿何祐:相传伯夷、叔齐绝食后,曾有白鹿前来以乳供养二人。祐,一本作"佑",保佑。 ⑭北至回水:伯夷、叔齐北行来到位于黄河之曲的首阳山。回水,黄河之曲。萃:相聚,指伯夷和叔齐相继出逃,后来相会于河曲,一起来到首阳山。 ⑮兄有噬犬:春秋时秦景公有猛犬能咬死人,秦景公的弟弟鍼(qián)欲以一百辆车交换秦景公的猛犬,秦景公不同意,而且剥夺了他的爵位和俸禄。 ⑯易:交换。百两:一说百两金,一说百辆车。禄:俸禄。

薄暮雷电,归何忧?厥严不奉,帝何求①?伏匿穴处,爰何云②?荆勋作师,夫何长③?悟过改更,我又何言④?吴光争国,久余是胜⑤。何环穿自闾社丘陵,爰出子文⑥?吾告堵敖以不长⑦。何试上自予,忠名弥彰⑧?

[注释]①厥严不奉:指楚国的威严不能保持。帝何求:何求于帝。意谓楚国的威严早已不再,对天帝我又何求?这是屈原的自我宽解之词。 ②伏匿穴处:隐藏于山洞之中。爰何云:处于此情此景,有什么话好说。 ③荆勋作师:一说楚国当年振兴军队,追求功业,怎样成为诸侯之长?一说楚王贪求武功,一再兴兵,国家何能久长? ④意谓如果楚王能够痛改过错,改弦更张,我还说什么? ⑤吴光:吴公子光,即阖闾。争国:指吴、楚之间的争战。久余是胜:常常战胜我们。余,我,指楚国。 ⑥环:环绕。穿:穿过。闾社:指村庄。闾,古代25家为1闾。子文:楚令尹,楚成王的贤相,相传他是其母鄅国之女与楚宗室斗伯比的私生子。一本作"何环穿闾社,以及丘陵,是淫是荡,爰出子文?"此问:为什么鄅国之女与斗伯比环绕村庄,穿越丘陵,肆意淫乱,却能生出贤相子文? ⑦堵敖:楚文王的儿子,继文王之位,后来被其弟熊恽杀死。王逸《章句》:"屈原放时,语堵敖曰:'楚国将衰,不复能久长也。'" ⑧试上自予:楚成王熊恽杀死堵敖,自立为君。试,通"弑"。忠名弥彰:史载楚成王布德施惠,进贡周天子,博得了忠直的好名誉。

九　章

惜　诵①

惜诵以致愍兮,发愤以抒情②。所非忠而言之兮,指苍天以为正③。令五帝以折中兮,戒六神与向服④。俾山川以备御兮,命咎繇使听直⑤。

竭忠诚以事君兮,反离群而赘肬⑥。忘儇媚以背众兮,待明君其知之⑦。言与行其可迹兮,情与貌其不变⑧。故相臣莫若君兮,所以证之不远⑨。吾谊先君而后身兮,羌众人之所仇也⑩。专惟君而无他兮,又众兆之所雠也⑪。壹心而不豫兮,羌不可保也⑫。疾亲君而无他兮,有招祸之道也⑬。

思君其莫我忠兮,忽忘身之贱贫⑭。事君而不贰兮,迷不知宠之门⑮。忠何罪以遇罚兮,亦非余心之所志⑯。行不群以巅越兮,又众兆之所咍⑰。纷逢尤以离谤兮,謇不可释⑱。情沉抑而不达兮,又蔽而莫之白也⑲。心郁邑余侘傺兮,又莫察余之中情⑳。固烦言不可结诒兮,愿陈志而无路㉑。退静默而莫余知兮,进号呼又莫吾闻㉒。申佗傺之烦惑兮,中闷瞀之忳忳㉓。

　　昔余梦登天兮,魂中道而无杭㉔。吾使厉神占之兮,曰"有志极而无旁㉕"。"终危独以离异兮"?㉖曰"君可思而不可恃㉗。故众口其铄金兮,初若是而逢殆㉘。惩于羹者而吹齑兮,何不变此志也㉙?欲释阶而登天兮,犹有曩之态也㉚。众骇遽以离心兮,又何以为此伴也㉛?同极而异路兮,又何以为此援也㉜?晋申生之孝子兮,父信谗而不好㉝。行婞直而不豫兮,鲧功用而不就㉞。"

　　吾闻作忠以造怨兮,忽谓之过言㉟。九折臂而成医兮,吾至今而知其信然㊱。矰弋机而在上兮,罻罗张而在下㊲。设张辟以娱君兮,愿侧身而无所㊳。欲儃佪以干傺兮,恐重患而离尤㊴。欲高飞而远集兮,君罔谓汝何之㊵?欲横奔而失路兮,坚志而不忍㊶。背膺牉以交痛兮,心郁结而纡轸㊷。梼木兰以矫蕙兮,䕞申椒以为粮㊸。播江离与滋菊兮,愿春日以为糗芳㊹。恐情质之不信兮,故重著以自明㊺。矫兹媚以私处兮,愿曾思而远身㊻。

[**注释**]①此篇名取自首二字,大约作于楚怀王时由于进谏而被疏之际。惜诵:痛惜抒情之诗。惜,痛惜。诵,文体名,屈原自称其作品曰诵。　②致愍(mǐn):表达内心的忧苦。愍,忧伤,病痛。发愤:发泄愤懑。　③所非忠:如果不是出于忠诚。"非"一本为"作"。正,通"证"。这是诗人的自誓之词,意谓我所说的话如果不是出自一片忠诚,苍天可以作证。　④五帝:五方之神,即东方太暤,南方炎帝,西方少昊,北方颛顼,中央黄帝。折中:作出公正的判断。戒:告诫。六神:日、月、星、水旱、四时、寒暑。一说上下四方之神。向服:就事理进行对质。服,治事。　⑤俾(bǐ):使。备御:犹言陪审。咎繇:即皋陶。参见《离骚》"汤禹严而求合兮,挚咎繇而能调"注。听直:犹言断案,听取曲直。　⑥离群:遭到众人的排斥。赘肬(yóu):本指肉瘤,这里指

累赘。　⑦忘:无,没有,通"亡"。儇(xuān)媚:轻佻,谄媚。背众:违背众人。朱熹《集注》:"言尽忠以事君,反为不尽忠者所摈弃,视之如肉外之余肉,然吾宁忘儇媚之态,以与众违,其所恃者,独待明君知之耳。"　⑧迹:足印,引申为考察。情与貌其不变:意谓内外如一,言行一致,有迹可寻。　⑨相臣:考察臣子。所以证之不远:证验的方法不需远求。所以,以其,用来。　⑩谊:同"义",合理的行为,这里作动词,意为认为合理。仇:仇视。　⑪专惟君:一心一意为君着想。惟,一本作"思"。众兆:众人。兆,百万为兆。雠:对立,怨恨。　⑫壹心:心志专一,一心一意。不豫:坚定而不犹豫。保:保全。　⑬疾:极力。刘永济《音注详解》:"我力求亲近君而不顾其他,又反足以招祸。"　⑭莫我忠:没有谁像我如此忠诚的人。忠,一本作"知"。忽:忽略。　⑮不贰:没有二心,专心。迷不知宠之门:对于取得君王的宠幸,茫然无所知。意谓从未考虑博取君王的宠幸。一说君王不以我为忠诚。　⑯志:通"知",了解,意料。刘永济《音注详解》:"言我因尽忠而遇罚,本不在我意中。"　⑰不群:不能见容于众小人。巅越:坠落,跌倒。咍(hāi):讥笑。　⑱纷逢尤:多次遭受罪责。离谤:遭到毁谤。謇:楚方言,句首语气词。释:排遣。　⑲沈抑:深受压抑。达:通畅。蔽而莫之白:被障蔽而无法表达,不能自我辩白。　⑳郁邑:忧思郁结。佗傺(chà chì):惆怅失意貌。中情:内心的忧苦之情。　㉑烦言不可结诒(yí):意即太多的话无法表达出来。结诒:结言而致意。诒,通"贻",赠言。陈志:陈述自己的心志。　㉒莫吾闻:没有人听我说。　㉓申佗傺之烦惑:形容内心烦闷,经常处在困惑中。闷瞀(mào)之忳忳(tún):忧伤烦闷貌。　㉔杭:通"航",这里指渡船。洪兴祖《补注》转引许慎:"方,两小船,并与共济为航。"　㉕厉神:指主占卜的巫祝。占:占卜。志极:高远的目标。无旁:无人辅佐。"有志极而无旁"是厉神占卜所得的卜辞。　㉖危独:危险,孤独。离异:指被阻隔,不能亲近君王。"终危独"句是诗人的询问。　㉗不可恃:不可倚赖君恩。蒋骥《山带阁注楚辞》:"不可专恃君恩而忘众患也。"从"君可思而不可恃"至"鲧功用而不就",是厉神对卜辞的解释。　㉘众口铄(shuò)金:众口所毁,足以将金属熔化,极言谗言之可畏。铄,熔化。初若是:以前就是这样。逢殆:遭遇危险。　㉙惩于羹者而吹齑(jī):意即曾被热汤烫过的人,因为心存戒惧,吃冷菜也要吹一吹气。惩,惩戒，戒惧。羹，热汤。韲，细切的凉菜。 ㉚释阶登天：意即不用他人援引，自己取得君王的信任。释，放弃。曩（nǎng）之态：指从前那种专心思君，释阶登天的态度。曩，以往。 ㉛骇遽（jù）：惊慌。离心：心志离异而不相合。伴：同伴。 ㉜同极异路：意思是与众人同事一君，而所走的道路不同。援：援引。一说"伴援"为叠韵词，意为攀缘。 ㉝申生：晋献公的太子，晋献公听信宠妃骊姬的谗言，逼其自缢。参见《天问》"伯林雉经，维其何故"注。 ㉞行婞（xìng）直而不豫：行为耿直而不巧诈。 ㉟造怨：导致怨恨。忽：忽略。过言：过分的言论。 ㊱九折臂而成医：多次折断手臂的人往往逐渐懂得医道。《左传》定公十三年："三折肱知为良医。" ㊲矰（zēng）弋（yì）：射鸟的箭，上带有丝绳。机：发射矰弋的机关，这里作动词。罻（wèi）罗：捕鸟的网。 ㊳设张辟：设置罗网与机关。张，一种似弧的弓。辟，通"繴"，捕鸟的覆车。娱君：逗君王开心。侧身：置身。"侧"通"厕"。二句意谓众小人构陷正直之臣，以娱悦君王，正直之臣没有藏身处。 ㊴儃佪（chán huái）：徘徊，楚地方言。干傺：寻求机会。傺，当做"际"，际遇，指君臣相合。重（chóng）患而离尤：再次遇到祸患，遭受罪责。离，同"罹"，遭受。 ㊵远集：远走高飞。君：指楚王。罔：得无，疑问词。刘永济《音注详解》："我想高飞远走，则君不免疑我将何往。" ㊷横奔失路：不择正道而行，意即变节从俗。坚志而不忍：志向坚定而不忍心改变，不愿顺从世俗。 ㊷背膺牉（pàn）以交痛：背部和胸部。好像撕裂般的疼痛。纡轸（yū zhěn）：委屈悲痛。 ㊸梼、矫、糳（zuò）：捣碎，舂细。木兰、蕙、申椒：均为香木香草之名。 ㊹播：播种。糗（qiǔ）粮：干粮。 ㊺情质：中情与本质。信：通"伸"，表白。重（chóng）著：一再申说。 ㊻矫兹媚：标举高格，保有如此美德。媚，美好。私处：独处。曾思：反复思考。远身：隐身远去，隐逸。

涉 江[①]

余幼好此奇服兮，年既老而不衰[②]。带长铗之陆离兮，冠切云之崔嵬[③]。被明月兮佩宝璐[④]。世溷浊而莫余知兮,吾方高驰而不顾。驾青虬兮骖白螭,吾与重华游兮瑶之圃⑤。登昆仑兮食玉英,与天地兮同寿,与日月兮同光⑥。哀南夷之莫吾知兮,旦余济乎江湘⑦。

乘鄂渚而反顾兮,欸秋冬之绪风⑧。步余马兮山皋,邸余车兮方林⑨。乘舲船余上沅兮,齐吴榜以击汰⑩。船容与而不进兮,淹回水而疑滞⑪。朝发枉渚兮,夕宿辰阳⑫。苟余心其端直兮,虽僻远之何伤!

入溆浦余儃佪兮,迷不知吾所如⑬。深林杳以冥冥兮,猿狖之所居。山峻高以蔽日兮,下幽晦以多雨。霰雪纷其无垠兮,云霏霏而承宇⑭。哀吾生之无乐兮,幽独处乎山中。吾不能变心而从俗兮,固将愁苦而终穷⑮。

接舆髡首兮,桑扈裸行⑯。忠不必用兮,贤不必以⑰。伍子逢殃兮,比干菹醢⑱。与前世而皆然兮,吾又何怨乎今之人⑲!余将董道而不豫兮,固将重昏而终身⑳!

乱曰:鸾鸟凤皇,日以远兮。燕雀乌鹊,巢堂坛兮㉑。露申辛夷,死林薄兮㉒。腥臊并御,芳不得薄兮㉓。阴阳易位,时不当兮㉔。怀信侘傺,忽乎吾将行兮㉕!

[**注释**]①《涉江》是屈原被流放初早期的作品,大约创作于顷襄王初年。江,指长江。诗中描述的流放路线是从鄂渚至洞庭,经沅水,宿辰阳,最后到达溆浦的丛山之中。诗中倾诉的感情愤激而又昂扬,传达的意志慷慨而又坚毅,表现了诗人渡江南行时坚守正道、义无反顾、决不屈服的精神气概。②奇服:指下文之头戴高冠、身佩长剑,具有楚地民族特色的服饰。《离骚》中说"高余冠之岌岌兮,长余佩之陆离",与此意同。刘向《说苑·善说》中以"荆为长剑危冠"、"越文身剪发"、"西戎左衽而垂结"并列,可证。 ③长铗(jiá):长剑名。陆离:佩剑长貌。切云:当时冠之名,意谓高可摩天,直接青云。一说指冠以云为饰。崔嵬:高耸貌。 ④明月:指夜光珠,晶莹皎洁,宛

如明月,故称。宝璐(lù):美玉。 ⑤重华:帝舜。瑶之圃:玉树之园圃,此指昆仑神山上的玄圃(县圃、悬圃)。《离骚》中说"朝发轫于苍梧兮,夕余至乎县圃",即此地。 ⑥玉英:玉之精华。一说玉树的花。蒋骥《山带阁注楚辞》:"玉英,玉苗也,仙家采为服食。" ⑦南夷:南方蛮夷,指沅、湘之地的少数民族、土著居民。 ⑧乘:登也。鄂渚:地名,位于今武昌长江边。欸(āi):叹息。绪风:指残余的寒风。一说疑即大风、冲风。 ⑨邸余车:将我的车停下来。邸:停止,通"抵"。方林:成片的树林。与"山皋"相对,同为泛指。 ⑩舲(líng)船:有窗的船。上沅:沿沅水溯流而上。吴榜:吴地制造的船桨。一说大桨,吴即大的意思。汰:水之波纹。 ⑪容与:双声联绵词,形容船行进速度缓慢,徘徊不前。淹:停滞、滞留。回水:回旋的水流,漩涡。疑滞:滞留原处,难以前行。疑,通"凝"。 ⑫枉渚:地名,在今常德市附近。据载,武陵郡东17里,有枉山,山西有溪,溪口有小湾,时人号曰枉渚。辰阳:地名,在辰水之阳,汉代置县,故址在今湖南辰溪县西。 ⑬溆浦:地名,在溆水之滨,今湖南有溆浦县。迷:心情迷惘、恍惚。一说迷路。所如:所往,将去何方。 ⑭霰(xiàn)雪纷其无垠:形容雪粒、雪珠纷纷然落下,无边无际。霏霏:云雾飞动、一片迷茫貌。承宇:与天宇相连接。 ⑮固:通"故"。终穷:终身不得志、穷困潦倒。 ⑯接舆:春秋时楚地的隐士,佯狂避世,曾迎孔子之车而歌,故称接舆。见《论语·微子》。髡(kūn)首:剃去头发,古代是一种刑罚。桑扈:春秋时代的隐士。一说即《庄子·大宗师》中的"子桑户"。《说苑·修文》载"孔子见子桑伯子,子桑伯子不衣冠而处",当即此人。裸行:裸体而行,是一种佯狂任诞的行为。 ⑰以:任用。一说疑作"昌",古体形近而讹。 ⑱伍子:指春秋时吴大夫伍员,字子胥,功勋卓著,忠而受谗,被吴王夫差杀害。一说指伍奢,因谏楚平王受谗被杀。比干:见《天问》"比干何逆,而抑沈之"注。菹醢:把人杀死后,剁成肉酱。参见《离骚》"后辛之菹醢"注。 ⑲与:通"举",整个、总。刘永济《通笺》:"'与'当读为'举'。举,总也……此言总举前世接舆、桑扈、比干、伍子诸人皆如是。" ⑳董道:坚守正道。董,正。一说固守、坚持。豫:犹豫。重昏:多次处于昏暗境地。 ㉑巢堂坛:在殿堂、祭坛上筑巢。王逸《章句》:"言楚王愚暗,不亲仁贤,而近谗佞也。" ㉒露申:香草名,一说为瑞香花。一说即申椒,状若繁露,故名。林薄:丛生的树木与草类。薄,草木交错、丛草。　㉓腥臊:恶劣难闻的气味,喻指谗佞之辈。并御:同时进用。芳:露申、辛夷之类的香花香木。薄:接近、靠近。㉔阴阳:喻指忠奸、正邪。易位:小人在朝,君子在野,是非颠倒。　㉕怀信:忠于祖国,信守不渝。忽:恍惚、迷茫。将行:将远行而赴贬所。

哀　　郢①

　　皇天之不纯命兮,何百姓之震愆②?民离散而相失兮,方仲春而东迁③。去故乡而就远兮,遵江夏以流亡④。出国门而轸怀兮,甲之鼌吾以行⑤。发郢都而去闾兮,荒忽其焉极⑥?楫齐扬以容与兮,哀见君而不再得⑦。望长楸而太息兮,涕淫淫其若霰⑧。过夏首而西浮兮,顾龙门而不见⑨。心婵媛而伤怀兮,眇不知其所蹠⑩。顺风波以从流兮,焉洋洋而为客⑪。凌阳侯之氾滥兮,忽翱翔之焉薄⑫?心絓结而不解兮,思蹇产而不释⑬。将运舟而下浮兮,上洞庭而下江⑭。去终古之所居兮,今逍遥而来东⑮。

　　羌灵魂之欲归兮,何须臾而忘反!背夏浦而西思兮,哀故都之日远⑯。登大坟以远望兮,聊以舒吾忧心⑰。哀州土之平乐兮,悲江介之遗风⑱。当陵阳之焉至兮,淼南渡之焉如⑲?曾不知夏之为丘兮,孰两东门之可芜⑳?心不怡之长久兮,忧与愁其相接。惟郢路之辽远兮,江与夏之不可涉。忽若不信兮,至今九年而不复㉑。惨郁郁而不通兮,蹇侘傺而含戚㉒。

　　外承欢之汋约兮,谌荏弱而难持㉓。忠湛湛而愿进兮,妒被离而鄣之㉔。尧舜之抗行兮,瞭杳杳而薄天㉕。众谗人之嫉妒兮,被以不慈之伪名㉖。憎愠惀之修美兮,好夫人之忼慨㉗。众踥蹀而日进兮,美超远而逾迈㉘。

　　乱曰:曼余目以流观兮,冀壹反之何时㉙。鸟飞反故乡兮,狐死必首丘㉚。信非吾罪而弃逐兮,何日夜而忘之!

[注释]①本篇的写作时间学术界见解不一,或以为在楚顷襄王即位初年,或以为在楚顷襄王中后期。从内容看,它应该是屈原被贬放多年后的作品。诗中描写到郢都破灭、百姓流离失所的悲惨情景,抒发了对于郢都人民遭受祸乱的深重忧思,寄托了自己无罪被贬、不能返归故国的哀伤。　②皇天:指天帝、上天。皇,颂美之辞。不纯命:天命无常之意。纯,常,始终如一。百姓:指居住在国都中的人民。一说指百官。震愆(qiān):惊恐不宁,流离失所。愆,流散失所。　③东迁:向东迁徙。楚顷襄王元年,秦大举攻楚,占领武关东南楚地16城,百姓离散流亡,以躲避战乱。一说指秦兵破郢,楚顷襄王东迁于陈。　④遵:沿着、顺着。江夏:指长江和夏水,夏水是长江支流,后汇入汉水。　⑤国门:楚国都城门。轸怀:心情沉痛。轸,悲痛。甲之鼌:甲日的清晨。古代以天干地支纪年,甲居天干之首。　⑥郢都:今湖北江陵纪南城,为春秋楚郢都故址。楚文王自丹阳迁都至此,楚顷襄王时自郢都迁都至陈,楚考烈王自陈迁都至寿春,但皆名郢。闾:里巷的门。荒忽:恍惚,心神不宁貌。一说远望不明貌。焉极:何处是尽头。一本"荒"前有"怊"字。　⑦楫:船桨。齐扬:一起划桨摇船。容与:船行进缓慢、徘徊不前之貌。　⑧长楸(qiū):高大的梓树,指故国、故园的乔木。楸,槐树之属,一种良木。淫淫:流泪貌。　⑨夏首:夏水口,故又称夏口,故址在今江陵县东南方,离郢都很近。雨季夏水上涨,在此溢入长江。一说夏首指夏水入江之口,位于今汉口。西浮:长江有弯曲之处,先须西向,然后才能顺江而东下。龙门:郢都的东城门。屈原离开郢都时,正由此门而出。　⑩眇:渺然,遥远迷茫之景象。所蹠(zhí):指托身之地。蹠,践踏。　⑪焉:何处、哪里。洋洋:顺水漂泊、无所归依之貌。王逸《章句》:"言己忧不知所践,则听船顺风,遂洋洋远客,而无所归也。"　⑫凌:凌驾、乘着。阳侯:传说是古代的诸侯,溺死于水,成为水神,能兴起大波浪。氾滥:形容水面开阔、波浪起伏貌。氾,"泛"的异体字。忽翱翔:形容小船在波浪上颠簸飘荡,有如鸟儿在空中翻飞。焉薄:停

泊何处。薄,迫近,指靠岸。 ⑬絓(guà)结:联绵词,郁结难解。蹇(jiǎn)产:联绵词,屈曲不舒貌。不释:难以排遣。 ⑭上洞庭:由江入湖,故曰"上"。一说上下指左右。蒋骥《山带阁注楚辞》:"洞庭入江之口,在今岳州巴陵县……今自荆达岳,东向而行,洞庭在其南,故以洞庭为上而江为下也。" ⑮去:离开。终古之所居:自从祖辈开辟,世世代代居住之地,指郢都。 ⑯背:离开。夏浦:夏水之滨。西思:思念西方的故乡。 ⑰大坟:江边的堤岸、高丘之地。一说:坟,指水中的高地。 ⑱江介:指长江两岸的地区。一说:指江间。遗风:指楚地之风俗。 ⑲陵阳:地名,汉丹阳郡有陵阳县,蒋骥《山带阁注楚辞》认为即屈子东迁之地。一说即上文之"阳侯",指大的波涛。又一说飞扬,凌空飞去。"陵",一本作"凌"。焉至:不知去向何方。 ⑳曾:尚,犹。夏之为丘:宫殿楼台变为废墟。夏,通"厦"。一说夏,指江夏、汉水一带。丘,丘陵。孰:何。两东门:郢都东关的两座城门,代指楚国的都城。 ㉑忽:迅速,忽然。一说恍惚之间。不信:形容时间过得快,仿佛才一两天。古称一宿曰宿、再宿曰信。一说令人不相信,或不被信任。九年:形容时间漫长。一说作者写作《哀郢》时,已经遭贬逐达九年。一说"九年"为约数,不是确指。 ㉒蹇侘傺:艰难困顿、失意惆怅貌。戚:忧伤。 ㉓承欢:博得君王的欢心。汋(zhuó)约:柔媚貌。谌(chén):实际上。荏(rěn)弱:软弱。难持:不可依靠。持,同"恃"。 ㉔忠湛湛而愿进:正直之臣忠诚敦厚,愿意为国效力。湛湛,深沉、厚重貌。被离:混淆错杂貌。被,通"披"。鄣:遮蔽,通"障"。 ㉕抗行(xíng):德行高尚。瞭杳杳:目光高远。一本作"杳冥冥"。薄天:上接云天,形容尧舜的道德节操高尚。 ㉖不慈之伪名:诬以不慈之类的恶名。尧之子丹朱乖戾不道,尧将他处死。舜之弟象不贤,舜将其流放;又,舜曾放逐其父瞽叟。故《庄子·盗跖》有"尧不慈,舜不孝"和"尧杀长子,舜流母弟"之说。 ㉗愠惀(wěn lǔn):联绵词,即纷纭,指品格忠诚而节操修美的人。夫人:那些人,指佞人、党人。忼慨:此指表面积极勇敢貌。 ㉘众踥蹀(qiè dié)而日进:形容结党营私的逸佞之辈奔走钻营,地位一天天上升。踥蹀,小步行进貌。美超远而逾迈:忠直之臣被排挤,愈来愈疏远。 ㉙曼余目:放眼望去。流观:向四方张望。冀:希望。壹反:返回故乡一次。 ㉚狐死必首丘:传说狐狸临死时,头必朝向其出生的山丘。丘,指狐的窟穴所在。《礼记·檀弓上》:"古之人有言曰:狐死正丘首,仁也。"

抽　　思①

　　心郁郁之忧思兮,独永叹乎增伤②。思蹇产之不释兮,曼遭夜之方长③。悲秋风之动容兮,何回极之浮浮④!数惟荪之多怒兮,伤余心之忧忧⑤。愿摇起而横奔兮,览民尤以自镇⑥。结微情以陈辞兮,矫以遗夫美人⑦。昔君与我诚言兮,曰"黄昏以为期"⑧。羌中道而回畔兮,反既有此他志⑨。憍吾以其美好兮,览余以其修姱⑩。与余言而不信兮,盖为余而造怒⑪。

　　愿承间而自察兮,心震悼而不敢⑫。悲夷犹而冀进兮,心怛伤之憺憺⑬。兹历情以陈辞兮,荪详聋而不闻⑭。固切人之不媚兮,众果以我为患⑮。初吾所陈之耿著兮,岂至今其庸亡⑯?何毒药之謇謇兮?愿荪美之可光⑰。望三五以为像兮,指彭咸以为仪⑱。夫何极而不至兮,故远闻而难亏⑲。善不由外来兮,名不可以虚作⑳。孰无施而有报兮,孰不实而有获㉑?

　　少歌曰㉒:与美人抽怨兮,并日夜而无正㉓。憍吾以其美好兮,敖朕辞而不听㉔。

　　倡曰㉕:有鸟自南兮,来集汉北㉖。好姱佳丽兮,牉独处此异域㉗。既惸独而不群兮,又无良媒在其侧㉘。道卓远而日忘兮,愿自申而不得㉙。望北山而流涕兮,临流水而太息㉚。望孟夏之短夜兮,何晦明之若岁㉛!惟郢路之辽远兮,魂一夕而九逝㉜。曾不知路之曲直兮,南指月与列星㉝。愿径逝而不得兮,魂识路之营营㉞。何灵魂之信直兮,人之心不与吾心同㉟!理弱而媒不通兮,尚不知余之从容㊱。

乱曰:长濑湍流,泝江潭兮㊲。狂顾南行,聊以娱心兮㊳。轸石崴嵬,蹇吾愿兮㊴。超回志度,行隐进兮㊵。低徊夷犹,宿北姑兮㊶。烦冤瞀容,实沛徂兮㊷。愁叹苦神,灵遥思兮㊸。路远处幽,又无行媒兮。道思作颂,聊以自救兮㊹。忧心不遂,斯言谁告兮㊺!

[注释]①此篇是楚怀王时,诗人流放汉北时所作。篇中抒发了多次忠言进谏屡遭拒绝的沉痛心情,和身处汉北对郢都的深沉思念。抽思:将蕴藏在内心的愁绪像丝一样抽绎出来。王夫之《通释》:"抽,绎也。思,情也。" ②永叹:长叹。增伤:加倍的忧伤。 ③蹇产:指思绪曲折,难以排遣。曼:漫长,同"曼曼"。 ④动容:指秋风起而草木变色。回极之浮浮:形容回旋、飘浮不定之貌。 ⑤数(shuò)惟荪之多怒:经常想到楚王对我多次发怒的情景。荪,香草,比喻楚王。忧忧:忧愁痛苦貌。 ⑥摇起而横奔:急起乱跑,不择正道而行。览民尤以自镇:意谓看到人民遭受的痛苦,又迫使自己镇定下来。 ⑦结微情:意谓将一己之私情结撰为辞章。微情,下情、私衷。矫:举起。美人:指楚王。 ⑧诚言:即"成言",约定的话。 ⑨回畔:转变。他志:另有打算。 ⑩憍:通"骄"。览余以其修姱:意谓在我面前炫耀他的美好。此二句意谓楚王骄矜得意,自以为是。 ⑪不信:不忠诚于诺言。盖:通"盍",为什么。造怒:找碴儿发怒。 ⑫承间而自察:寻找机会,以向楚王表白自己。震悼:恐惧。 ⑬冀进:希望靠近楚王。冀,希望。怛(dá)伤:悲伤,痛苦。憺憺(dàn):忧惧不宁貌。 ⑭兹:此。历情:列举一片衷情。详:通"佯"。 ⑮切人:切直之人。不媚:不会谄媚。 ⑯初吾所陈之耿著:意谓当初我所陈述的话明明白白。庸:竟然。亡(wàng):通"忘",忘记。 ⑰"何毒药之謇謇兮",一本作"何独乐斯謇謇兮"。乐,喜欢。斯,代词,这。謇謇,忠言直谏貌。可光:得以发扬光大。 ⑱三五:三王五霸,三王即夏禹、

商汤、周文王,五霸即齐桓公、晋文公、秦穆公、宋襄公、楚庄王,五霸。一说五霸是齐桓公、晋文公、楚庄王、吴王阖闾、越王勾践。一说三五指三王五帝,五帝即黄帝、颛顼、帝喾、唐尧、虞舜。像:榜样。仪:法则。彭咸:殷代忠臣,谏王不听,投水而死。 ⑲极:终极、目的地。远闻:声名远扬。难亏:难以亏损,这里指名声不灭。 ⑳虚作:伪作,假造。二句意谓:美好的品德要靠自我修养,美好的名声要靠实质,不可伪作。洪兴祖《补注》:"此言有实而后名从之。" ㉑施:给予。报:回报。实:果实,结出果实。获:收获。 ㉒少歌:乐章音节名称,其功能是对上面内容的小结。此少歌四句即总结曾屡次进谏遭拒的痛苦经历。 ㉓与美人抽思:意即向君王表白内心的愁怨。美人,指楚王。抽思,表达思情。一本"思"作"怨"。并日夜而无正:尽管从白天到黑夜不停地诉说,却没有人评判是非。朱熹《集注》:"并日夜,言旦暮如一也。" ㉔敖:同"傲",倨傲。 ㉕倡:同"唱",乐章音节名称,始发歌叫倡,这里有更换章节,重新开始的意思。 ㉖鸟:诗人自喻。集:栖止,停留。汉北:汉水的北边。一般认为屈原经受了两次流放,第一次流放地即为汉北。 ㉗胖:隔离,分开独处。王逸《章句》:"背离乡党,居他邑也。" ㉘惸(qióng)独而不群:不能苟合于众小人,而被孤立。惸独,孤独无依。良媒:指在君臣之间说合的人。其侧:指诗人的身边。一说指君王的身边。 ㉙卓远而日忘:道路遥远,君王日渐将诗人忘记。卓,遥远。自申:自己前去向君王申诉表白。 ㉚北山:泛指楚国北方的山;一说为郢都附近的山名。涕:眼泪。 ㉛望:盼望。孟夏:初夏,此时夜晚逐渐变短。诗人因为痛苦而觉夜长,所以盼望夜晚稍短的夏天到来。晦明之若岁:一夜像一年一样长。晦明,由晦至明,指一夜。朱熹《集注》:"秋夜方长,忧不能寐,故望孟夏之短夜,而冀其易晓也。晦明若岁,夜未短也。" ㉜一夕九逝:意即思念之切。九,虚数。逝,前往,指魂魄于梦中回到郢都。 ㉝曾:乃。南指月与列星:是指以月亮和星星为坐标,来辨别方向。 ㉞愿径逝而未得:想走直路,而实际上路有曲直。径逝,走直路前往。识路:寻找道路。营营:往来匆忙貌。 ㉟信直:忠诚正直。人之心:指楚王之心。吾心:就是诗人之心。 ㊱理:使者。媒:媒人。从容:行为举止。 ㊲濑(lài):流在沙石上的浅水。湍(tuān)流:急流。沂:逆流而上。江潭:江水之深处。 ㊳狂顾:急切地顾盼。聊:暂且。娱心:自我安慰。

㊴轸石:怪石。崴嵬(wēi wéi):山势高耸貌。蹇(jiǎn)吾愿:阻碍了我南归的志愿。 ㊵超回志度二句:意谓徘徊踯躅中曲折缓慢地前行。一说超回即"迟回",志度即踯躅,都是徘徊之意。隐进:缓慢地行进。 ㊶低徊、夷犹:徘徊。北姑:地名。 ㊷烦冤:心情烦乱而忧苦。瞀(mào)容:内心烦乱迷惘,见于形容。实沛徂:形容身边江水滔滔向南流去。刘永济《屈赋音注详解》:"言形质一为烦冤所乱,不能不沛然如水之消逝。"以上乱辞虚写诗人在梦中南行回郢都,也就是前面所说的"魂一夕而九逝",表现出诗人对故都的思念之切。 ㊸苦神:使神思劳苦。灵遥思:灵魂思念远方的郢都。 ㊹道思作颂:一边走,一边想,写下这首辞诵作品。自救:自我解脱。朱熹《集注》:"道思者,且行且思也。" ㊺不遂:难以排遣。谁告:告诉谁。刘永济《音注详解》:"忧心难释,告语无人也。"

怀　　沙①

滔滔孟夏兮,草木莽莽②。伤怀永哀兮,汩徂南土③。眴兮杳杳,孔静幽默④。郁结纡轸兮,离愍而长鞠⑤。抚情效志兮,冤屈而自抑⑥。

刓方以为圜兮,常度未替⑦。易初本迪兮,君子所鄙⑧。章画志墨兮,前图未改⑨。内厚质正兮,大人所盛⑩。巧倕不斲兮,孰察其拨正⑪。玄文处幽兮,矇瞍谓之不章⑫。离娄微睇兮,瞽以为无明⑬。变白以为黑兮,倒上以为下。凤皇在笯兮,鸡鹜翔舞⑭。同糅玉石兮,一概而相量⑮。夫惟党人鄙固兮,羌不知余之所臧⑯。

任重载盛兮,陷滞而不济⑰。怀瑾握瑜兮,穷不知所示⑱。邑犬之群吠兮,吠所怪也⑲。非俊疑杰兮,固庸态也⑳。文质疏内兮,众不知余之异采㉑。材朴委积兮,莫知余之所有㉒。

重仁袭义兮,谨厚以为丰㉓。重华不可遻兮,孰知余之从容㉔!古固有不并兮,岂知何其故㉕!汤禹久远兮,邈而不可慕㉖。惩违改忿兮,抑心而自强㉗。离慜而不迁兮,愿志之有像㉘。进路北次兮,日昧昧其将暮。舒忧娱哀兮,限之以大故㉙。

乱曰:浩浩沅湘,分流汩兮㉚。修路幽蔽,道远忽兮㉛。怀质抱情,独无匹兮㉜。伯乐既没,骥焉程兮㉝。万民之生,各有所错兮㉞。定心广志,余何畏惧兮㉟!曾伤爰哀,永叹喟兮㊱。世溷浊莫吾知,人心不可谓兮㊲。知死不可让,愿勿爱兮㊳。明告君子,吾将以为类兮㊴。

[注释]①司马迁《史记》认为《怀沙》是屈原的绝命词。自从东方朔《七谏·沉江》说屈原"怀沙砾而自沉兮,不忍见君之蔽壅",司马迁说屈原作此赋后"抱石沉汨罗以死",后代多以"怀抱沙石自沉"之意解释"怀沙"。明清以来,又有学者提出"怀沙"应是"寓怀长沙","沙"指长沙,是楚先祖熊绎的始封之地。屈原来到长沙,有感于怀,而作此篇。该篇表达了诗人依恋宗国的感情,和决心以清白之躯殉其理想,振奋国人的信念。 ②滔滔:阳气勃发貌。《史记·屈原贾生列传》作"陶陶",天气温暖貌。莽莽:草木丛生貌。 ③伤怀:伤心。汩徂南土:急急忙忙奔向南方。汩,迅疾貌。徂,前往。南土,指长沙。 ④眴(shùn)杳杳:形容四周景物幽暗,看不清楚。眴,同"瞬"。孔静幽默:极其安静,无声无息。孔,很。蒋骥《山带阁注楚辞》:"杳杳则无所见,静默则无所闻。盖岑僻之境,昏瞽之情,皆见于些矣。" ⑤郁结纡轸:形容心情委屈,压抑不展。离慜(mǐn)而长鞠:遭受痛苦,穷困潦倒。慜,同"愍",病痛。 ⑥抚情效志:意谓安定自己的情怀,反省自己的本心。效,考核。刘永济《音注详解》:"抚躬自问,无有过失,故虽感冤屈而能自己抑制。" ⑦刓(wán)方以为圜:把方的削成圆的。刓,削。圜,同"圆"。常度未替:未曾废弃人生的准则。 ⑧易初本迪:改变本心,离开正道。本,疑当做"卞","卞"与"变"通。迪,正道。鄙:轻视。 ⑨章画、志墨:二者义同,记住绳墨

所画的痕迹,喻坚守常道而不移。章,同"彰"。志,记。画、墨,指木匠用绳和墨画出的直线。前图:以前谋划。 ⑩内厚质正:内心纯厚,品质端正。大人:品德高尚的人,即君子。盛:赞赏。 ⑪倕(chuí):人名,相传为尧时的巧匠,发明了规、矩、准绳等。察:看出。拨正:曲直。拨,弯曲。王逸《章句》:"言倕不能斤斧斲斫,则曲木不治,谁知其工巧者乎?以言君子不居爵位,众亦莫知其贤能也。" ⑫玄文处幽:美丽的黑色花纹处在暗淡的光线下。玄,黑色。矇瞍(méng sǒu)谓之不章:瞎子却说没有文采。有瞳仁叫做矇,无瞳仁叫瞍。 ⑬离娄:传说是黄帝时人,以视力好闻名,又名离朱。睇(dì):斜视。瞽:瞎子。 ⑭铙(nú):鸡笼。鹜(wù):鸭子。翔舞:飞舞。 ⑮同糅:杂糅,混杂。概:古代以斗斛量米粟时用来刮平的横木。 ⑯鄙固:鄙陋,顽固。臧:善。一说指心中的抱负。 ⑰任重载盛:负担沉重,压力很大。陷滞而不济:深陷其中,阻力重重,难以逾越。 ⑱怀瑾握玉:喻指拥有美好的道德和才能。瑾、瑜:均为美玉。穷不知所示:处境困窘,不知道该给谁看。示,给人看。 ⑲邑:人聚居的地方。吠:狗叫。王逸《章句》:"言邑里之犬,群而吠者,怪非常之人而噪之也。以言俗人群聚毁贤智者,亦以其行度异,故群而谤之也。" ⑳非俊疑杰:诽谤、猜疑有才能的人。非,同"诽",诽谤。疑,猜疑。庸态:庸俗的态度。 ㉑文质疏内:形容既有外在文采之美,又有朴拙坚毅的内质。内外相副,即"满内而外扬"之意。一说"内"通"讷",木讷。异采:非凡的才能。 ㉒材朴委积:有用的与没有加工的木料堆放在一起,无人识别。材,有用的木材。朴,无用的木皮。委,丢弃。 ㉓重仁袭义:积累仁义,注重人格修炼。谨厚:恭谨敦厚。刘永济《音注详解》:"此言我不以人不己知而自弃。我仍积累仁义,谨守而深藏之,以自宝贵也。" ㉔逻(è):相见,相遇。从容:行为,举动。刘永济《音注详解》:"古圣又不可遇,则有谁知我之举动者。" ㉕不并:指圣君贤臣生不同时。 ㉖邈:久远。慕:思慕,向往。刘永济《音注详解》:"此二行又感慨圣君贤臣每不同时,禹汤去我已远,今已邈然无从思慕也。" ㉗惩违改忿:意谓克制怨愤,平息愤怒。惩,克制。违,通"怾",怨恨。抑心而自强:抑制内心的激动,加强自己的节制能力。 ㉘离愍而不迁:虽然遭遇祸患,但是不变初衷。迁,改变。愿志之有像:希望自己能够以古代先贤为榜样。像,典型,榜样。 ㉙限:极限。大故:指死亡。

朱熹《集注》:"言将北归郢都,而日暮不得前也,于是将欲舒忧以娱哀,而念人生几何,死期将至,其限有不可得而越也。" ㉚浩浩:浩浩荡荡。汩:水急流貌。 ㉛修路幽蔽:形容道路幽暗而漫长。忽:形容路漫漫 ㉜怀质抱情:指拥有美好的内质。无匹:无双。匹,一说当做"正"。 ㉝伯乐:春秋时秦穆公的臣子,以善于相马著名。没:死亡。骥焉程:谁来识别千里马。程,评价。 ㉞万民之生:一本作"民生有命";一本作"民生禀命"。错:通"措",安排。王逸《章句》:"言万民禀受天命,生而各有所错,安其志。或安于忠信,或安于诈伪,其性不同也。" ㉟定心广志:使意志坚定,心胸开阔。 ㊱曾(zēng)伤爰哀:反复连绵,不止的哀伤。曾,通"增"。爰哀,哀伤不止。叹喟:叹息。 ㊲不可谓:不可说。 ㊳让:避免。爱:吝惜。 ㊴明告君子:明明白白地告诉,将以君子为榜样。君子,指彭咸一类的前贤。类,类别,引申为榜样。

思 美 人①

思美人兮,擥涕而伫眙②。媒绝路阻兮,言不可结而诒③。蹇蹇之烦冤兮,陷滞而不发③。申旦以舒中情兮,志沉菀而莫达④。愿寄言于浮云兮,遇丰隆而不将⑤。因归鸟而致辞兮,羌宿高而难当⑥。高辛之灵盛兮,遭玄鸟而致诒⑦。欲变节以从俗兮,媿易初而屈志⑧。独历年而离愍兮,羌冯心犹未化⑨。宁隐闵而寿考兮,何变易之可为⑩。

知前辙之不遂兮,未改此度⑪。车既覆而马颠兮,蹇独怀此异路⑫。勒骐骥而更驾兮,造父为我操之⑬。迁逡次而勿驱兮,聊假日以须时⑭。指嶓冢之西隈兮,与纁黄以为期⑮。

开春发岁兮,白日出之悠悠⑯。吾将荡志而愉乐兮,遵江夏以娱忧⑰。擥大薄之芳茝兮,搴长洲之宿莽⑱。惜吾不及古人兮,吾谁与玩此芳草⑲。解萹薄与杂菜兮,备以为交佩⑳。佩缤纷以缭转兮,遂萎绝而离异㉑。吾且儃佪以娱忧兮,观南人之变态㉒。窃快在其中心兮,扬厥凭而不竢㉓。

芳与泽其杂糅兮,羌芳华自中出㉔。纷郁郁其远承兮,满内而外扬㉕。情与质信可保兮,羌居蔽而闻章㉖。令薜荔以为理兮,惮举趾而缘木㉗。因芙蓉而为媒兮,惮褰裳而濡足㉘。登高吾不说兮,入下吾不能㉙。固朕形之不服兮,然容与而狐疑㉚。广遂前画兮,未改此度也㉛。命则处幽吾将罢兮,愿及白日之未暮也㉜。独茕茕而南行兮,思彭咸之故也㉝。

[**注释**]①此篇大约写作于屈原退居汉北的后期,以作品的首三字为题。篇中追慕先贤,感慨时事,表达了诗人绝不变节从俗的决心。朱熹《集注》:"此章言己思念其君,不能自达,然反观初志,不可变易,益自修饬,死而后已也。" ②美人:指楚王。擥涕:揩干眼泪。擥,同"揽"。伫眙:伫立凝视,有所期待。眙,直视。 ③謇謇:同"謇謇",忠言直谏貌。烦冤:心烦意乱而忧苦。陷滞而不发情感郁结,无从自解,也无从发泄。 ④申旦舒中情:通宵达旦,日夜倾诉内在的感情。沈菀(yù)而莫达:情志压抑郁闷,莫从表白。沈菀,郁结。达,通畅。 ⑤寄言于浮云:托浮云捎话。丰隆:云神。将:送,传达。 ⑥致辞:传话。宿高:鸟巢位于高处。宿,指鸟巢。宿,一本作"迅",迅高,飞得高飞得快。汪瑗《集解》:"欲因归鸟而致辞于美人,则归鸟飞速而又高,不易相值也。" ⑦高辛:帝喾。灵盛:神灵。玄鸟致诒:指凤凰(一说燕子)赠送聘礼。诒,通"贻"。《天问》"玄鸟致贻"与此意同。 ⑧媿:"愧"的异体字,惭愧。易初而屈志:改变初衷,委屈心志。 ⑨历年:经历了很长时间。离愍:遭受痛苦。冯心:心情愤懑。冯,通"凭",愤懑。未化:没有消失。 ⑩宁隐闵而寿考:即《涉江》"吾不能变心而从俗兮,故将愁苦而终穷"之意。隐闵,忍受忧患与悲伤。寿考,老死。 ⑪辙:车轮痕迹,这里比喻诗人以前

的作为。不遂:未达目标。度:法度,指诗人信奉的法则。 ⑫车覆马颠:马车翻覆,指失败。覆,翻车。颠,倒下。异路:即诗人经历的与众不同的道路。 ⑬勒骐骥而更驾:重新拉住骏马,再次驾起车子。造父:秦的先人,周穆王时人,善于驾车。 ⑭迁逡次而无驱:意谓从容不迫,缓缓前行。逡次,徘徊。驱,驱驰。假日以须时:消磨时间,以等待机遇的到来。 ⑮嶓冢(bō zhǒng):山名,汉水的发源地,位于今甘肃天水与礼县之间。西隈(wēi):山的西边。隈,山边。纁(xūn)黄:黄昏。纁,通"曛",落日的余晖。 ⑯开春发岁:春天是一年的开端。悠悠:舒缓貌。 ⑰荡志:纵情。遵江夏以娱忧:沿着长江、夏水缓行,以娱乐身心,排遣忧伤。遵,循着。 ⑱大薄:指地域阔大的草木丛生地。芳茝:香草。搴:拔取。 ⑲惜吾不及古人:痛惜我不能与古代之贤者同时。吾谁与玩此芳草:谁与我一起欣赏这些芳草。玩,欣赏,把玩。 ⑳解萹(biān)薄与杂菜:采摘丛生的萹竹,以及杂香之菜,准备用做佩饰。交佩:左右佩带。 ㉑缤纷:佩饰繁盛。缭转:互相缠绕。萎绝而离异:枯萎散乱,遭到弃置。 ㉒南人:南夷。一说指郢都的党人。变态:不正常的态度。 ㉓窃快:内心的快乐。扬厥凭而不竢(sì):舒散心中的愤懑之情,无须再等待了。厥,其。竢,等待。 ㉔芳与泽其杂糅:世间芳香与污垢之物混杂在一起。芳华自中出:花的芬芳出自本身。王逸《章句》:"生含天姿,不外受也。" ㉕纷郁郁其远承:香气浓郁,传到远方。承,一本作"蒸",散发。满内而外扬:充满芳香美好的内质,必然向外部扩散。汪瑗《集解》:"满内外扬,积于中者深,故发于外者盛也。" ㉖居蔽而闻章:虽然处于偏远之处,也能声名显扬。章,同"彰"。 ㉗理:媒人。惮举趾而缘木:意谓不愿意提起脚,爬到树上。缘木,攀缘树木。 ㉘芙蓉:指荷花。惮褰裳而濡足:意谓不愿意提起衣裳,打湿了脚。 ㉙说:通"悦"。汪瑗《楚辞集解》:"登高不悦,入下不能,言不能与世浮沉也。" ㉚朕形之不服:意谓自己本性耿介倔强,不适应世俗习气。服:习惯。容与而狐疑:迟疑徘徊,犹豫不决。蒋骥《山带阁注楚辞》:"薜荔四句,申前愧易初而屈志之意。薜荔芙蓉,喻旧交在位者。登高,承缘木言。入下,承濡足言。……内美既充,诚足自快,若欲因人求合,则必不肯为。" ㉛广遂:多方追求以实现。前画:以前的谋划。 ㉜处幽:处于僻远之境。罢:结束。一说通"疲",疲倦。 ㉝茕茕:孤独貌。故:旧事,故迹。

惜　往　日①

惜往日之曾信兮,受命诏以昭诗②。奉先功以照下兮,明法度之嫌疑③。国富强而法立兮,属贞臣而日娭④。秘密事之载心兮,虽过失犹弗治⑤。心纯庬而不泄兮,遭谗人而嫉之⑥。君含怒而待臣兮,不清澈其然否⑦。蔽晦君之聪明兮,虚惑误又以欺⑧。弗参验以考实兮,远迁臣而弗思⑨。信谗谀之溷浊兮,盛气志而过之⑩。何贞臣之无辠兮,被离谤而见尤⑪！惭光景之诚信兮,身幽隐而备之⑫。

临沅湘之玄渊兮,遂自忍而沈流⑬。卒没身而绝名兮,惜壅君之不昭⑭。君无度而弗察兮,使芳草为薮幽⑮。焉舒情而抽信兮,恬死亡而不聊⑯。独鄣壅而蔽隐兮,使贞臣为无由⑰。闻百里之为虏兮,伊尹烹於庖厨⑱。吕望屠于朝歌兮,宁戚歌而饭牛⑲。不逢汤武与桓缪兮,世孰云而知之⑳！吴信谗而弗味兮,子胥死而后忧㉑。介子忠而立枯兮,文君寤而追求㉒；封介山而为之禁兮,报大德之优游㉓。思久故之亲身兮,因缟素而哭之㉔。或忠信而死节兮,或訑谩而不疑㉕。弗省察而按实兮,听谗人之虚辞㉖。芳与泽其杂糅兮,孰申旦而别之㉗？何芳草之早殀兮,微霜降而下戒㉘。谅聪不明而蔽壅兮,使谗谀而日得㉙。

自前世之嫉贤兮,谓蕙若其不可佩。妒佳冶之芬芳兮,嫫母姣而自好㉚。虽有西施之美容兮,谗妒入以自代㉛。愿陈情以白行兮,得罪过之不意㉜。情冤见之日明兮,如列宿之错置㉝。乘骐骥而驰骋兮,无辔衔而自载㉞。乘氾泭以下流兮,无舟楫而自备㉟。背法度而心治兮,辟与此其无异㊱。宁溘死而流亡兮,恐祸殃之有再㊲。不毕辞而赴渊兮,惜壅君之不识㊳。

[注释]①本篇是屈原流放后期,可能是诗人去世前不久的作品。诗题出自首句前三字。诗中回忆了当年受到楚怀王信用,申明法度,革新朝政,以及后来种种不平的政治遭遇,痛斥奸佞误国,并表达其必死的决心。 ②曾信:曾经为楚王所信任。命诏:诏命,君王向臣民发表的号令。昭时:使时世清明。昭,光明。《史记·屈原贾生列传》:"入则与王图议国事,以出号令;出则接遇宾客,应对诸侯。王甚任之。" ③奉先功以照下:继承祖先的功业,昭示天下的国民。法度之嫌疑:指法令制度中不清晰之处。 ④属贞臣:将朝政托付给正直廉洁之臣。娭(xī)同"嬉",愉快,即指楚王因用人得当而感到愉悦。 ⑤秘密事之载心:国家的机密要务,时刻放在心上。过失:指臣子犯有过错。弗治:指君王不治臣之罪。 ⑥纯庞(páng)而不泄:心思纯厚,慎于言语。庞,敦厚朴实。《史记·屈原贾生列传》:"怀王使屈原造为宪令,屈平属草稿未定。上官大夫见而欲夺之,屈平不与。因谗之曰:'王使屈平为令,众莫不知,每一令出,平伐其功,以为非我莫能为也。'王怒而疏屈平。"⑦不清澈其然否:意谓楚王不仔细考察事情的对错,以及真实与否。清澈,澄清。然否,对与错。 ⑧蔽晦君之聪明:指谗毁者遮盖了楚王的听觉和视觉,蒙蔽君王。聪明,听觉与视觉。虚惑误:欺骗,误导。 ⑨弗参验以考实:楚王不通过比较来验证,不通过考察以弄清真相。弗思:不加思考。 ⑩信谗谀之溷浊:楚王听信党人污浊的谗言与佞词。溷浊,肮脏之词,污秽之言。盛气志:大怒。过:责罚。 ⑪辜:同"罪"。离谤:遭到诽谤。见尤:被指责。⑫惭光景之诚信:意谓太阳的光影普照天下,诚信无欺,彼人应感到惭愧。景,同"影"。备:具备种种美德。 ⑬玄渊:深渊。沈流:指投水自尽。⑭没身:死亡。绝名:名声湮灭。惜壅君之不昭:痛惜的是糊涂的君王被蒙蔽,他不会明白。壅君,昏庸而受蒙蔽的国君。 ⑮无度:没有标准。芳草为

薮幽：比喻贤者被遮蔽,弃置。薮幽,幽暗的水深处。　⑯舒情：剖露衷情。抽信：表达诚心。抽,绅绎。恬死亡而不聊：平静地面对死亡而不苟且偷生。恬,安然。　⑰鄣壅而蔽隐：蒙蔽君王,阻碍贤才。鄣壅,阻隔、蒙蔽。蔽隐,使人才难以被发现。无由：无路,指贤才无法接近君王。　⑱百里：即百里傒,原为虞国大夫,晋献公灭虞时被俘。晋献公将其作为女儿的陪嫁送给了秦国。百里傒从秦国逃走,在楚国被抓,这时,秦穆公得知了百里傒是个贤才,便用五张羊皮将其赎回,加以重用,终成霸业。伊尹：商代之贤臣。参见《离骚》"汤禹严而求合兮,挚咎繇而能调"注。庖厨,厨房。　⑲吕望：又名姜尚、太公望,西周之贤臣。参见《离骚》"吕望之鼓刀兮,遭周文而得举"注。朝歌,殷商都城,今河南淇县。宁戚：春秋时卫国人。参见《离骚》"宁戚之讴歌兮,齐桓闻以该辅"注。饭牛：喂牛。　⑳汤武桓缪：即商汤王、周武王、齐桓公、秦穆公,前二者为开国之君,后二者成就霸业之君。缪,通"穆"。知：了解。　㉑吴信谗而弗味：指吴王夫差听信谗言,不能体察辨别忠奸是非。子胥：伍子胥,曾进忠言于吴王夫差,指出越国才是心腹大患,夫差不听,反而听信太宰伯嚭的谗言,将其杀死。结果,吴国为越国所灭。后忧：指吴为越所灭。　㉒介子：介子推,晋文公重耳的贤臣。重耳曾在外流浪19年,介子推一直随行。重耳回国继位,介子推独自带着老母前往绵山。后来,晋文公想起了介子推,派人去请他出山,他不肯。文公便放火烧山,迫使他出来,他却抱着一棵树被烧死。晋文公亲自穿上孝服前去哭祭,并改绵山为介山,禁止在此山砍柴。立枯：指介子推抱着树被烧死。寤而追求：指晋文公醒悟后,四处寻找介子推。　㉓封：赐封,指将绵山改为介山并作为介子推的封地。禁：指禁止砍柴。报：报答。优游：形容恩德之优厚、宽广。　㉔思久故之亲身：想起介子推当年是长期亲近、不离左右的人。缟素：白色的孝服。　㉕忠信而死节：忠诚不二,守节而死。诐谩(dàn mán)而不疑：欺君罔上,反而不被怀疑。　㉖省(xǐng)察：深思、考察。按实：核实。　㉗申旦：日夜。别：鉴别。　㉘殀：死亡,凋零。微霜降而下戒：微霜初降的时候,就要警惕。戒,戒备。　㉙谅聪不明二句：意谓确实如此,每当君王受到蒙蔽时,谗谀之辈便得势了。谅,诚然、信然。　㉚佳冶：美丽,指美人。嫫母：传说中黄帝的妃子,容貌极其丑陋。姣而自好：意谓丑女也装出姣媚的样子,自以为美丽。

㉛西施:春秋时越国著名的美女。谗妒入以自代:意谓因嫉妒而进谗言者即以自己取代了西施。 ㉜陈情以白行:想要陈述衷情,说明所作所为。不意:出乎意外,没有料到。 ㉝情冤:指是非曲直,己之冤屈。见:同"现"。如列宿之错置:有如群星布列于天空,是非明明白白。 ㉞辔衔:马缰与勒马口的铁链。自载:指任由马随意驱驰。 ㉟氾泭(fú)而下流:指浮在水面的木筏顺流而下。自备:依靠自己的力量。 ㊱背法度而心治:随心所欲地管理国家,违背法制的原则。心治,以私心处理朝政。辟,通"譬"。无异,没有差别。 ㊲溘死:突然死去。溘,突然。流亡:指魂魄四处漂泊。 ㊳毕辞:把话说完。赴渊:投水而死。不识:不知道,不明白。

橘　　颂①

　　后皇嘉树,橘徕服兮②。受命不迁,生南国兮③。深固难徙,更壹志兮④。绿叶素荣,纷其可喜兮⑤。曾枝剡棘,圆果抟兮⑥。青黄杂糅,文章烂兮⑦。精色内白,类任道兮⑧。纷缊宜修,姱而不丑兮⑨。

　　嗟尔幼志,有以异兮⑩。独立不迁,岂不可喜兮?深固难徙,廓其无求兮⑪。苏世独立,横而不流兮⑫。闭心自慎,终不失过兮⑬。秉德无私,参天地兮⑭。愿岁并谢,与长友兮⑮。淑离不淫,梗其有理兮⑯。年岁虽少,可师长兮⑰。行比伯夷,置以为像兮⑱。

　　[注释]①本篇赞美生长于南国的橘树,寄托诗人美好的道德追求与受命不迁的故国情怀,是最早的咏物诗。《橘颂》的创作时间有两种不同的说法:一据诗中"嗟尔幼志"与"年岁虽少"等句,推测它是屈原早年咏物言志之作;一说它是屈子在朝得意时,歌咏社树之作。一据诗中"生南国兮"("南国"可能指江南)一句,认为它是屈原流放江南途中睹物抒怀之作。 ②后皇:皇天、后土,即天地之间。嘉树:美好的树木。徕(lái):同"来"。服:适应、习

惯。蒋骥《山带阁注楚辞》:"言天地生植嘉树,惟橘服习楚之水土。" ③受命:禀受自然之气质、天性。不迁:不可移徙。《晏子春秋·内篇》杂下第六:"橘生淮南则为橘,生于淮北则为枳,叶徒相似,其实味不同。" ④深固难徙:根深蒂固,难以迁往他地。壹志:志向专一。 ⑤素荣:橘树初夏时开白色小花。荣,本指草之花,此为泛称。纷:纷纷然繁盛之貌。 ⑥曾(céng)枝:橘树枝条一层一层,交相重叠。剡棘(yǎn jí):长有尖利的小刺。剡,草木的刺。圆果抟(tuán):形容橘树的果实内聚而饱满之状。抟,同"团"。 ⑦文章:指橘树的颜色、花纹,外形之美。烂:鲜明、美丽。 ⑧精色:指橘子的内瓤有精纯之色。内白:纳入白色的外瓤之中。内,通"纳"。一说内有精纯洁白之志。类任道:犹如可以担当道之重任的人。二句以橘喻人,既有精纯之质,又有洁白之志,犹如有道之人,可以托大任。 ⑨纷缊(yūn):形容枝叶纷繁,欣欣向荣,同"纷纭"。一说形容橘子的香气浓郁,同"氤氲"。宜修:修饰美好。 ⑩嗟尔幼志:赞叹橘树自幼便拥有如此坚贞美好之志。 ⑪廓其无求:形容心境旷达,别无私求。廓,空阔广大貌,一说形容孤寂而寡合。 ⑫苏世:清醒以处世。苏,苏醒。一说"苏"假借为"疏",疏世即栖迟山野、离世独立之意。 ⑬闭心自慎:将独立之志藏在心里,慎重以处世。 ⑭横而不流:横绝而不顺从,不随波逐流。一说横,栏木,比喻自我检束。参天地:指橘所秉持之道德与天地相合。参,相配、相合。 ⑮岁:时光、年岁。并谢:一起流逝,共同度过岁月。一说指草木凋谢时。屈复《楚辞新注》:"橘不凋,故愿于岁寒并谢之时而长与为友。" ⑯淑离:联绵词,形容橘树枝叶扶疏,色调鲜明美丽。离,同"丽"。不淫:端丽而不淫邪。 ⑯梗其有理:形容橘的枝干正直坚强,而有纹理。王夫之《通释》:"坚挺独立,无繁艳婀娜之态,盖梗介自理,志士仁人之节也。" ⑰年岁虽少:指橘树初生之时。一说橘树无松柏之寿,故曰年少。师长:动词,为师长。 ⑱行:德行、品行。伯夷:殷末孤竹国君之子,古人认为伯夷是道德清高、有节操的典型。参见《天问》"惊女采薇,鹿何祐"注。置以为像:以橘树作为自己师法、学习的榜样。

悲 回 风①

悲回风之摇蕙兮,心冤结而内伤②。物有微而陨性兮,声有隐而先倡③。夫何彭咸之造思兮,暨志介而不忘④! 万变其情岂可盖兮,孰虚伪之可长⑤! 鸟兽鸣以号群兮,草苴比而不芳⑥。鱼葺鳞以自别兮,蛟龙隐其文章⑦。故荼荠不同亩兮,兰茝幽而独芳⑧。惟佳人之永都兮,更统世而自贶⑨。眇远志之所及兮,怜浮云之相羊⑩。介眇志之所惑兮,窃赋诗之所明⑪。惟佳人之独怀兮,折若椒以自处⑫。曾歔欷之嗟嗟兮,独隐伏而思虑⑬。涕泣交而凄凄兮,思不眠以至曙⑭。终长夜之曼曼兮,掩此哀而不去⑮。

寤从容以周流兮,聊逍遥以自恃⑯。伤太息之愍怜兮,气於邑而不可止⑰。糺思心以为纕兮,编愁苦以为膺⑱。折若木以蔽光兮,随飘风之所仍⑲。存髣髴而不见兮,心踊跃其若汤⑳。抚珮衽以案志兮,超惘惘而遂行㉑。岁曶曶其若颓兮,时亦冉冉而将至㉒。薠蘅槁而节离兮,芳以歇而不比㉓。怜思心之不可惩兮,证此言之不可聊㉔。宁逝死而流亡兮,不忍为此之常愁。孤子唫而抆泪兮,放子出而不还㉕。孰能思而不隐兮,照彭咸之所闻㉖。

登石峦以远望兮,路眇眇之默默㉗。入景响之无应兮,闻省想而不可得㉘。愁郁郁之无快兮,居戚戚而不可解㉙。心鞿羁而不形兮,气缭转而自缔㉚。穆眇眇之无垠兮,莽芒芒之无仪㉛。声有隐而相感兮,物有纯而不可为㉜。邈蔓蔓之不可量兮,缥绵绵之不可纡㉝。愁悄悄之常悲兮,翩冥冥之不可娱㉞。凌大波而流风兮,托彭咸之所居㉟。

上高岩之峭岸兮,处雌蜺之标颠㊱。据青冥而摅虹兮,遂儵忽而扪天㊲。吸湛露之浮源兮,漱凝霜之雰雰㊳。依风穴以自息兮,忽倾寤以婵媛㊴。冯昆仑以瞰雾兮,隐岷山以清江㊵。惮涌湍之磕磕兮,听波声之汹汹㊶。纷容容之无经兮,罔芒芒之无纪㊷。轧洋洋之无从兮,驰委移之焉止㊸。漂翻翻其上下兮,翼遥遥其左右㊹。泛潏潏其前后兮,伴张弛之信期㊺。观炎气之相仍兮,窥烟液之所积㊻。悲霜雪之俱下兮,听潮水之相击。借光景以往来兮,施黄棘之枉策㊼。求介子之所存兮,见伯夷之放迹㊽。心调度而弗去兮,刻著志之无适㊾。

曰:吾怨往昔之所冀兮,悼来者之愁愁㊿。浮江淮而入海兮,从子胥而自适。望大河之洲渚兮,悲申徒之抗迹㉕。骤谏君而不听兮,重任石之何益㉖!心絓结而不解兮,思蹇产而不释㉗。

[注释]①本篇也是屈原流放的后期,大约是自沉前不久的作品。诗题取自首句前三字。诗人以旋风摧折了兰蕙一类的香草起兴,抒发了理想破灭后深沉的悲愤,并于结尾处透露出自沉的想法,因而被认为是屈原的绝笔。回风:旋风。 ②冤结:冤屈郁结。内伤:内心伤痛。 ③物有微而陨性:意谓秋风微寒,最终却使草木陨落,万象凋残。物,指蕙。陨性,使生机凋敝。性,生机。声有隐而先倡:意谓秋风不显,却是寒冬的先导。倡,同"唱"。朱熹《集注》:"言秋令已行,微物凋陨,风虽无形,而实先为之倡也。世之治乱,道之兴废,亦犹是也。" ④彭咸之造思:即追思彭咸。造思,追思。暨志介而不忘:与其保持高尚的节操,使人不能忘怀。介,正直孤高。 ⑤万变:指逸佞之人的表现千变万化。其情岂可盖:真实的内心岂可掩盖。孰虚伪可长:难道虚伪可以长久保持。 ⑥号群:鸣叫以求伙伴。草苴(jū):草的总称。苴,枯草。比:并列。 ⑦鱼葺(qì)鳞以自别:鱼鳞排列整齐,以与其他物类相区别。葺,整治,修饰。蛟龙隐其文章:神龙却将其鳞甲隐藏起来,比喻君子怀藏美质不外露。文章,花纹。 ⑧荼(tú):苦菜,味苦。荠(jì):荠菜,味甘。

不同亩：不能种在一起。幽：幽僻之处。　⑨都：美好。统世而自贶(kuàng)：意谓经历世世代代，依然以美好高洁自许。自贶，以美好自我期许。贶，通"况"，比较。　⑩眇：遥远。相羊：同"徜徉"，飘浮不定貌。这里以浮云的漂泊，比喻志向高远。　⑪介眇志之所惑：自己志向远大，却不被理解。王逸《章句》："言己守高眇之节，不用于世，则铺陈其志，以自证明也。"⑫佳人之独怀：诗人以佳人自许，自谓有高远之志，而独守孤寂。若椒：杜若、申椒。　⑬曾歔欷(xū xī)：反复一再地悲叹抽泣。曾，同"增"。隐伏：隐居。⑭涕泣交而凄凄：泪水纵横流淌，情景凄凉。曙：天亮。　⑮曼曼：同"漫漫"，长貌。掩：掩抑。不去：难以摆脱。　⑯寤从容以周流：意谓终夜未眠，想到天亮后从容周游，以排遣忧伤。逍遥：优游自得貌。自持：自我把握。　⑰愍怜：自我悲悯。於(wū)邑：郁结不舒畅。　⑱纠(jiū)思心以为纕：意谓将缭绕之愁绪织成为佩带。纠，同"纠"。编愁苦以为膺：形容愁苦充满胸中，仿佛可编结为护胸。膺，护胸。　⑲若木：参见《离骚》"折若木以拂日兮"注。仍：循，牵引。　⑳存髣髴(fǎng fú)而不见：形容眼前各种事物，皆隐约而不明。髣髴，隐隐约约。踊跃其如汤：形容心情激动，上下翻腾，有如沸水。㉑珮衽(rèn)：衣襟上的玉佩饰物。案志：平息不安的心情。超惘惘：惆怅失意貌。超，同"怅"，失意。　㉒曶曶(hū)：同"忽忽"，形容时间过得飞快。颓：衰亡。冉冉而将至：生命终结的一天将要来临。　㉓蘋蘅槁而节离：各种香草枯萎凋谢，茎节脱落。蘋蘅，香草之名。芳以歇而不比：形容香气消散，不比往常。一说香气消散，不再聚拢。比，聚拢。　㉔思心：思念君王之心。惩：抑止。证此言之不可聊：证明我之所言并非苟且之词。聊，苟且。　㉕孤子唫(yín)而抆(wěn)泪：被父母遗弃的儿子痛苦呻吟，擦着眼泪。唫，古"吟"字。抆，擦拭。放子：被父母逐弃的儿子。　㉖隐：痛苦。照：同"昭"，明白。指明白日常所闻的彭咸受人仰慕的事迹。　㉗石峦：石山。眇眇之默默：遥远而寂静。　㉘入景响之无应：形容四周一片寂静，无人无声。景，同"影"。闻省想不可得：形容内心一片模糊，思想一片空白。省，深思。想，冥想。　㉙愁郁郁之无快：愁思郁结，难以排解。快：一说当做"决"。戚戚：忧愁貌。解：消除。　㉚心羁羁(jī jī)而不形：形容内心压抑，受到束缚，不能舒展。羁羁，马缰绳与马笼头。形一本作"开"。气缭转而自缔(dì)：形容思绪缠绕纠结,难以解释。 ㉛穆眇眇:形容眼前之景物静穆寥远,一片沉寂。垠:边际。莽芒芒:广大空阔,一片茫茫之貌。无仪:无形。仪,象,形。 ㉜声有隐而相感:虽然声音微小,但能相互感应。物有纯而不可为:意谓香草纯粹而美好,但在旋风肃杀面前,亦无可奈何。 ㉝藐蔓蔓:形容思绪浩大,漫无边际。蔓蔓,通"漫漫"。缥绵绵之不可纡:思绪纷繁不绝,缥缈不定。纡,系结。 ㉞悄悄:忧愁貌。翱冥冥之不可娱:心思飞翔于幽暗之处,充满忧伤。翱,疾飞。冥冥,幽暗。 ㉟凌大波:乘着波浪。流风:随风飘荡。讬:寄身。 ㊱峭岸:陡峭之处。处雌蜺之标颠:飞升到虹霓的最高处。标颠,顶端。 ㊲据青冥而摅(shū)虹:意谓飞到天空之上,挥手展开了彩虹。摅虹,吐气成虹。摅,舒。儵忽而扪天:迅速飞升,可以摸到天了。扪,按,摸。 ㊳湛露之浮源:意谓饮清凉的晨露。浮源,指飞泉,即清晨的露水。《远游》"吸飞泉之微液"与此意同。雰雰(fēn):飘散貌。 ㊴依风穴以自息:意谓我依靠着风穴稍事休息。风穴,风聚集之地,传说在昆仑山上。忽倾寤以婵媛:忽然侧身醒了过来,内心感到缠绵悱恻。婵媛,缠绵。 ㊵冯:通"凭",凭依。瞰:俯视。隐岷山以清江:意谓在雾气笼罩下,隐约可见岷山与清澈的江水。岐山,即岷山,旧说岷山为长江的发源地。 ㊶礚礚(kē):水石相击声。汩汩:波涛声。 ㊷纷容容之无经:形容波浪纷乱奔突,没有次序。容容,纷乱貌。无经:没有经纬,形容波涛汹涌。罔芒芒之无纪:波涛乱涌,雾气茫茫,没有端绪。罔,通"惘"。无纪,没有主从纲纪。 ㊸轧洋洋:形容水势盛大,波涛相互倾压。委移:同"逶迤",形容江水曲折蜿蜒。 ㊹漂翻翻其上下:波浪翻滚漂流,忽上忽下。翼遥遥其左右:波浪忽左忽右,摇摆不定。遥遥,通"摇摇"。 ㊺泛潏潏(yù)其前后:江水漫溢,自底涌出,忽前忽后。潏潏,水流涌出貌。伴张弛之信期:意谓随着潮涨潮落,波浪有规律地涌动。信期,定期。 ㊻炎气:热气。相仍:相连不断。烟液:雾气。 ㊼光景:日光和日影。景,通"影"。光影速度快,故借光影以往来。施黄棘之枉策:意谓挥动黄棘木所制弯曲的马鞭驱使坐骑迅速前行。枉策,曲折之马鞭。朱熹《集注》:"以棘为策,既有芒刺,而又不直,则为伤深而行速。" ㊽求介子之所存:意谓寻找介子推隐居的地方。伯夷:参见《天问》"惊女采薇,鹿何祐"注。放迹:放逐的行迹。 ㊾心调度而弗去:意谓我仔细考虑,下定决心,决不改变主意。

刻著:铭刻心志。弗去、无适:二者义同,意谓决不改变。 ㊿曰:此字前当脱一"乱"字。冀:希望。悼来者之悐悐(tì):对于未来的事情感到忧伤与恐惧。悐悐,同"惕惕",忧惧。 ㊾申徒:申徒狄,殷末贤臣,屡谏商纣王,不被采纳,投水而死。抗迹:高尚的行迹。抗,高。 ㊾骤:多次。任:抱,负。二句意谓申徒狄多次进谏不停,负石投水而亡,又有何益?《庄子·盗跖》:"申徒狄谏而不听,负石自投于河,为鱼鳖所食。" ㊾絓结:郁结难解。寋产而不释:形容思绪曲折缠绕,不得排解。

远游①

　　悲时俗之迫阨兮,愿轻举而远游②。质菲薄而无因兮,焉托乘而上浮③。遭沈浊而汙秽兮,独郁结其谁语④!夜耿耿而不寐兮,魂茕茕而至曙⑤。

　　惟天地之无穷兮,哀人生之长勤⑥。往者余弗及兮,来者吾不闻。步徙倚而遥思兮,怊惝怳而乖怀⑦。意荒忽而流荡兮,心愁悽而增悲⑧。神儵忽而不反兮,形枯槁而独留。内惟省以端操兮,求正气之所由⑨。漠虚静以恬愉兮,澹无为而自得⑩。

[注释]①关于本篇的作者,王逸《章句》题名为屈原,清代以后始有人提出异议,认为它是秦汉人的拟作。从主导倾向看,该篇以超然脱俗、虚静无为的道家思想为皈依,以飞升求仙、周游四方为主要内容,是最早的游仙诗,其思想及题材与屈原的其他作品可以相互补充。远游,即周游求仙之意。②悲时俗之迫阨:因为世俗社会对于人性的压迫,造成人生的困厄,使人感到悲伤。轻举,轻飞高举。　③质菲薄而无因:俗人凡质,无神仙之体魄,所以不能飞升。菲薄,指体质鄙陋。托乘:托一物而乘之。蒋骥《山带阁注楚辞》:"章首四语,乃作文之旨也。原以自悲蹩无聊,故发愤欲远游以自广。然非轻举,不能远游;而质非仙圣,不能轻举。故慨然有志于延年度世之事。盖皆有激之言而非本意也。"　④沈浊:混浊。汙秽:即污秽。谁语:告诉谁。　⑤耿

耿:烦躁不寐貌。 荧荧:一本作"营营",心烦意乱貌。 ⑥长勤:忧患多艰。 ⑦徙倚:流连徘徊。 怊惝恍(chāo chǎng huǎng):惆怅失意貌。 ⑧荒忽:同"恍惚",神思不定貌。流荡:无所依托貌。愁悽:悲痛。 ⑨端操:端正操守。所由:所从出。 ⑩漠虚静以恬愉:淡然静穆,虚无恬静,心中安然适意。 ⑪澹无为而自得:顺其自然,无所作为,自得其乐。

闻赤松之清尘兮,愿承风乎遗则①。贵真人之休德兮,美往世之登仙②。与化去而不见兮,名声著而日延③。奇傅说之托辰星兮,羡韩众之得一④,形穆穆以浸远兮,离人群而遁逸⑤。因气变而遂曾举兮,忽神奔而鬼怪⑥。时髣髴以遥见兮,精晈晈以往来⑦。绝氛埃而淑尤兮,终不反其故都⑧。免众患而不惧兮,世莫知其所如⑨。

恐天时之代序兮,耀灵晔而西征⑩。微霜降而下沦兮,悼芳草之先零⑪。聊仿佯而逍遥兮,永历年而无成⑫。谁可与玩斯遗芳兮,晨向风而舒情。高阳邈以远兮,余将焉所程⑬?

[注释]①赤松:传说中的仙人。《列仙传》:"赤松子,神农时为雨师,服水玉,教神农,能入火自烧。至昆山上,常止西王母石室,随风雨上下。炎帝少女追之,亦得仙俱去……"清尘:清净无为的境界。承风:接受教化。 ②真人之休德:得道者的美德与风范。登仙:成仙。 ③化去而不见:蜕形而去。日延:日益延长。 ④傅说:殷相。洪兴祖转引《庄子》:"傅说得之,以相武丁,奄有天下。乘东维,骑箕尾,而比于列星。"韩众:得道成仙者,又作韩终。洪兴祖转引《神仙传》:"齐人韩终,为王采药,王不肯服,终自服之,遂得仙也。"得一:得道成仙。 ⑤穆穆:沉静、肃穆。浸远:渐渐远去。遁逸:隐身而去。 ⑥曾举:高高地飞升上天。曾,通"增",高。神奔:像神一样来往迅速。鬼怪:像鬼一样变幻莫测。 ⑦晈晈:形容神灵光辉照耀,皎如星月。一本作"皎皎",光明貌。 ⑧绝氛埃:超越喧嚣的尘世。淑尤:美好的旅程。

尤,一本作"邮",指驿站。 ⑨其所如:指神前往及所处之地。王逸《章句》:"自此以上,皆美仙人超世离俗,免脱患难。屈原想慕其道,以自慰缓,愁思复至,志意怅然,自伤放逐,恐命不延,顾念岁时,因复吟叹也。" ⑩耀灵晔而西征:指太阳迅速向西方落去。耀灵,指太阳。晔,光亮。 ⑪沦:沉。零:凋谢。 ⑫仿佯(páng yáng):徘徊。逍遥:徘徊。永历年:经过了很长时间。 ⑬高阳:屈原的远祖,参见《离骚》"帝高阳之苗裔"注。余将焉所程:我将以何人为榜样。程,效法。

重曰:春秋忽其不淹兮,奚久留此故居①?轩辕不可攀援兮,吾将从王乔而娱戏②!餐六气而饮沆瀣兮,漱正阳而含朝霞③。保神明之清澄兮,精气入而粗秽除④。顺凯风以从游兮,至南巢而壹息⑤。见王子而宿之兮,审壹气之和德⑥。

曰:"道可受兮,不可传⑦;其小无内兮,其大无垠⑧;无滑而魂兮,彼将自然⑨;壹气孔神兮,于中夜存⑩;虚以待之兮,无为之先⑪;庶类以成兮,此德之门⑫。"

[注释]①重:乐章之名,情志未尽,再予申述,叫"重"。奚:为什么。②轩辕:黄帝,中原各族的祖先。王乔:王子乔,仙人。洪兴祖《补注》引《列仙传》:"王子乔,周灵王太子晋也。好吹笙作凤鸣,游伊、洛间,道士浮丘公接上嵩高山。三十余年后,来于山上,见桓良曰:'告我家,七月七日,待我缑氏山头。'果乘白鹤住山巅,望之不得到,举手谢时人,数日去。" ③六气:天地四时之气。沆瀣(hàng xiè):夜间的水汽,露水。正阳:南方日中之气。朝霞:日始欲出赤黄气也。 ④精气:阴阳元气。粗秽:指粗秽之气。 ⑤凯风:南风。南巢:神话传说的地名。一说南方凤鸟之巢。壹息:稍稍休息。 ⑥王子:王子乔。审:探求,询问。壹气之和德:指生命精气在体内的凝聚与融合的修炼过程。蒋骥《山带阁注楚辞》:"外气既入,内德自成。所谓六气者,凝炼为一气矣。然必得所养而后能和,故就王子而讯之。" ⑦道可受不

可传:道可心受,而不可言传。洪兴祖《补注》:"谓可受以心,不可传以言语也。""曰"以下至"此德之门"为王子乔的回答。 ⑧其小无内其大无垠:就其小而言之,不见其内核;就其大而言之,无边无际。语出《庄子·天下》:"至大无外,谓之大一;至小无内,谓之小一。" ⑨无滑(gǔ)而魂:意谓不要扰乱你的心魂,让精神处于自然的状态。滑,乱。一本作"㲿"。而,你。 ⑩壹气孔神:意谓精气甚为神妙,在夜半时就能感觉到它的存在。孔,很、甚。洪兴祖引《列子》:"心合于气,气合于神。" ⑪虚以待之:虚静自守,等待精气自然发动,不要有意识地引导。洪兴祖《补注》:"此所谓感而后应,迫而后动,不得已而后起。" ⑫庶类以成:万物皆因此而成就。庶类,众多的物类。此德之门:这就是修炼轻举飞升成仙的门径。

闻至贵而遂徂兮,忽乎吾将行①。仍羽人于丹丘兮,留不死之旧乡②。朝濯发于汤谷兮,夕晞余身兮九阳③。吸飞泉之微液兮,怀琬琰之华英④。玉色頩以脕颜兮,精醇粹而始壮⑤。质销铄以汋约兮,神要眇以淫放⑥。嘉南州之炎德兮,丽桂树之冬荣⑦。山萧条而无兽兮,野寂漠其无人。载营魄而登霞兮,掩浮云而上征⑧。命天阍其开关兮,排阊阖而望予⑨。召丰隆使先导兮,问大微之所居⑩。集重阳入帝宫兮,造旬始而观清都⑪。

[注释]①至贵:至妙之言。遂徂:便开始出发。 ②仍羽人于丹丘:前往丹丘追随传说中的仙人。羽人,身长羽毛的飞仙。丹丘,传说中神仙居住的地方。不死之旧乡:神仙的故乡。 ③汤谷:日出之地。九阳:日落之处,天地的边缘。 ④飞泉:养生家炼丹之水。一说指六气,日落之气为飞泉。微液:指飞泉的精华。琬琰(wǎn yǎn):美玉。华英:精华。 ⑤玉色頩(pīng)以脕(wàn)颜:形容修炼之后,皮肤光泽,容颜如玉之貌。頩,美好。脕,光泽。精醇粹而始壮:元气纯一不杂,精魄强劲。 ⑥质销铄以汋(zhuó)约:意谓凡体脱胎换骨,体质变得轻柔而又美好。汋约,通"绰约",美好貌。要眇

以淫放:意谓神魂变得充实美好,精气旺盛。　⑦嘉南州之炎德:意谓南方以火德,阳光温暖,养育万物充满了生机。冬荣:形容桂树冬天仍然生长茂盛。　⑧营魄:魂魄。登霞:升至云端。掩:盖过。　⑨天阍:天宫的门卫。排阊阖:推开天门。阊阖,天宫之门。　⑩大微:太微,在北斗之南,轸宿与翼宿之北,传说是天帝所居之城。　⑪集重阳:抵达天上后,就停了下来。集,停留。重阳,指天。造:到达。旬始:星宿名,状如雄鸡,在北斗旁。清都:神话中天帝居住的宫殿。

朝发轫于太仪兮,夕始临乎于微闾①。屯余车之万乘兮,纷溶与而并驰②。驾八龙之婉婉兮,载云旗之逶蛇。建雄虹之采旄兮,五色杂而炫耀③。服偃蹇以低昂兮,骖连蜷以骄骜④。骑胶葛以杂乱兮,斑漫衍而方行⑤。撰余辔而正策兮,吾将过乎句芒⑥。历太皓以右转兮,前飞廉以启路⑦。阳杲杲其未光兮,凌天地以径度⑧。风伯为余先驱兮,氛埃辟而清凉⑨。凤皇翼其承旂兮,遇蓐收乎西皇⑩。擥彗星以为旍兮,举斗柄以为麾⑪。叛陆离其上下兮,游惊雾之流波⑫。时暧曃其曭莽兮,召玄武而奔属⑬。后文昌使掌行兮,选署众神以并毂⑭。路曼曼其修远兮,徐弭节而高厉⑮。左雨师使径侍兮,右雷公以为卫⑯。欲度世以忘归兮,意恣睢以担挢⑰。内欣欣而自美兮,聊媮娱以自乐⑱。涉青云以汎滥游兮,忽临睨夫旧乡⑲。仆夫怀余心悲兮,边马顾而不行⑳。思旧故以想像兮,长太息而掩涕㉑。汎容与而遐举兮,聊抑志而自弭㉒。指炎神而直驰兮,吾将往乎南疑㉓。

[**注释**]①太仪:天帝的宫殿。于微闾:神话传说中的山名。　②屯:聚集。纷溶与:纷纷然缓缓前行。　③建雄虹:意谓树立起鲜艳的虹带作为彩

旄。雄虹,色带外红内紫,色彩鲜艳的彩虹,这里指旌旗上的彩绘。旄,以旄牛尾装饰的旗帜。 ④服偃蹇:驾车的马高大而雄健。古代以四匹马拉车,中间的两匹称服,两边的两匹称骖。偃蹇,高大貌。低昂:马行走时的起伏颠簸状。连蜷:曲伸回环貌。骄骜(ào):马放纵奔驰貌。 ⑤骑(jì)胶葛:车骑交错貌。斑漫衍:缤纷杂乱,连绵不尽貌。方行:并行。 ⑥撰余辔而正策:意谓手持缰绳,举着马鞭。撰,持。句芒:相传为东方之神。 ⑦太皓:古帝名,即伏羲氏。启路:开路。 ⑧杲杲(gǎo):太阳明亮貌。径度:直接渡过。 ⑨氛埃辟而清凉:意谓尘氛被扫除后,道路清洁而凉爽。辟,扫除。 ⑩蓐收:神名,佐少昊治理西方。西皇:即神话中的古帝,西方之神少昊。 ⑪旍:旌旗。举斗柄以为麾:举起北斗之柄,作为指挥队伍的旗子。 ⑫叛陆离:形容各种旗帜上下分散貌。惊雾:浮动的云雾如同流水一般。 ⑬时暧曃(dài)其曭(tǎng)莽:形容时光已暮,光线昏暗,夜色将要降临。暧曃,傍晚光线暗淡。曭莽,晦暗。玄武:北方太阴之神。 ⑭文昌使掌行:分配文昌之神掌管行路的事宜。文昌,斗魁上六星的总称。署众神以并毂:安排各位神灵并驾而行。并毂,并驾齐驱。 ⑮徐弭节而高厉:放慢速度,向着高处前进。弭节,停止挥鞭。高厉,向高处迈进,"厉"一说为"迈"。 ⑯径侍:直接侍奉。 ⑰度世:脱离尘世。恣睢(zì suī)以担挢(jiē jiǎo):神志放任无拘束,矫然以高举。担挢,高扬。 ⑱欣欣:喜乐自得貌。媮(yú)娱:欢乐。 ⑲涉:渡过。汎滥:自由飘荡。 ⑳边马:指两骖,即拉车的四匹马中两边的两匹。 ㉑思旧故以想像:思念已逝的故人与往事,想见其形貌。 ㉒容与:从容缓行,徘徊不前貌。遐举:远行。自弭:使自己的心安静下来。 ㉓炎神:炎帝,传说中的古帝,号神农氏。南疑:九疑山,因在南方,又称南疑。

览方外之荒忽兮,沛罔象而自浮①。祝融戒而还衡兮,腾告鸾鸟迎宓妃②。张《咸池》奏《承云》兮,二女御《九韶》歌③。使湘灵鼓瑟兮,令海若舞冯夷④。玄螭虫象并出进兮,形蟉虬而逶蛇⑤。雌蜺便娟以增挠兮,鸾鸟轩翥而翔飞⑥。音乐博衍无终极兮,焉乃逝以徘徊⑦。舒并节以驰骛兮,逴绝垠乎寒门⑧。轶迅风于清源兮,从颛顼乎增冰⑨。历玄冥以邪径兮,乘间维以反顾⑩。召黔嬴而见之兮,为余先乎平路⑪。经营四荒兮,周流六漠⑫。上至列缺兮,降望大壑⑬。下峥嵘而无地兮,上寥廓而无天⑭。视儵忽而无见兮,听惝恍而无闻。超无为以至清兮,与泰初而为邻⑮。

[注释]①方外:域外,边远地区。荒忽:荒远辽阔,漫无边际。沛罔象:水流湍急盛大之貌。 ②祝融戒而还衡:意谓祝融告语,叫我回车北行。祝融,南方之神。衡,车前之横木。腾:奔驰。洪兴祖引《山海经》:"南方祝融,兽身人面,乘两龙,火神也。" ③张:陈设、布置。咸池、承云、九韶:都是古乐曲名。二女:指传说中的尧之二女娥皇与女英。 ④湘灵:湘水之神。令海若舞冯夷:使海若与冯夷一起跳舞。海若,北海神。冯夷,即河伯。 ⑤玄螭虫象:神话传说中的玄龙与神兽之类。形蟉(liú)虬而委蛇:形容玄龙神兽舞动时身体屈曲盘绕之貌。委蛇,蜿蜒扭动。 ⑥雌蜺便娟以增挠:形容彩虹的姿态弯曲柔润,轻盈美好。便娟,柔美貌。增挠,高高拱起状。轩翥:高飞。 ⑦音乐博衍:乐曲声舒缓悠扬,回旋不尽。焉乃逝以徘徊:于是我流连徘徊,不忍离去。 ⑧舒并节以驰骛:放开车的缰绳,让车马快速奔驰。并节,车的总辔。逴(chuō)绝垠乎寒门:远行来到遥远北极的寒门。逴,超越。绝垠,天的边际。寒门,传说中北方极寒冷的地方。《淮南子》:"北方曰北极之山,曰寒门。" ⑨轶迅风于清源:超越疾风之野,来到北海。蒋骥《山带阁注楚辞》:"清源,水源,谓北海也。"颛顼:这里指北方之神。洪兴祖《补注》:"北方壬癸,其帝颛顼,其神玄冥。"增冰:层层积累的冰山。增,通"层"。 ⑩玄冥:北方之神。邪径:绕道。乘间维:登到天空之上。间维是神话中计算天空间距的单位,这里代指天空。 ⑪黔嬴:神话中的天上造化之神。平路:铺平道路。 ⑫经营:往来周游。四荒:四方边远的地方。六漠:上下四方。 ⑬列缺:天空的极高处,一说闪电发生处。降望大壑:下望东海,俯视极低的深谷。 ⑭峥嵘:深邃貌。廖廓:旷远。 ⑮至清:最为虚静的境界。泰初:元气始萌,为万物之本。

卜　　居①

屈原既放,三年不得复见②,竭知尽忠,而蔽鄣于谗③,心烦虑乱,不知所从④。乃往见太卜郑詹尹曰⑤:"余有所疑,愿因先生决之⑥。"詹尹乃端策拂龟曰⑦:"君将何以教之⑧?"

屈原曰:"吾宁悃悃款款,朴以忠乎⑨?将送往劳来,斯无穷乎⑩?宁诛锄草茅,以力耕乎⑪?将游大人,以成名乎⑫?宁正言不讳,以危身乎⑬?将从俗富贵,以媮生乎⑭?宁超然高举,以保真乎⑮?将哫訾栗斯,喔咿儒儿,以事妇人乎⑯?宁廉洁正直,以自清乎?将突梯滑稽,如脂如韦,以洁楹乎⑰?宁昂昂若千里之驹乎⑱?将氾氾若水中之凫乎?与波上下,偷以全吾躯乎⑲?宁与骐骥亢轭乎⑳?将随驽马之迹乎㉑?宁与黄鹄比翼乎㉒?将与鸡鹜争食乎㉓?此孰吉孰凶?何去何从?世溷浊而不清,蝉翼为重,千钧为轻㉔;黄钟毁弃,瓦釜雷鸣㉕;谗人高张,贤士无名㉖。吁嗟默默兮,谁知吾之廉贞㉗?"

詹尹乃释策而谢,曰㉘:"夫尺有所短,寸有所长,物有所不足,智有所不明,数有所不逮,神有所不通㉙。用君之心,行君之意㉚。龟策诚不能知事㉛。"

[**注释**]①卜居,即卜问居世之道。王逸《章句》题为屈原所作。文中假托屈原请太卜决疑,提出八组相互对立的人生态度与处世原则,倾泻出作者对现实黑白颠倒的愤激和不满。　②既放:已经被放逐。复见:再见到楚王。③知:通"智",智慧。蔽鄣于谗:被谗言所障蔽阻隔。鄣,即"障",被遮掩。④不知所从:不知道该怎么办,失意惆怅貌。　⑤太卜:掌管卜筮的官员。郑詹尹:姓郑的掌管占卜的官。詹,通"占"。　⑥因先生决之:通过先生占卜,决定是非取舍。因,由。　⑦端策:摆正占卜用的蓍草。拂龟:拂拭干净占卜用的龟甲。　⑧君将何以教之:这是谦虚的说法,意即:有何见教?　⑨宁:宁愿。悃(kǔn)悃款(kuǎn)款:诚实无保留貌。款,或作款。朴以忠:朴实而忠诚。　⑩送往劳来:送往迎来,这里指巧于周旋。劳,慰问。斯:如此。⑪诛锄草茅:剪除杂草,比喻自食其力。　⑫游大人:与达官贵人交游。大人,贵人。成名:谋取荣誉。　⑬正言不讳:正直地进言,无所忌讳。讳,隐瞒。危身:危及自身的安全。　⑭从俗:迎合世俗。媮(tōu)生:苟且活着。媮,"偷"的异体字。　⑮超然高举:远走高飞,归于隐逸。保真:保存本性。⑯哫訾(zú zī)栗斯:阿谀奉承,曲意诌媚作态。喔咿儒儿:强作笑颜,欲言又止之态。妇人:指楚怀王的宠姬郑袖。　⑰突梯滑稽:指处世圆滑,言谈善于顺从逢迎。如脂如韦:像油脂一样顺滑,像牛皮一样柔软,指善于周旋应对。韦,熟牛皮。絜楹:随从曲直,投其所好。絜,一本作"絜",木匠测量圆形叫絜。楹,柱。王夫之《通释》:"毁方为圆,如匠者絜度楹柱,必欲其圆也。"　⑱昂昂:气概轩昂貌。　⑲氾氾:浮游不定貌。氾,一本作"泛"。凫:野鸭。　⑳骐骥:骏马。亢轭(è):并行。亢,通"伉"。轭,车辕前套在牲口脖子上的曲木。㉑驽马:劣马。　㉒黄鹄:天鹅。比翼:齐飞。　㉓鹜(wù):鸭子。　㉔蝉翼为重:蝉的翅膀本来很轻,却说为重。千钧为轻:千钧之重物,却被说成轻。钧,三十斤为一钧。　㉕黄钟:古乐中的十二律之一,其器大,声音宏大。这里代指巨大的编钟。瓦釜雷鸣:瓦锅本不是乐器,却被敲得像雷声一样响。　㉖高张:位居高位而趾高气扬。无名:没有名位。　㉗吁嗟:叹息。默默:默不作声。

㉘释策而谢:放下准备占卜用的蓍草,表示辞谢。　㉙数:指蓍数,占卜之术。神有所不通:意谓有的事情,神明也不能回答。　㉚用君之心:意谓依据你心中的判断去做吧。行,实行。　㉛诚:的确。不能知事:指不能回答屈原提出的问题。

渔　　父①

屈原既放,游于江潭,行吟泽畔②。颜色憔悴,形容枯槁③。渔父见而问之曰:"子非三闾大夫与?何故至于斯④?"屈原曰:"举世皆浊我独清,众人皆醉我独醒,是以见放⑤。"渔父曰:"圣人不凝滞于物,而能与世推移⑥。世人皆浊,何不淈其泥而扬其波⑦?众人皆醉,何不铺其糟而歠其醨⑧?何故深思高举,自令放为⑨?"屈原曰:"吾闻之,新沐者必弹冠,新浴者必振衣⑩。安能以身之察察,受物之汶汶者乎⑪?宁赴湘流,葬于江鱼之腹中,安能以皓皓之白,而蒙世俗之尘埃乎⑫?"

渔父莞尔而笑,鼓枻而去⑬。歌曰:"沧浪之水清兮,可以濯吾缨;沧浪之水浊兮,可以濯吾足⑭。"遂去,不复与言。

[注释]①王逸《章句》题为屈原作,司马迁将此事载入《史记·屈原贾生列传》中。篇中记述屈原与渔父间的一场对话,展现了两种不同的人生态度。至于事实的有无,已不可考了。　②江潭:泛指江滨之地。《史记·屈原贾生列传》作"屈原至于江滨,披发行吟泽畔"。　③颜色憔悴:脸色消瘦,困顿萎靡貌。形容枯槁:身体干瘦,皮肤枯涩。　④三闾大夫:屈原曾任三闾大夫一

职。与:通"欤",表示疑问语气。何故至于斯:为什么困窘潦倒至如此地步。 ⑤举世:整个社会。举,全部。清、浊:指道德品行的清正,抑或卑污。醉、醒:指守护人格的清醒,抑或浑沌。 ⑥凝滞:固守执著。凝,冻结。滞:不流动。物:外物,相对于自我而言。与世推移:随外界变化而改变自己。 ⑦淈(gǔ):搅浑。扬:激起。 ⑧铺(bǔ):食。糟:酒糟。歠(chuò):同"啜",饮。醨(lí):同"醨",薄酒。 ⑨深思高举:指忧国忧民,而保持高洁的品质。"何故深思高举,自令放为",《史记·屈原贾生列传》作"何故怀瑾握玉,而自令见放为"。 ⑩新沐者必弹冠:刚洗头发的人一定会弹去帽子上面的灰尘。新浴者必振衣:刚洗澡的人一定会抖动衣服除去上面的灰尘。二句乃是当时的成语。 ⑪察察:洁白。汶汶(wèn):昏暗不明貌,这里指污浊,不干净。 ⑫赴:奔赴,投入。皓皓:洁白之貌。蒙:遭受。 ⑬莞尔:微笑貌。鼓枻(yì):划动船桨。枻,船桨。 ⑭沧浪之水:汉水支流。濯:洗。缨:帽带。

九 辩①

悲哉秋之为气也②!萧瑟兮草木摇落而变衰③,憭慄兮若在远行④,登山临水兮送将归⑤,泬寥兮天高而气清⑥,寂寥兮收潦而水清⑦,憯悽增欷兮薄寒之中人⑧,怆怳懭悢兮去故而就新⑨,坎廪兮贫士失职而志不平⑩,廓落兮羁旅而无友生⑪。惆怅兮而私自怜。燕翩翩其辞归兮,蝉寂漠而无声。雁廱廱而南游兮,鹍鸡啁哳而悲鸣⑫。独申旦而不寐兮,哀蟋蟀之宵征⑬。时亹亹而过中兮,蹇淹留而无成⑭。

[注释]①"九辩"本是古代乐曲名。王逸《章句》说宋玉悯惜其师屈原"忠而放逐,故作《九辩》以述其志"。今人通常认为《九辩》是宋玉的自我抒情之作。它以悲秋为主题,将描写深秋景物与自伤身世、感时忧国融为一体,是中国古代悲秋诗赋之祖。 ②秋之为气:秋天形成的气氛。 ③萧瑟:秋风吹动草木的声音。 ④憭慄(liáo lì):内心悲伤、凄怆貌。若在远行:好似远离家乡,羁旅在外。 ⑤送将归:送别即将归去的人。 ⑥泬(xuè)寥:天地空旷、虚无貌。气清:天气寒冷。清,通"清",寒也。刘永济《通笺》:"后人习用天高气清,从清明取义,非屈子本意。" ⑦寂寥:形容秋水深而清的景象。寥,一本作"漻"。收潦:夏日的积水退尽。 ⑧憯(cǎn)悽增欷(xī):悲痛、感伤,叹息不已。憯,同"惨"。增,反复。欷,叹气。薄寒:初秋的寒气。

中(zhòng),侵袭。 ⑨怆怳(chuàng huǎng):怅惘失意貌。圹恨(kuàng lǎng):内心忧伤、失意貌。去故而就新:离开故地,前往新的地方。 ⑩坎廪(lǐn):坎坷不遇、失志不平貌。失职:丢掉官职。 ⑪廓落:内心空虚寂寞。羁旅而无友生:滞留异乡,身边没有朋友。 ⑫雍(yōng)雍:和谐的鸣声。鹍(kūn)鸡:一种鸟,似鸡而稍大,羽毛黄白色。啁哳(zhōu zhā):鸟鸣声细碎而急促。 ⑬申旦:直到天亮,通宵达旦。申,到。宵征:指蟋蟀在夜间跳动,不停地鸣叫。 ⑭亹(wěi)亹:前进不止貌。过中:已过中年。淹留:滞留而无进步。

悲忧穷戚兮独处廓①,有美一人兮心不绎②。去乡离家兮徕远客③,超逍遥兮今焉薄④?专思君兮不可化,君不知兮可奈何!蓄怨兮积思,心烦憺兮忘食事⑤。愿一见兮道余意,君之心兮与余异。车既驾兮朅而归⑥,不得见兮心伤悲。倚结轸兮长太息⑦,涕潺湲兮下沾轼⑧。慷慨绝兮不得⑨,中瞀乱兮迷惑⑩。私自怜兮何极?心怦怦兮谅直⑪。

[注释]①穷戚:穷困、局促。戚,通"蹙"。处廓:孤立独处,内心空无着落。 ②有美一人:有一位美人。旧说指屈原,今多认为是宋玉自指。不绎:心情不愉快。绎,通"怿"。 ③徕远客:来到荒远之地,孤身为客。徕,通"来"。 ④超逍遥:意指流浪远方,行踪浮游不定。焉薄:不知去到何方。薄:止息。 ⑤烦憺:烦闷、焦虑,忧心如焚。憺,忧虑。忘食事:忘却饮食之事。 ⑥朅(qiè)而归:离开此地,回到故乡。朅,离去。 ⑦结轸(líng):轸是车厢四周的栏木,因呈交错状,故名结轸。 ⑧潺湲:泪流不止貌。沾轼:形容眼泪打湿了车前扶手的横木。 ⑨慷慨:愤激不平。绝:断绝、控制情感。 ⑩中:内心。瞀(mào)乱:烦乱。 ⑪怦怦:内心激动、急迫貌。谅直:忠诚、正直。

皇天平分四时兮,窃独悲此廪秋①。白露既下百草兮,奄离披此梧楸②。去白日之昭昭兮,袭长夜之悠悠③。离芳蔼之方壮兮,余萎约而悲愁④。秋既先戒以白露兮,冬又申之以严霜⑤。收恢台之孟夏兮,然欿傺而沈藏⑥。叶菸邑而无色兮,枝烦挐而交横⑦。颜淫溢而将罢兮,柯彷佛而萎黄⑧。萷櫹槮之可哀兮,形销铄而瘀伤⑨。惟其纷糅而将落兮,恨其失时而无当⑩。揽骓辔而下节兮,聊逍遥以相佯⑪。岁忽忽而遒尽兮,恐余寿之弗将⑫。悼余生之不时兮,逢此世之俇攘⑬。澹容与而独倚兮,蟋蟀鸣此西堂⑭。心怵惕而震荡兮,何所忧之多方⑮。卬明月而太息兮,步列星而极明⑯。

[注释]①平分:平均分配。廪秋:寒秋。廪,一作"凛",寒冷。 ②白露:秋天的露水。奄:突然。离披此梧楸:形容梧桐和楸树枝叶疏落、凋零四散。离披,一作"离被",分散貌。 ③去白日之昭昭:光明的白天过去了。袭长夜之悠悠:进入漫长的秋夜。袭,进入。悠悠:长久貌。 ④芳蔼:芳菲而繁盛,形容人的壮年。余萎约而悲愁:意谓进入老年,我贫病交加,愁肠百结。萎约,形容因病而瘦弱。萎,枯萎。约,穷困。 ⑤先戒:意谓秋天先降下白露,作为预警。申:重。 ⑥收恢台之孟夏:意谓盛夏万物蓬勃生长,一片浩然丰茂的气象,随着秋天的降临这一切都收敛了。恢台,繁盛润泽貌。孟夏:初夏。欿(kǎn)傺而沈藏:进入了枯萎、凋谢、收藏的季节。欿傺,陷落,停止。 ⑦菸(yū)邑:枯萎。烦挐(rú):形容树枝纷乱,交错纵横。 ⑧颜淫溢而将罢:形容枝叶的颜色逐渐变得暗淡、枯败,即将凋落。淫溢,色彩灰暗过度。柯彷佛而萎黄:这里指枝叶的颜色模糊、枯萎,不鲜亮。彷佛,模糊。 ⑨萷(xiāo)櫹槮(xiāo sēn):形容树梢落尽叶子,枝干光秃上耸貌。萷,同"梢"。櫹槮,萧森、萧条。销铄而瘀伤:形容树体干枯受损,好像内部受到损伤。 ⑩惟:思。纷糅:众多而错杂。失时而无当:错过了繁盛生长的时令,没有好的际遇。当,遇合。 ⑪揽骓(fēi)辔而下节:手持马缰绳,使马减速

缓行,徜徉徘徊。擥,同"揽"。下节,停止挥鞭。 ⑫遒尽:时值岁暮,迫近一年终结。遒,迫近。弗将:不长。 ⑬不时:生不逢时。俇(kuāng)攘:动荡纷乱貌。 ⑭澹容与:恬淡、孤寂、闲散貌。倚:斜靠。 ⑮怵惕(chù chì)而震荡:内心惊惧,动荡不安。怵惕,震惊貌。多方:很多方面,指所忧之事一起袭来。 ⑯卬(yǎn):通"仰",仰望。步列星:徘徊于星光下。极明:一直到天亮。

　　窃悲夫蕙华之曾敷兮,纷旖旎乎都房①。何曾华之无实兮,从风雨而飞飏②!以为君独服此蕙兮,羌无以异于众芳③。闵奇思之不通兮,将去君而高翔④。心闵怜之惨悽兮,愿一见而有明⑤。重无怨而生离兮,中结轸而增伤⑥。岂不郁陶而思君兮?君之门以九重⑦!猛犬狺狺而迎吠兮,关梁闭而不通⑧。皇天淫溢而秋霖兮,后土何时而得漧⑨?块独守此无泽兮,仰浮云而永叹⑩!

　　[注释]①蕙华之曾敷:蕙草的花层层开放。华,通"花"。曾,重,通"层"。旖旎(yǐ nǐ):繁盛摇曳貌。都房:华屋。都,华美。 ②曾华:一层层的花。飞飏(yáng):飞扬,随风雨而飘落。飏,通"扬"。 ③君:指楚王。服:佩带。众芳:指一般的花草。刘永济《音注详解》:"此言当初以为君信任己,岂知只以众人一般相待。" ④闵奇思之不通:悲悯自己非凡的理想不能上通君王,指不能被君王采纳。奇思,指治国之理念超出众人之上。 ⑤闵怜:痛苦悲伤。有明:指自我表白。 ⑥无怨而生离:与君王之间并无深怨,而被放逐而别离。一说无怨,即无罪。中结轸而增伤:内心因郁结而沉痛,更加伤悲。结轸,郁结。 ⑦郁陶:忧思郁结貌。君门九重:旧说天子有九门,这里是与君王阻隔难通的意思。 ⑧狺狺(yín):狗叫的声音。关梁:道路,桥梁。 ⑨秋霖:秋雨。霖,久下不止的雨。漧(gān):同"乾(干)",干燥。 ⑩块:孤独。无泽:荒芜的洼地。无,通"芜"。泽,积水的洼地。

何时俗之工巧兮？背绳墨而改错①！却骐骥而不乘兮,策驽骀而取路②。当世岂无骐骥兮,诚莫之能善御③。见执辔者非其人兮,故駶跳而远去④。凫雁皆唼梁藻兮,凤愈飘翔而高举⑤。圜凿而方枘兮,吾固知其鉏铻而难入⑥。众鸟皆有所登栖兮,凤独遑遑而无所集⑦。愿衔枚而无言兮,尝被君之渥洽⑧。太公九十乃显荣兮,诚未遇其匹合⑨。谓骐骥兮安归？谓凤皇兮安栖⑩？变古易俗兮世衰,今之相者兮举肥⑪。骐骥伏匿而不见兮,凤皇高飞而不下⑫。鸟兽犹知怀德兮,何云贤士之不处⑬？骥不骤进而求服兮,凤亦不贪馁而妄食⑭。君弃远而不察兮,虽愿忠其焉得⑮？欲寂漠而绝端兮,窃不敢忘初之厚德⑯。独悲愁其伤人兮,冯郁郁其何极⑰？霜露惨悽而交下兮,心尚幸其弗济⑱。霰雪雰糅其增加兮,乃知遭命之将至⑲。愿徼幸而有待兮,泊莽莽与埜草同死⑳。愿自往而径游兮,路壅绝而不通㉑。欲循道而平驱兮,又未知其所从㉒。然中路而迷惑兮,自压桉而学诵㉓。性愚陋以褊浅兮,信未达乎从容㉔。

[注释]①工巧:善于取巧。改错:改变正确的措施。错,通"措",措施。②却骐骥:将骏马弃置不用。策驽骀(nú tái):却赶着劣马上路。策,鞭子,这里指驾驭。驽骀,最下等的劣马。 ③当世:当今。莫之能善御:没有人能够善于驾驭它。 ④駶(jú)跳:跳跃。一本作"驹跳",或"骗駣"。刘永济《音注详解》:"世非无贤,用之不得其道,如有良马而人御之无道,良马亦不受其驾驭而跳走也。" ⑤唼(shà)梁藻:野鸭与雁以稻粱水草为食,喻指世俗平庸之辈。唼,水鸟吃食貌。飘翔:飘然远翔。 ⑥圜凿:圆形的凿孔。方枘(ruì):方形的榫头。鉏铻(jǔ yǔ):同"龃龉",不相合。 ⑦登栖:鸟升于树。遑遑:往来匆忙貌。一本作"惶惶"。集:栖息,停留。 ⑧衔枚:口含木片,以

使无言,此指缄默不语。尝被君之渥洽(wò qià):意谓我曾经蒙受过君王深厚的恩泽。渥,厚。洽,恩泽。 ⑨太公:姜太公姜尚。显荣:显赫荣耀。 ⑩安归:何处是骐骥的归宿。安栖:何处是凤凰的栖身之所。 ⑪相者:相马的人。举肥:推选肥马。 ⑫伏匿:隐藏。 ⑬鸟兽犹知怀德:天下有道,凤凰麒麟则出现于世;天下无道,凤凰麒麟则隐匿不见,故云归德。贤士之不处:意谓贤者怎么能没有自己的处世之道呢。 ⑭骥不骤进而求服:骏马不会主动迫切要求为人拉车。服,拉车。不贪馁(wèi)而妄食:凤凰不会贪图喂养而胡乱进食。比喻贤者不肯枉道求进,而坚持自己的原则。馁,同"喂"。 ⑮弃远:将贤才弃置远处。焉得:如何才能够贡献自己的忠诚。 ⑯欲寂漠而绝端:想要甘守寂寞,不再思念君王。寂漠,即"寂寞"。绝端,断绝思绪。初之厚德:指怀王当初对屈原的信任与重用。 ⑰冯郁郁其何极:忧愁愤懑,填满胸臆,何处是终极。冯,通"凭",充满。 ⑱交下:指寒露严霜一起降下。幸其弗济:侥幸希望它不会成功。刘永济《音注详解》:"回忆党人乱政之始,如霜露初降,犹幸其严寒不甚,比言不成大祸也。" ⑲霰雪雰(fēn)糅:形容大雪漫天,纷纷降下。遭命之将至:命中所要遭受的凶祸将要降临了。 ⑳徼幸:同"侥幸",意外地免除。泊莽莽与壄草同死:将与无边的野草一起被霜雪摧残而死。泊莽莽,无边无际。壄:古"野"字。 ㉑自往、径游:指直接前去见楚王,陈说治国之策。此句一作"愿自直而径往"。 ㉒循道而平驱:顺着寻常的途径,平稳地前进。未知其所从:不知道从哪里开始。 ㉓然:于是。压桉(àn)而学诵:克制自己的情感,学习写作辞诵,以为讽谏之用。桉,同"按"。诵,文体名,指辞赋。 ㉔褊(piān)浅:狭隘,浅薄。信未达乎从容:实在不知道如何行动才好。从容,举动、行为。

窃美申包胥之气盛兮,恐时世之不固①。何时俗之工巧兮?灭规矩而改凿②!独耿介而不随兮,愿慕先圣之遗教③。处浊世而显荣兮,非余心之所乐。与其无义而有名兮,宁穷处而守高④。食不媮而为饱兮,衣不苟而为温⑤。窃慕诗人之遗风兮,愿托志乎素餐⑥。蹇充倔而无端兮,泊莽莽而无垠⑦。无衣裘以御冬兮,恐溘死不得见乎阳春⑧。

[注释]①申包胥:春秋时楚国大夫,姓公孙,封于申,故称申包胥。王逸《章句》:"昔伍子胥得罪于楚,将适于吴,见申包胥谓曰:'我必亡郢。'申包胥答曰:'子能亡之,我能存之。'遂出奔吴,为吴王阖闾兴兵而伐楚,破郢。昭王出奔,于是申包胥乃之秦,请救兵,鹤立于秦庭,啼呼悲泣,七日七夜不绝声,勺饮不入口。秦伯哀之,为发兵救楚。昭王复国,故言气盛世也。"时世之不固:时局有所不同。固,当做"同"。 ②灭规矩而改凿:指不用圆规和直尺而胡乱凿孔。规矩,圆规和直尺。凿,凿孔,打眼。 ③耿介而不随:光明正大,不随从世俗。先圣之遗教:前代圣贤传下来的教导。 ④名:显赫的名声。穷处而守高:处于穷困之中,而保持高洁的人格。 ⑤食不媮而为饱:食之有道,即使没吃饱也感到满足。媮,同"偷",苟且。衣不苟而为温:衣之有道,即使不暖和心里也感到舒坦。苟:苟且。 ⑥诗人:特指《诗经》中作品的作者。遗风:前代遗留下来的风尚。托志乎素餐:意谓愿做一个隐逸君子,食之有道。"素餐"语出《诗经·魏风·伐檀》:"彼君子兮,不素餐兮。"三家诗说《伐檀》是"伤贤者隐避,素餐在位"。刘永济《音注详解》:"慕诗人之遗风,即慕先圣之遗教,而不偷不苟之义,即所谓耿介不随也。" ⑦充倔而无端:形容衣衫破烂,生活困窘,苦难没有尽头。 ⑧溘死:突然死去。阳春:温暖的春天。

靓杪秋之遥夜兮,心缭悷而有哀①。春秋逴逴而日高兮,然惆怅而自悲②。四时递来而卒岁兮,阴阳不可与俪偕③。白日晼晚其将入兮,明月销铄而减毁④。岁忽忽而遒尽兮,老冉冉而愈弛⑤。心摇悦而日幸兮,然怊怅而无冀⑥。中憯恻之悽怆兮,长太息而增欷⑦。年洋洋以日往兮,老嵺廓而无处⑧。事亹亹而觊进兮,蹇淹留而踌躇⑨。

[注释]①靓(jìng):或当做"觏",面对。一说通"静"。杪(miǎo)秋:暮秋。缭悷:缠绕而郁结。 ②春秋:指年岁。逴(chuō)逴而日高:随着岁月

流逝,人一天天老去。逴逴,高貌,一说越走越远。 ③四时:指春、夏、秋、冬四季。递来:一个接一个地更迭而来。阴阳:指运行不息的时光。俪偕:共同,一起。王逸《章句》:"寒来暑往,难追逐也。" ④晼晚:日落时昏暗貌。入:指日落。销铄:指月缺。洪兴祖《补注》:"日出于东方,入于西极,故言入。月三五而盈,三五而缺,故言减毁。" ⑤冉冉:逐渐。遒:迫近。愈弛:形容身体日渐衰老。 ⑥摇悦而日幸:形容心神激动飞越,希望回到朝廷。摇悦,一说当做"摇怳",摇漾。怊怅:失意伤感貌。无冀:失去希望。 ⑦中憯(cǎn)恻而悽怆:内心悲伤,感觉凄凉。增欷:反复地叹息,抽泣。 ⑧年洋洋以日往:岁月如同流水般逝去。洋洋,广大无际貌。老嶚(liáo)廓而无处:年老孤独寂寞,无处可以托身。嶚廓,空旷貌。 ⑨事亹亹而觊进:世事运行不息,自己勤勉不懈,希望有所进取。亹亹,勤勉而不懈怠。踌躇:徘徊,无所进展。

何氾滥之浮云兮?猋壅蔽此明月①。忠昭昭而愿见兮,然霠曀而莫达②。愿皓日之显行兮,云蒙蒙而蔽之③。窃不自料而愿忠兮,或黕点而汙之④。尧舜之抗行兮,瞭冥冥而薄天⑤。何险巇之嫉妒兮?被以不慈之伪名⑥。彼日月之照明兮,尚黯黮而有瑕⑦。何况一国之事兮,亦多端而胶加⑧。

[注释]①氾滥:即"泛滥",形容浮云如洪水奔涌。猋(biāo):犬奔跑貌,这里是迅疾的意思。壅蔽:遮盖。 ②忠昭昭而愿见:一片昭昭不二的忠贞之心,愿意呈现在君王之前。见,同"现"。霠曀(yīn yì):乌云蔽日,因而天色阴暗。霠,云遮日。曀,阴暗。 ③皓日之显行:如同太阳,光明显耀地运行于空中。蒙蒙:云气迷蒙。 ④不自料:不自量。料,一作"聊"。或黕(dǎn)点而汙之:有人涂上墨点将它玷污。黕,黑点,玷污。 ⑤抗行:高尚的行为。瞭冥冥而薄天:意谓尧舜品德高迈而光明,可以与天比高。瞭冥冥,明亮而高远貌。薄,迫近。 ⑥险巇(xī):艰险,此指险恶的小人。被以不慈之伪名:参见《九章·哀郢》"众谗人之嫉妒兮,被以不慈之伪名"注。 ⑦尚黯黮

(dàn)而有瑕:意谓日月照明天下,尚且染有斑点。黯黮,昏暗。 ⑧多端:头绪众多。胶加:纠缠不清。

　　被荷裯之晏晏兮,然潢洋而不可带①。既骄美而伐武兮,负左右之耿介②。憎愠惀之修美兮,好夫人之慷慨③。众踥蹀而日进兮,美超远而逾迈④。农夫辍耕而容与兮,恐田野之芜秽⑤。事绵绵而多私兮,窃悼后之危败⑥。世雷同而炫曜兮,何毁誉之昧昧⑦!今修饰而窥镜兮,后尚可以窜藏⑧。愿寄言夫流星兮,羌儵忽而难当⑨。卒壅蔽此浮云,下暗漠而无光⑩。尧舜皆有所举任兮,故高枕而自适⑪。谅无怨于天下兮,心焉取此怵惕⑫?乘骐骥之浏浏兮,驭安用夫强策⑬?谅城郭之不足恃兮,虽重介之何益⑭?遭翼翼而无终兮,忳惛惛而愁约⑮。生天地之若过兮,功不成而无效⑯。愿沈滞而不见兮,尚欲布名乎天下⑰。然潢洋而不遇兮,直怐愁而自苦⑱。莽洋洋而无极兮,忽翱翔之焉薄⑲?国有骥而不知乘兮,焉皇皇而更索⑳?宁戚讴于车下兮,桓公闻而知之㉑。无伯乐之善相兮,今谁使乎誉之㉒?罔流涕以聊虑兮,惟著意而得之㉓。纷纯纯之愿忠兮,妒被离而鄣之㉔。

　　[注释]①被荷裯(dāo)之晏晏:比喻有人身披荷叶做的短衣,看起来轻柔又漂亮。裯,短衣。晏晏,鲜丽貌。潢(huáng)洋而不可带:意谓穿着虽美,但过于宽大不贴身,不能系上带子。潢洋,空阔无着落貌。 ②骄美:自矜其美。伐武:夸耀勇武。伐,夸耀。负:背离。左右之耿介:指身边耿介之大臣。 ③憎愠惀(wěn lǔn)之修美:憎恶那些忠诚而有品德高尚的君子。愠惀,即纷纭,形容节操修美繁盛。好夫人之慷慨:喜爱那些表面积极、故作慷慨的小人。 ④众踥蹀而日进:群小奔走钻营,地位一天天上升。踥蹀,小

步行进貌。超远而逾迈:正直之臣受到排挤,日益被疏远。 ⑤辍耕而容与:停止耕作,嬉游闲适。芜秽:荒废。 ⑥事绵绵而多私:指群小误国,不断地以私害公。绵绵,连续不断。窃悼后之危败:恐怕以后会丧失政权,子孙绝祀。 ⑦雷同而炫曜:本指雷声一响,山谷回应,这里指众口一词,互相吹捧。毁誉之昧昧:或毁谤,或赞美,是非颠倒,忠奸不分。昧昧,昏暗不明貌。 ⑧修饰而窥镜:照镜子来修饰容貌,指整饬内政,发现问题。窜藏:逃匿,此指避开危难,自我保全。 ⑨寄言:托人带信。儵忽而难当:意谓流星飞得很快,难以相遇。刘永济《音注详解》:"我愿将此意托流星传达楚君,乃流星倏忽而逝,不易相值,寄言亦无由得达。" ⑩卒壅蔽此浮云:最终浮云遮蔽了天空。暗漠:昏暗。 ⑪举任:选拔和任用。高枕而自适:意即高枕无忧。 ⑫谅:确实。心焉取此怵惕:何必要心怀惊惧。刘永济《音注详解》:"此言政治修明则下民无怨,果真能使下民无怨,则在上者无所用其恐惧。" ⑬浏浏:义同"溜溜",顺行不碍貌。强策:强劲的马鞭。 ⑭恃:倚靠。重介之何益:虽有坚甲利兵,又有什么用处。介,铠甲。 ⑮遭翼翼而无终:作者自诉平生遭遇艰难,因此行为小心谨慎,仍然没有结果。遭,行不进。翼翼,小心谨慎貌。忳惛(hūn)惛而愁约:形容忧愁苦闷貌。惛惛,郁闷貌。 ⑯若过:好像白驹过隙。一说好像过客之不久留。无效:没有成效。 ⑰沈滞:埋没,退隐。布名:扬名。刘永济《音注详解》:"此言我既已废绌,尚想以功业垂名于当世。" ⑱潢洋:空荡无着落貌,这里形容无所遇合。直怐愁(kòu mòu)而自苦:只是一味愚忠,自寻烦恼。怐愁,愚昧。 ⑲莽洋洋而无极:形容荒野茫茫无边,没有尽头。忽翱翔之焉薄:上下翻飞,哪里可以停留。 ⑳皇皇:通"遑遑",往来匆忙貌。更索:另外去寻求。 ㉑宁戚:参见《离骚》"宁戚之讴歌兮,齐桓闻以该辅"注。讴:唱歌。 ㉒善相:善于相马,辨别马的优劣。誉:称赞。一本作"訾",估量。 ㉓罔流涕以聊虑:意谓内心怅惘失意,一边流泪,一边思虑不已。罔,通"惘",失意。著意而得之:指君王只有用心寻求,才能得到贤臣。 ㉔纷纯纯:忠诚专一貌。纯纯,一本作"忳忳"。被离:同"披离",众多而杂乱貌。鄣:同"障",阻碍。

愿赐不肖之躯而别离兮,放游志乎云中①。乘精气之抟抟兮,骛诸神之湛湛②。骖白霓之习习兮,历群灵之丰丰③。左朱雀之茇茇兮,右苍龙之躣躣④。属雷师之阗阗兮,通飞廉之衙衙⑤。前轻辌之锵锵兮,后辎乘之从从⑥。载云旗之委蛇兮,扈屯骑之容容⑦。计专专之不可化兮,愿遂推而为臧⑧。赖皇天之厚德兮,还及君之无恙⑨。

[**注释**]①不肖:不材、不贤之人,诗人自指。别离:离别,离开君王,隐逸游仙。放游志:逍遥漫游,以寄托心志。刘永济《音注详解》:"此下皆无可奈何之情,聊以寄托心神于想象境界中,或可忘忧也。" ②精气:天地之元气。抟(tuán)抟:密集、聚集成团。骛:驰逐、追逐。湛湛:厚集貌。 ③骖白霓:以白色的虹霓来驾车。习习:飞动貌,形容车行和谐。历群灵之丰丰:与众多的天神同游。丰丰,众多、密布貌。 ④朱雀:二十八宿中南方七星相连,形似朱鸟,名曰朱雀,用作神鸟之名。茇(pèi)茇:翩翩飞翔貌。苍龙:二十八宿中东方七宿形似飞龙,名曰苍龙,用作神龙之名。躣(qú)躣:龙行迅疾之貌。 ⑤属:连接、紧随其后。雷师之阗(tián)阗:形容雷声轰鸣。通:一本作"导",在前导引。衙(yú)衙:指风神列队行进貌。 ⑥轻辌(liáng):轻便的车。轻,一本作"轻"。辌:一种卧车。锵锵:形容车铃鸣声悦耳。辎乘(shèng):载重的车。从从:玉鸣声,通"玑玑"。 ⑦扈屯骑之容容:形容随从侍卫人数众多,车骑聚集,场面盛大貌。扈,随从。屯,聚集。容容,纷乱貌。 ⑧专专之不可化:诗人自谓虽放志纵游,然而忠诚之心专一不二,不会改变。推而为臧:将自己的理想,推广为美政。臧,善、德政。 ⑨赖:依靠。君:指楚王。恙:疾病,灾祸。

招　　魂①

朕幼清以廉洁兮,身服义而未沬②。主此盛德兮,牵于俗而芜秽③。上无所考此盛德兮,长离殃而愁苦④。

帝告巫阳曰⑤:"有人在下,我欲辅之⑥。魂魄离散,汝筮予之⑦!"

巫阳对曰:"掌梦⑧。上帝其难从⑨。若必筮予之,恐后之谢,不能复用⑩。"

[**注释**]①王逸《章句》题为宋玉作,明清以来学者多认为是屈原所作。文中所招,一般认为是楚怀王的亡魂。楚怀王被骗入秦,三年后客死他乡。屈原以招魂的形式,表达了对楚怀王的悼念和对祖国的热爱。也有人认为是宋玉招楚顷襄王之魂,或屈原自招其生魂。　②清、廉、洁:皆指高尚的品质。王逸《章句》:"不求曰清,不受曰廉,不汙曰洁。"身服义而未沬(mèi):意谓自己践行道义,终生未曾懈息。沬,停止。一说通"昧"。　③主此盛德:保持清、廉、洁等美好的德操。牵于俗而芜秽:受到世俗的牵累,被人谗毁,蒙受垢耻。　④上无所考此盛德:楚王未能考察我的美德。上,指楚王。一说指天帝。离殃:遭受祸殃。离,通"罹",遭受。　⑤帝:天帝。巫阳:古代传说中的神巫,名叫阳。　⑥有人:指被招魂的人楚怀王。辅:保佑,辅佐。　⑦筮:占卜,指判明魂魄的去处。予:给予,指归还魂魄于楚怀王。之:代楚怀王。⑧掌梦:掌管占梦,意即:这是掌管占梦的巫的事情。　⑨上帝其难从:上帝,

这人的魂魄难以寻找。从,寻踪。一本作"上帝其命难从"。 ⑩恐后之谢:恐怕时间拖延,楚怀王的躯体朽坏。谢,凋敝,这里指尸体腐朽。一说指魂魄消散。不能复用:意谓躯体败坏,没有用了。王夫之《通释》:"言待筮而予,恐于期已后,魂已萎谢而无从招。"

巫阳焉乃下招曰①:魂兮归来!去君之恒干,何为四方些②?舍君之乐处,而离彼不祥些③!

魂兮归来!东方不可以讬些④。长人千仞,惟魂是索些⑤。十日代出,流金铄石些⑥。彼皆习之,魂往必释些⑦。归来兮!不可以讬些。

魂兮归来!南方不可以止些⑧。雕题黑齿,得人肉以祀,以其骨为醢些⑨。蝮蛇蓁蓁,封狐千里些⑩。雄虺九首,往来倏忽,吞人以益其心些⑪。归来兮!不可以久淫些⑫。

魂兮归来!西方之害,流沙千里些⑬。旋入雷渊,爢散而不可止些⑭。幸而得脱,其外旷宇些⑮。赤蚁若象,玄蜂若壶些⑯。五谷不生,藂菅是食些⑰。其土烂人,求水无所得些⑱。彷徉无所倚,广大无所极些⑲。归来兮!恐自遗贼些⑳。

魂兮归来!北方不可以止些。增冰峨峨,飞雪千里些㉑。归来兮!不可以久些。

魂兮归来!君无上天些㉒。虎豹九关,啄害下人些㉓。一夫九首,拔木九千些㉔。豺狼从目,往来侁侁些㉕;悬人以娭,投之深渊些㉖。致命于帝,然后得瞑些㉗。归来!往恐危身些㉘。

魂兮归来！君无下此幽都些㉙。土伯九约，其角觺觺些㉚。敦脄血拇，逐人駓駓些㉛。参目虎首，其身若牛些㉜。此皆甘人，归来！恐自遗灾些㉝。

　　魂兮归来！入修门些㉞。工祝招君，背行先些㉟。秦篝齐缕，郑绵络些㊱。招具该备，永啸呼些㊲。魂兮归来！反故居些。

[注释]①焉乃：于是。下招：向下界招魂。　②去君之恒干：离开魂魄平时寄托的躯体。干，躯干。何为四方：为什么在四方飘荡。些(suò)：楚地方言中的语气助词，也是巫术仪式中的专用语。　③舍君之乐处：舍弃你平日快乐生活的地方。离：通"罹"，遭受。不祥：不吉利，指四方上下的险恶。④托：托身，寄居。　⑤长人千仞：极言长人之高。仞是长度单位，八尺为一仞。惟魂是索：专门索取人的魂魄。索，搜寻。　⑥十日代出：十个太阳轮流升空。流金铄石：足以将金属与石头烤化。铄，熔化。　⑦彼皆习之：当地的人习以为常。魂往必释：游魂若是前去，一定会被高温销熔。释，消散。⑧止：停留。　⑨雕题黑齿：额头上刺有花纹，牙齿被染成黑色。题，额头。以其骨为醢：将其骨制为肉酱。　⑩蝮(fù)蛇蓁(zhēn)蓁：在草丛之中到处都有蝮蛇。蝮蛇是一种毒蛇，灰褐色，有花纹。蓁蓁，草木茂盛，聚集貌。封狐千里：封狐之多，出没千里之内。封，大。　⑪雄虺(huǐ)九首：一种大毒蛇，长有九个头。儵忽：迅疾貌。益：滋补。　⑫久淫：久留。淫，淹留。⑬流沙千里：传说西方有流动的沙漠，广漠无际。　⑭旋入雷渊：游魂一旦被卷进雷渊之中。雷渊是神话中西方的水名。渊，一本作"泉"。靡散：糜烂破碎。　⑮脱：这里指逃脱雷渊。其外旷宇：雷渊之外，广阔的荒野。王逸《章句》："言从雷渊虽得免脱，其外复有旷远之野，无人之土也。"　⑯赤蚁若象：红色的蚂蚁如同象一样大。玄蜂若壶：黑蜂如同葫芦一样大。玄，黑色。壶，通"瓠"，葫芦。　⑰五谷：稻、稷、麦、豆、麻。藂菅(cóng jiān)是食：那里的人只能以野地丛生的茅草为食。藂，一作"丛"，丛生。菅，茅草之类。　⑱其土烂人：指西方之地酷热，使人身糜烂。王逸《章句》："言西方之地，温暑而热，焦烂人肉。渴欲求水，无有源泉，不可得之也。"　⑲彷徉：同"彷徨"，游

荡不定貌。无所倚:没有依靠。无所极:没有尽头。 ⑳遗(wèi)贼:带来灾害。贼,灾害。 ㉑增冰:指冰山。增,通"层"。峨峨:高耸貌。 ㉒无:通"毋",不要。 ㉓虎豹九关:指虎豹把守着重重天门。啄害下人:咬死下界的人。 ㉔一夫九首:一个天界巨人长有九个头。拔木九千:其力巨大足以拔起九千树木。 ㉕从目:竖着眼睛。从,通"纵"。侁(shēn)侁:众多貌。 ㉖悬人:把人倒提起来。娭:通"嬉",玩耍。 ㉗致命于帝:意谓残害下人之后,要上告于天帝。然后得瞑:然后才能闭上眼睛。 ㉘危身:有生命危险。 ㉙幽都:阴间的城府。 ㉚土伯九约:阴间的魔君身体臃肿弯曲,长有九个尾巴。土伯,相当于佛教传说中的阎王。九约:弯弯曲曲。一说九尾。觺(yí)觺:角锐利貌。 ㉛敦脄(méi):背上的肉很厚,高高隆起。敦,厚。脄,脊侧之肉。一说敦脄为魔怪的名称。血拇:血淋淋的爪子。拇,爪。逐:追赶。駓(pī)駓:跑得很快的样子。 ㉜参目:长有三个眼睛。参,同"三"。王逸《章句》:"言土伯之头,其貌如虎,而有三目,身又肥大,状如牛也。" ㉝甘人:以人肉为美味,即喜欢吃人。遗灾:自招灾难。 ㉞修门:高大的门,即为招魂所造牌楼的门。一说为郢都的城门。 ㉟工祝:指招魂之巫师。祝,男巫。背行:倒着走。先:先导,指在前面为魂魄引路。 ㊱秦篝(gōu):产于秦地的竹笼,是招魂之具。齐缕:产于齐地的线绳,系在竹笼上,以便手提。郑绵:产于郑地的丝絮。络:编织,指用郑绵织成笼衣。 ㊲招具:招魂用的器具。该备:齐备。该,齐全。永啸呼:长声啸呼。永,长。以上为招魂的第一部分,外陈四方之恶,告诉魂魄不可久留。

天地四方,多贼奸些①。像设君室,静闲安些②。高堂邃宇,槛层轩些③。层台累榭,临高山些④。网户朱缀,刻方连些⑤。冬有突厦,夏室寒些⑥。川谷径复,流潺湲些⑦。光风转蕙,氾崇兰些⑧。经堂入奥,朱尘筳些⑨。砥室翠翘,挂曲琼些⑩。翡翠珠被,烂齐光些⑪。蒻阿拂壁,罗帱张些⑫。纂组绮缟,结琦璜些⑬。室中之观,多珍怪些⑭。兰膏明烛,华容备些⑮。二八侍宿,射递代些⑯。九侯淑女,多迅众些⑰。盛鬋不同制,实满宫些⑱。容态好比,顺弥代些⑲。弱颜固植,謇其有意些⑳。姱容修态,絙洞房些㉑。蛾眉曼睩,目腾光些㉒。靡颜腻理,遗视矊些㉓。离榭修幕,侍君之闲些㉔。翡帷翠帐,饰高堂些㉕。红壁沙版,玄玉梁些㉖。仰观刻桷,画龙蛇些㉗。坐堂伏槛,临曲池些㉘。芙蓉始发,杂芰荷些㉙。紫茎屏风,文缘波些㉚。文异豹饰,侍陂陁些㉛。轩辌既低,步骑罗些㉜。兰薄户树,琼木篱些㉝。魂兮归来!何远为些㉞?

[注释]①贼奸:指以上所述天地四方的一切残害人的事物。贼,残贼,危害。 ②像设君室:遗像已安放在你的宫室里。像,画像。静闲安:楚宫廷内清静、舒适、安乐。 ③邃宇:深远的房屋。槛层轩:带有栏杆长廊的高堂。槛,以栏杆围绕。轩,走廊。 ④层台累榭:层层的高台,上面亭阁重叠。榭,建在台上的屋子。临高山:指台榭高出于山上。 ⑤网户:指网状花格的门。朱缀:红色饰纹,相互联结。刻方连:雕刻的方格图案。 ⑥宎(yào)厦:结构重深的大屋,可以御寒。宎,深。厦,大屋。 ⑦川谷径复:宫中的溪流曲折环绕。潺湲:水流细缓貌。 ⑧光风转蕙:春日阳光下,轻风掠过蕙草。汜崇兰:轻摇丛生的兰草,香气四溢。 ⑨经堂入奥:经过厅堂,进入内室。朱尘筵:铺设的是红色的地毯,一直延伸不断。朱尘,指红色的承尘。一说铺设在地,类似后世的地毯。一说即顶棚。 ⑩砥室:四壁平展光亮的屋子。翠翘:以翠鸟的羽毛做成拂拭灰尘的工具。挂曲琼:悬挂在玉钩之上。 ⑪翡翠珠被:被子上绣着翡翠,并缀以明珠。翡翠,鸟名。烂齐光:鸟羽色与宝珠光交相辉映。 ⑫蒻阿(ruò ē)拂壁:轻柔的丝绢遮住了墙壁。蒻,柔嫩的香蒲。阿,细缯,一种丝织品。罗帱张:室内张挂着罗丝帐。帱,帐。 ⑬纂组绮缟:指挂在帐上的各种颜色的丝带。纂,纯红色的丝带。组,五色错杂的丝带。绮,有花纹的丝绸。缟,素色的丝绸。结琦璜:指在丝带的末端系上美玉。琦,美玉。璜,半圆形的玉。 ⑭观:所看到的陈设之物。珍怪:珍奇且怪异。 ⑮兰膏:加香料的油脂,用来制烛,点燃时便会发出香味。华容:华

美的容貌,这里指美女。 ⑯二八:指16个美女分列两行。射递代:在夜间当值,轮换侍奉。"射",一本作"夕"。 ⑰九侯淑女:出身高贵的女子。迅众:出众。 ⑱盛鬋(jiǎn)不同制:指美女浓密的鬓发,不同样式。鬋,下垂的鬓发。实满宫:充满后宫。 ⑲容态:容貌姿态。好比:一个比一个美丽。顺弥代:实在是绝代佳人。顺,实在,真正,通"洵"。弥,尽。 ⑳弱颜固植:容貌温柔,在一旁侍立不动。植,一本作"立"。謇其有意:情意绵绵。 ㉑絚(gèng)洞房:形容美女众多,在幽深的洞房里往来不绝。絚,一本作"緪",原指粗绳子,这里形容连绵穿行不止。。 ㉒蛾眉曼睩(lù):女子的眉毛像蚕蛾一样秀美,眼珠转动,表情柔婉。腾光:目光荡漾有神。 ㉓靡颜腻理:形容侍女肌肤柔嫩,光彩照人。遗(wèi)视矊(mián):投送眼波,含情脉脉貌。 ㉔离榭修幕:出游于外,在离宫别馆以及临时建起的大帐篷内。大帐篷。闲:闲暇。 ㉕翡帷翠帐:翡翠色的幕帐。饰:装饰。 ㉖红壁:红色的墙壁。沙版:丹砂漆的户版。玄玉梁:以黑玉为饰的屋梁。玄,黑色。 ㉗刻桷(jué):雕刻有纹饰的方形椽子。龙蛇:指椽子上有龙形纹饰。 ㉘坐堂伏槛:入坐厅堂,伏在栏杆上。临曲池:面对回旋弯曲的小池塘。 ㉙芙蓉:莲花。芰荷:荷之一种,无藕卷荷。 ㉚紫茎屏风:屏风即荇菜,茎呈紫色。文缘波:随风在水中飘动,交织成花纹的形状。文,这里作动词,起波纹的意思。缘,一本作"绿"。 ㉛文异豹饰:指侍卫的衣服以花纹奇异的豹皮为饰。陂陀(pō tuó):高低不平的山坡。 ㉜轩辌(liáng):有篷的卧车。低:通"抵",到达。步骑罗:随从有的步行,有的骑马,罗列各处。 ㉝兰薄户树:丛丛的兰草和树木种植在门前。琼木篱:将各种名贵的树木布置得像篱笆的形状。 ㉞何远为:应为"何为远",为什么远去。

室家遂宗,食多方些①。稻粢穱麦,挐黄粱些②。大苦醎酸,辛甘行些③。肥牛之腱,臑若芳些④。和酸若苦,陈吴羹些⑤。胹鳖炮羔,有柘浆些⑥。鹄酸臇凫,煎鸿鸧些⑦。露鸡臛蠵,厉而不爽些⑧。粔籹蜜饵,有餦餭些⑨。瑶浆蜜勺,实羽觞些⑩。挫糟冻饮,酎清凉些⑪。华酌既陈,有琼浆些⑫。归来反故室,敬而无妨些⑬。

肴羞未通,女乐罗些⑭。陈钟按鼓,造新歌些⑮。《涉江》《采菱》,发《扬荷》些⑯。美人既醉,朱颜酡些⑰。娭光眇视,目曾波些⑱。被文服纤,丽而不奇些⑲。长发曼鬋,艳陆离些⑳。二八齐容,起郑舞些㉑。衽若交竿,抚案下些㉒。竽瑟狂会,搷鸣鼓些㉓。宫庭震惊,发《激楚》些㉔。吴歈蔡讴,奏大吕些㉕。士女杂坐,乱而不分些㉖。放陈组缨,班其相纷些㉗。郑卫妖玩,来杂陈些㉘。《激楚》之结,独秀先些㉙。

菎蔽象棋,有六簙些㉚。分曹并进,遒相迫些㉛。成枭而牟,呼五白些㉜。晋制犀比,费白日些㉝。铿锺摇虡,揳梓瑟些㉞。娱酒不废,沈日夜些㉟。兰膏明烛,华镫错些㊱。结撰至思,兰芳假些㊲。人有所极,同心赋些㊳。酎饮尽欢,乐先故些㊴。魂兮归来!反故居些。㊵

[注释]①室家遂宗二句:在宗族亲属聚会时,有多种多样的食物。多方:形形色色。 ②粢(zī):稷,小米。穱(zhuō):麦的一种。挐(rú):掺杂。黄粱:小米。 ③大苦:苦味浓。醎:同"咸"。辛:椒、姜等辣味。甘:饴蜜等甜味。行:用。 ④腱:蹄筋。臑(ér):同"胹",煮,这里指煮得熟烂。 ⑤和酸若苦:调和各种滋味。若,和,与。吴羹:吴地特色的汤。 ⑥胹(ér):煮。炮:用火烤。柘浆:甘蔗榨出来的糖汁。柘,通"蔗"。 ⑦鹄酸:用醋烹天鹅。腤(juàn)凫:清炖野鸭汤。腤,小火慢炖。鸿鸧(cāng):大雁等水鸟。 ⑧露鸡:疑为风鸡烤鸡之类。臛(huò)蠵(xī):用一种大龟制成肉羹。厉而不爽:虽然味道浓烈,但不伤胃口。 ⑨粔籹(jù nǔ)蜜饵:用蜜糖和面粉制成的食品。怅餭(zhāng huáng):干的饴糖。羽觞:一种酒杯。 ⑩瑶浆蜜勺:饮美酒时加蜜糖搅拌。 ⑪挫糟冻饮:将除糟的清酒冰镇后饮用。挫,挤压。酎(zhòu):醇酒。 ⑫华酌:有华美雕饰的酒斗。琼浆:美酒。 ⑬敬:

指敬献酒食。无妨:无害。 ⑭肴羞未通:各种美味佳肴还没有上遍。通,遍设,齐备。一说"通"原作"彻",通"撤",避汉武帝刘彻讳而改。女乐罗:表演歌舞的女子乐队摆好队列,出场了。 ⑮陈钟按鼓:撞钟,击鼓。造:制作。 ⑯涉江、采菱、扬荷:均为楚地歌曲名。发:歌唱,演奏。 ⑰酡(tuó):酒醉面颊微红。 ⑱娭光眇(miǎo)视:逗人的目光,含情的眼神。娭,嬉戏。目曾波:两眼水汪汪,如层层水波荡漾。曾,通"层"。 ⑲被文:身穿有花纹的衣服。被,同"披"。服纤:穿着纤细的罗绮。纤,罗绮之类纤细的丝织品。 ⑳曼鬋:长长的鬓发。艳陆离:美人容态艳丽,多姿多彩,给人以不同的美感。陆离,参差貌。 ㉑二八:以八人为一排,分列两边的女乐。齐容:相同的装束。郑舞:郑国的舞蹈。 ㉒衽若交竿:形容女乐舞蹈时襟袖交错摆动,如竹竿交叉。抚案下:女乐舞完抚着案退下。一说抚,抑,收敛。案,同"按",下压手臂。 ㉓竽:乐器,似笙略大。瑟:拨弦乐器,25根弦。狂会:指各种乐器齐鸣。搷(tián):用力击鼓。 ㉔激楚:楚国舞乐名称,声调激昂。 ㉕吴歈(yú):吴地的歌曲。歈,歌。蔡讴:蔡地的歌曲。讴,歌。大吕:古乐律名。古乐分为十二律,依次为黄钟、大吕、太簇、夹钟、姑洗、仲吕、蕤宾、林钟、夷则、南吕、无射、应钟。又数各律称律,偶数各律吕,即六律、六吕。 ㉖士女:男女。士,古代称未婚男子为士。 ㉗放陈组缨:将缨带衣帽带解下来,随意摆放着。班其相纷:座位次序,相互纷乱。王逸《章句》:"言男女共坐,除去威严,放其冠缨,舒陈印缓,班然相乱,不可整理也。" ㉘郑卫:春秋时的郑国与卫国,这里指两国所在地域。妖玩:指美女。一说为各种新奇的娱乐节目。 ㉙结:曲终,结尾。秀先:比先前演奏的乐曲更好。先,先奏的乐曲。 ㉚菎(kūn)蔽:美玉做的下棋筹码。菎,通"琨",美玉。蔽,下棋用的筹码。象棋:用象牙做成的棋子。六簿(bó):古代一种下棋赌博的游戏,6支筹码,12个棋子,两人对下,各掌握6个棋子,故称六簿。 ㉛分曹并进:两人相对运子进攻对方。遒相迫:互相争胜,紧逼对方而不放松。 ㉜成枭而牟:结局时势均力敌,各自竖起枭棋,难分高下。牟,相等,通"侔"。呼五白:掷骰时,呼令五个骰面成一色,可获得大胜。 ㉝晋制犀比:晋地所制的一种带钩。一说为赌具。费白日:耗费时光。一说形容带钩闪闪发光。 ㉞铿钟摇虡(jù):用力撞钟,使钟架也摇动起来。铿,撞钟。虡,钟架。揳(jiá)梓瑟:用梓木做的瑟弹奏乐曲。　㉟娱酒：以饮酒为乐。不废：不停。沈：同"沉"，沉溺。㊱华镫(dēng)错：华美的灯烛陈列四周，灯光辉映。错，通"措"，摆设。㊲结撰至思：用心思考，写作辞赋。兰芳假：指借助优美的辞藻，展现才华与情思。　㊳人有所极：意即到场的人各自尽量表现才思。赋：诵诗。　㊴酎饮尽欢：痛饮醇酒，尽情欢娱。酎，一作"酌"。乐先故：以次使前辈与友人都能心情快乐。　㊵以上从"天地四方，多贼奸些"至此，为内崇楚国之美，意在召唤魂灵返回故里。

乱曰：献岁发春兮，汨吾南征①，菉蘋齐叶兮，白芷生②。路贯庐江兮，左长薄③，倚沼畦瀛兮，遥望博④。青骊结驷兮，齐千乘⑤，悬火延起兮，玄颜烝⑥。步及骤处兮，诱骋先⑦，抑骛若通兮，引车右还⑧。与王趋梦兮，课后先⑨。君王亲发兮，惮青兕⑩，朱明承夜兮，时不可以淹⑪。皋兰被径兮，斯路渐⑫。湛湛江水兮，上有枫⑬，目极千里兮，伤春心⑭。魂兮归来，哀江南！

[注释]①献岁发春：进入了新的一年，春气发动。汨(yù)：迅疾貌。南征：南行。　②菉蘋齐叶：绿色的浮萍已经长齐了叶片。菉，通"绿"。③贯：穿过。庐江：水名。长薄：草木丛生的地带。一说为地名。　④依沼畦瀛二句：顺着沼泽水田边的小路，来到一处水面浩渺的湖泊，面前一片开阔。瀛，湖泊。博，广阔。　⑤青骊结驷：四匹青黑色的马拉一辆车。齐千乘：千乘齐发。　⑥悬火：挂起灯火，以驱赶野兽。延起：灯火点燃树木，火势蔓延。玄颜烝：火焰升腾，天空被火光映得黑里透红。　⑦步及骤处：有徒步随行的，有追赶前进的，有骑马奔驰的也有守在一地不动的。骤，策马急驰。处：停止不动。诱骋先：指打猎时前面向导一马当先。诱，引导，向导。　⑧抑骛若通：意即进退自如。抑，控制。骛，驰。通，顺畅。右还：右转。　⑨王：指楚王。梦：云梦泽。课后先：比赛谁先谁后。课，比试。　⑩发：射。惮青兕(sì)：击毙了一头青色的野牛。惮，通"殚"。兕，野牛。　⑪朱明承夜：指黑夜

消退,太阳升起。时不可以淹:时间不允许久留。淹,久留。 ⑫皋兰被径:水边的兰草覆盖了小路。皋,水边高地。斯路渐:这条小径将会被淹没。 ⑬湛湛:水深貌。枫:枫树。 ⑭目极千里:放眼望去,目光所至。伤春心:面对无限春光,不禁心中悲伤。

大　　招①

青春受谢,白日昭只②。春气奋发,万物遽只③。冥凌浃行,魂无逃只④。魂魄归徕,无远遥只⑤!

魂乎归徕!无东无西,无南无北只。

东有大海,溺水浟浟只⑥。螭龙并流,上下悠悠只⑦。雾雨淫淫,白皓胶只⑧。魂乎无东,汤谷寂只⑨。

魂乎无南,南有炎火千里,蝮蛇蜒只⑩。山林险隘,虎豹蜿只⑪。鰅鱅短狐,王虺骞只⑫。魂乎无南,蜮伤躬只⑬。

魂乎无西,西方流沙,漭洋洋只⑭。豕首纵目,被发鬤只⑮。长爪踞牙,诶笑狂只⑯。魂乎无西,多害伤只。

魂乎无北,北有寒山,逴龙赩只⑰。代水不可涉,深不可测只⑱。天白颢颢,寒凝凝只⑲。魂乎无往,盈北极只⑳。

[注释]①王逸《章句》说:"《大招》者,屈原之所作也。或曰景差,疑不能明也。"后世学者有人认为是屈原所作,有人认为是屈原的后学模仿《招魂》而作,没有统一的意见。　②青春受谢:四时代谢,光阴流转,春天依序而至。青春:指春天。昭:明亮。只:句末语气词。　③春气奋发:春天的阳和之气

勃然兴起。遽:竞,指万物竞相生长。 ④冥凌浃行:在幽暗之中,灵魂向上飞升。凌,升起。浃行,周流遍布。 ⑤归徕:归来,"徕"同"来"。无远遥:不要向远方漂泊流荡。 ⑥溺水:神话中地名,水不能漂物而善溺物,故称溺水。一说即弱水。浟(yōu)浟:水流动貌。 ⑦螭(chī)龙并流:传说中的无角龙在流波中浮游上下。 ⑧淫淫:久而不止貌。白皓胶:形容白茫茫的水雾连成一片。 ⑨汤谷:古代传说中的日出之地。寂:无所见闻。一本"寂"下有"寥"字。 ⑩炎火:天气炎热,有如烈火。蜒:长曲貌。 ⑪蜿:即蜿蜒,曲卧思动貌。 ⑫鰅鳙(róng yōng):是传说中的怪鱼。《山海经·东山经》:"……食水出焉,而东北流于海。其中多鰅鳙之鱼,其状如犁牛,其音如彘鸣。"短狐:即下文中的蜮,传说中能含沙射人的动物。王虺骞:大毒蛇高昂着头。 ⑬蜮(yù):鬼蜮,水中能含沙射人的怪物。躬:身体。 ⑭漭(mǎng):水广阔无边貌。洋洋:无边无际貌。 ⑮豕首纵目:猪头而竖目。被发鬤(rǎng):头发乱披。被,同"披"。鬤,头发纷乱。 ⑯踞牙:牙齿如锯。踞,同"锯"。诶(xī)笑狂:发出狰狞恐怖的嘻笑。诶,通"嘻"。 ⑰逴(chuò)龙:即烛龙。一说为山名。王逸《章句》:"言北方有常寒之山,阴不见日,名曰逴龙。其土赤色,不生草木,不可过之,必冻杀人也。"艳(xì):红色。 ⑱代水:神话中的水名。一说在今河北山西一带。 ⑲颢颢:漫天积雪发光貌。凝凝:水结冰貌。 ⑳盈北极:冰雪充满极北地区。北极,极北地区。

魂魄归徕,闲以静只①。自恣荆楚,安以定只②。

逞志究欲,心意安只③。穷身永乐,年寿延只④。魂乎归徕,乐不可言只。

五谷六仞,设菰粱只⑤。鼎臑盈望,和致芳只⑥。内鸧鸽鹄,味豺羹只⑦。魂乎归徕,恣所尝只⑧。

鲜蠵甘鸡,和楚酪只⑨。醢豚苦狗,脍苴蒪只⑩。吴酸蒿蒌,不沾薄只⑪。魂兮归徕,恣所择只⑫。

炙鸹烝凫,煔鹑陈只⑬。煎鲭臛雀,遽爽存只⑭。魂乎归徕,丽以先只⑮。

四酎并孰,不涩嗌只⑯。清馨冻饮,不歠役只⑰。吴醴白蘖,和楚沥只⑱。魂乎归徕,不遽惕只⑲。

[注释]①闲以静:生活安闲而又宁静。 ②自恣:自由自在,无拘无束。安以定:安逸,没有危险。 ③逞志究欲:快心遂意,各种欲望皆可满足。心意安:心情愉悦。 ④穷身永乐:终生享乐。年寿延:延年益寿。 ⑤五谷六仞:指食物丰富,五谷堆积很高。仞,长度单位。设菰(gū)粱:陈设的有菰米之类。菰粱,一名雕胡,果实称菰米,做饭香美可口。 ⑥鼎臑盈望:青铜鼎内肉已熟烂,满目都是。和致芳:调和使之芬芳。致,达到。 ⑦鸧(cāng)鸧:天鹅等水鸟。味豺羹:豺肉汤调和得味道鲜美。 ⑧恣所尝:可以随心任意地品尝。 ⑨鲜蠵:新鲜的大海龟。蠵:大龟。甘鸡:甜美的鸡肉。酪:乳浆,奶酪。 ⑩醢豚:用猪肉做成的酱。醢,肉酱。苦狗:一说狗肉干,苦,通"枯"。脍苴蒪(jū pò):将苴蒪细切,用作调味品。苴蒪,又名蘘荷,多年生草本植物,嫩芽可食,也可做调料。 ⑪吴酸蒿蒌:用蒿蒌制成有吴地风味的酸菜汤。蒿蒌,香蒿之类,嫩时可食。不沾薄:浓淡相宜,香美爽口。沾,叶浓。薄,味淡。 ⑫恣所择:随心所欲地挑选。 ⑬炙鸹(guā):烧烤灰鹊。烝凫:烹蒸野鸭。鸹,乌鸦之类的鸟。黏(qián)鹑陈:陈列上鹌鹑肉,在沸水中烫熟,肉味特别鲜嫩。 ⑭煎鰿(jī):油煎鲫鱼。臛(huò)雀:用黄雀炖成肉羹。遽爽存:有极爽之味。遽爽,味美爽口。 ⑮丽以先:美味佳肴陈列在前,等着你去品尝。 ⑯四酎:经过四次酿制的醇酒。一说四缸美酒。孰:通"熟"。不涩嗌(yì):美酒不涩咽喉。 ⑰清馨:酒散发出的香气。冻饮:冷饮。不歠(chuò)役:美酒甘甜爽口,不费劲就吞下去了。歠,通"啜"。役,用。王夫之《通释》曰:"不歠役者,言甘滑随口而下,不用歠也。" ⑱吴醴白蘖(niè):用白曲酿制而成具有吴地风味的甜酒。白蘖,酿酒时发酵用的白酒曲。沥:经过过滤的酒,即清酒。 ⑲不遽惕:呼唤游魂归来,不要害怕。遽,惧怕。惕,怵惕。

代秦郑卫,鸣竽张只①。伏戏《驾辩》,楚《劳商》

只②。讴和《扬阿》,赵箫倡只③。魂乎归徕,定空桑只④。

二八接舞,投诗赋只⑤。叩钟调磬,娱人乱只⑥。四上竞气,极声变只⑦。魂乎归徕,听歌譔只⑧。

朱唇皓齿,嫭以姱只⑨。比德好闲,习以都只⑩。丰肉微骨,调以娱只⑪。魂乎归徕,安以舒只⑫。

嫮目宜笑,蛾眉曼只⑬。容则秀雅,稚朱颜只⑭。魂乎归徕,静以安只。

姱修滂浩,丽以佳只⑮。曾颊倚耳,曲眉规只⑯。滂心绰态,姣丽施只⑰。小腰秀颈,若鲜卑只⑱。魂乎归徕,思怨移只⑲。

易中利心,以动作只⑳。粉白黛黑,施芳泽只㉑。长袂拂面,善留客只㉒。魂乎归徕,以娱昔只㉓。

青色直眉,美目媔只㉔。靥辅奇牙,宜笑嘕只㉕。丰肉微骨,体便娟只㉖。魂乎归徕,恣所便只㉗。

[注释]①代郑秦卫:指采自不同地域的音乐舞曲。代、郑、秦、卫,皆诸侯国之名,此指当地的音乐。鸣竽张:竽吹响了。　②伏戏:即伏羲。一说是乐曲名。驾辩、劳商:上古舞曲名。王逸《章句》:"伏戏,古王者也。始作瑟。《驾辩》、《劳商》皆曲名也。"　③讴和:徒歌清唱,相互唱和。扬阿:即阳阿,楚歌曲名。赵箫倡:赵国的排箫首先吹奏起来。　④定空桑:校定、调试琴弦。空桑:瑟名。　⑤二八接舞:美女排列两队,接连不断地起舞。投诗赋:指舞步与诗赋合拍。　⑥叩钟调磬:敲钟击磬以与其他乐器相和。磬,乐器。娱人乱:乐工琴师演奏到音乐的尾声。乱,指乐曲的尾声。　⑦四上竞气:形容演奏快结束时,乐声竞发,极尽其美。极声变:指乐声极尽变化之能事。古乐演奏可分四节:一为堂上升歌,琴瑟伴奏;二为堂下笙管,开始演奏;三为堂上歌与堂下吹,间歇交错;四为堂上堂下音乐并作,洋洋乎满耳。　⑧歌譔:以歌声表达感情。譔,通"撰",表述。一说譔,具备。　⑨嫭(hù)以姱:形容

女子容貌洁白而美丽。嫭,美丽。 ⑩比德好闲:皆有才德,性情娴静。习以都:熟习礼仪,风度优雅。 ⑪丰肉微骨:肌肉丰腴,骨相纤秀。调以娱:态度和悦,令人欢娱。 ⑫安以舒:生活安逸而又舒适。 ⑬嫭(hù)目宜笑:美丽的眼睛,笑得很美丽。嫭,同"嫭",美丽。蛾眉曼:弯弯的眉毛又细又长。 ⑭容则秀雅:容貌清秀而高雅。则,形貌。稺(zhì)朱颜:稚嫩而红润的面庞。稺,稚嫩。 ⑮姱修滂浩:身材修长又大方。滂浩,一作"婉心",形容性格温和婉顺。丽以佳:美而艳。 ⑯曾颊倚耳:美女的脸颊饱满,耳朵紧贴两鬓,不张开。曾,同"层"。曲眉规:弯弯的眉毛呈半圆形。规,圆。 ⑰滂心绰态:朝气蓬勃,姿态绰约。施:即"施施",喜悦自得貌。 ⑱小腰秀颈:腰肢纤细,脖颈秀美。若鲜卑:意谓这些小腰秀颈的女子围着宽大的腰带,好像鲜卑族的女子。鲜卑原意是指大腰带,后来用作少数民族之名。 ⑲思怨移:可以排遣思怨,乐以忘忧。王逸《章句》:"美女可以忘忧,去怨思也。" ⑳易中利心二句:指性情温和,内心巧慧,外在的动作显得灵巧敏捷。王夫之《通释》:"易中,和易其中。利心,巧慧其心。" ㉑粉白黛黑二句:用粉脂、颜色化妆,然后涂上香膏。黛,是画眉的青黑色颜料。芳泽:香膏。 ㉒长袂(mèi)拂面二句:舞动长长的衣袖半遮面庞,模样令人难舍。王逸《章句》:"美女工舞,揄其长袖,周旋曲折,拂拭人面,芳香流衍,众客喜乐,留不能去也。" ㉓娱昔:终夜娱乐。昔,通"夕",夜。 ㉔青色直眉二句:黑色的眉毛下眼波流转,显得很美好。青,或指黑色。婳(mián):眼睛转动,美好貌。 ㉕靥辅奇牙:脸上长有小酒窝,牙齿美白。靥,酒窝。辅,脸颊。嘕(xiān):媚笑貌。 ㉖便娟:体态轻盈秀丽貌。 ㉗恣所便:任其所便。

夏屋广大,沙堂秀只①。南房小坛,观绝霤只②。曲屋步壛,宜扰畜只③。腾驾步游,猎春囿只④。琼毂错衡,英华假只⑤。茝兰桂树,郁弥路只⑥。魂乎归徕,恣志虑只⑦。

孔雀盈园,畜鸾皇只⑧。鵾鸿群晨,杂鹜鸧只⑨。鸿鹄代游,曼鹔鹴只⑩。魂乎归徕,凤皇翔只。

曼泽怡面,血气盛只⑪。永宜厥身,保寿命只⑫。室家盈廷,爵禄盛只⑬。魂乎归徕,居室定只⑭。

接径千里,出若云只⑮。三圭重侯,听类神只⑯。察笃夭隐,孤寡存只⑰。魂乎归徕,正始昆只⑱。

田邑千畛,人阜昌只⑲。美冒众流,德泽章只⑳。先威后文,善美明只㉑。魂乎归徕,赏罚当只㉒。

名声若日,照四海只㉓。德誉配天,万民理只㉔。北至幽陵,南交阯只㉕。西薄羊肠,东穷海只㉖。魂乎归徕,尚贤士只㉗。

发政献行,禁苛暴只㉘。举杰压陛,诛讥罢只㉙。直赢在位,近禹麾只㉚。豪杰执政,流泽施只㉛。魂乎归徕,国家为只㉜。

雄雄赫赫,天德明只㉝。三公穆穆,登降堂只㉞。诸侯毕极,立九卿只㉟。昭质既设,大侯张只㊱。执弓挟矢,揖辞让只㊲。魂乎归徕,尚三王只㊳。

[注释]①夏屋:高大的房屋。夏,大。沙堂:以丹砂涂红的厅堂。 ②南房小坛:南方左右厢房,以及房前的小平台。观(guàn)绝溜:楼檐设置有承水槽,雨水由槽内流走,而不是滴在檐前的平台上。观,指高楼。溜,从屋瓦落下来的水。 ③曲屋步壛(yán):楼阁回环,有长廊相连接交通。宜扰畜:适合驯养各种动物。 ④腾驾步游:或骑马驰骋,或徒步游猎。猎春囿(yòu):春天到皇宫园囿去打猎。 ⑤琼毂错衡二句:形容游猎的车驾饰金缀玉,光彩闪闪。琼毂,美玉装饰的车轮。错衡,黄金装饰的车辕前。英华假:指美丽的车饰大放光彩。 ⑥苾兰桂树二句:各种香花香草香木,密植在道路的两旁。郁:繁盛貌。弥路:遮满了道路。 ⑦恣志虑:随心所欲地去游赏。虑,一本作"处"。王逸《章句》:"言魂乎徕归,居中有殿,宴有小堂,游有园囿,恣君所志而处之也。" ⑧孔雀盈园二句:满园都是孔雀、鸾鸟、凤凰之

类祥瑞之鸟。　⑨鹔鸿群晨二句：清晨的时候，鹔鸡、大雁群飞，中间还杂有各种水鸟。鹜（qiū）鸧：水鸟名。　⑩鸿鹄代游二句：天鹅此起彼落地在高空游弋，鹔鹴也在接连不停地飞翔。曼：连续不断貌。鹔鹴（sù shuāng）：鸟名。⑪曼泽怡面：描写楚国宫廷生活之乐，因而脸色润泽，容貌和悦。血气盛：精神旺盛。　⑫永宜厥身：他的身体永远健康。保寿命：确保长寿。　⑬室家盈廷：指宗族兴旺，布满朝廷。盈廷，满朝。爵禄盛：享有盛大的官爵和俸禄。⑭居室定：指王室安定。　⑮接径千里：道路相接，绵延千里。这里指国土广阔。出若云：人口众多。　⑯三圭重侯：指各路诸侯，各个朝廷大臣。三圭，指公、侯、伯。重侯：指子、男。听类神：指断案像神明一样明察。王逸《章句》："三圭，谓公、侯、伯也。公执桓圭，侯执信圭，伯执躬圭，故言三圭也。重侯，谓子、男也，子、男共一爵，故言重侯也。"　⑰察笃夭隐：意谓朝臣经常到民间查访，关怀厚待百姓，将人民的生死病痛都放在心上。夭隐，死亡、疾痛。孤寡存：抚慰孤寡老人。　⑱正始昆：定仁政之先后。正，定。昆，后。⑲田邑千畛（zhěn）：田野都市，阡陌交通，道路纵横。畛，田间小路。阜昌：富裕昌盛。　⑳美冒众流：德政与教化普及广大的民众。冒：覆盖，遍及。德泽章：德化恩泽，昭彰于天下。　㉑先威后文：指先以武力威治天下，后以礼乐，实施教化。　㉒赏罚当：赏罚得当。　㉓名声若日二句：指美好的名声像太阳的光辉，普照天下。　㉔德誉配天二句：美德名声可以与天媲美，国家管理有序，万民拥戴。理，治理。　㉕幽陵：幽州。交阯：地名，古代指南粤之地。㉖西薄羊肠：向西靠近羊肠山。羊肠，山名，位于山西晋阳西北。东穷海：东边一直到大海边。　㉗尚：推举，任用。　㉘发政献行：发布政令，进用有德行的贤者。献，进用。禁苛暴：禁止统治者的苛政与暴行。　㉙举杰压陛：将俊杰之才选拔到朝廷，使其身居高位，成为辅佐重臣。压，使立于百官之上。陛，殿阶。诛讥罢：责罚罢免那些尸位素餐、疲弱无能的官员。罢，软弱无用。一说停止。蒋骥《山带阁注楚辞》："举贤杰者而升于上位，以弹压殿庭，则不仁自远，而罚谪之事，可以息而不用矣。"　㉚直赢在位：正直者占据各级职位。赢，正直。一说有才能。近禹麾：接近大禹朝的政治清明有序。　㉛流泽加：恩泽流布于天下。　㉜为：治理，这里意为国家得到很好的治理。㉝雄雄赫赫：指朝廷的声威盛大。天德明：君王功德可以配天，昭示万民。

㉞三公:周代以太师、太傅、主保为三公。穆穆:和美貌。登降堂:登上朝廷,处理政务。 ㉟诸侯毕极:诸侯都前来朝拜。极:至。九卿:周代的六卿三孤合为九卿。六卿即天官冢宰、地官司徒、春官宗伯、夏官司马、秋官司寇、冬官司空。三孤,即少师、少傅、少保。 ㊱昭质既设二句:朝廷行大射之礼,目标既已设定、箭靶已经安成。大侯:天子大射之侯。侯是射箭用的靶子,中间叫侯中,侯中的里面又有一正方形叫鹄,鹄的里面又有一正方形叫正,正的里面又有一正方形叫质,在质上涂色,叫做白质、赤质。侯一般用布做成,上面绘有兽形图,因而名叫虎侯、豹侯等。 ㊲执弓挟矢二句:行大射之礼时,朝臣手持弓箭,相互揖让。在古代的射礼中,举手缓登曰揖,垂手退避曰让,致话辞让曰辞。 ㊳尚三王:尊奉、效法三王,国家长治久安。三王,指夏禹、商汤、周文王。

惜　　誓①

惜余年老而日衰兮,岁忽忽而不反。登苍天而高举兮,历众山而日远②。观江河之纡曲兮,离四海之沾濡③。攀北极而一息兮,吸沆瀣以充虚④。飞朱鸟使先驱兮,驾太一之象舆⑤。苍龙蚴虬于左骖兮,白虎骋而为右騑⑥。建日月以为盖兮,载玉女于后车⑦。驰鹜于杳冥之中兮,休息虖昆仑之墟⑧。乐穷极而不厌兮,愿从容虖神明⑨。涉丹水而驼骋兮,右大夏之遗风⑩。黄鹄之一举兮,知山川之纡曲。再举兮,睹天地之圜方⑪。临中国之众人兮,讬回飙乎尚羊⑫。乃至少原之壄兮,赤松王乔皆在旁⑬。二子拥瑟而调均兮,余因称乎清商⑭。澹然而自乐兮,吸众气而翱翔。念我长生而久仙兮,不如反余之故乡。

黄鹄后时而寄处兮,鸱枭群而制之⑮。神龙失水而陆居兮,为蝼蚁之所裁⑯。夫黄鹄神龙犹如此兮,况贤者之逢乱世哉!寿冉冉而日衰兮,固儃回而不息⑰。俗流从而不止兮,众枉聚而矫直⑱。或偷合而苟进兮,或隐居而深藏⑲。苦称量之不审兮,同权概而就衡⑳。或推移而苟容兮,或直言之谔谔㉑。伤诚是之不察兮,并纫茅丝以为索㉒。方世俗之幽昏兮,眩白黑之美恶㉓。放山渊之龟玉兮,相与贵夫砾石㉔。梅伯数谏而至醢兮,来革顺志而用国㉕。悲仁人之尽节兮,反为小人之所贼。比干忠谏而剖心兮,箕子被发而佯狂㉖。水背流而源竭兮,木去根而不长㉗。非重躯以虑难兮,惜伤身之无功㉘。

已矣哉!独不见夫鸾凤之高翔兮,乃集大皇之墅㉙。循四极而回周兮,见盛德而后下㉚。彼圣人之神德兮,远浊世而自藏㉛。使麒麟可得羁而系兮,又何以异虖犬羊㉜?

[注释]①惜誓:痛惜屈原之誓死自沉。一说誓,通"逝",痛惜岁月流逝、年老无成之意。王逸《章句》曰:"《惜誓》者,不知谁所作也。或曰贾谊,疑不能明也。"后代学者多数仍将它视为贾谊的作品。贾谊另有《吊屈原赋》、《鵩鸟赋》,为骚体赋中的名篇。《汉书·艺文志》著录"贾谊赋七篇"。有《贾长沙集》。 ②登苍天而高举:飞升青天之上,高举远游。历:经过。 ③观江河之纡曲:俯视长江黄河蜿蜒流淌。纡曲,曲折宛转。离四海之沾濡:四海扬起的波浪打湿了我的衣裳。离,通"罹",遭遇。沾濡,沾湿。 ④北极:指北极星。 ⑤飞朱鸟使先驱:让朱鸟飞翔起来,作我的前导。朱鸟,星宿名,即朱雀,为南方七宿之总称。太一:古星宿名,大天龙座内,又称太乙。象舆:用象牙装饰的车。 ⑥苍龙蚴(yǒu)虬于左骖:让苍龙七星作车驾的左骖马。苍龙,星宿名,即青龙,为东方七宿之总称。蚴虬,屈曲行动貌。骖,古代驾车的四匹马中两边的两匹马称骖,又称骓(fēi)。白虎骋而为右骓:让白虎七星奔驰起来,作车驾的右骓马。白虎,西方七宿的总称。 ⑦建日月以为盖:以日月之旗作为车盖。盖,即车顶篷。载玉女于后车:玉女星座在车驾的后座部位。玉女,星宿名,位于北方七宿之中。一说玉女即神女。 ⑧驰骛:奔驰、长驱。杳冥:极远之地。虖:同"乎"。昆仑之墟:昆仑是传说中的神山,天帝及仙人所居的地方。 ⑨不厌:不厌烦。一说不满足。从容虖神明:与天上的神仙从容自在的交游。神明,指神灵,神仙。 ⑩丹水:即赤水,源于昆仑山,神话中地名。驼驰:驰骋。大夏:神话中国名。据《山海经·大荒东经》

记载,"有夏州之国,有神人八首人面,虎身十尾,名曰天吴",或即此地。遗风:前世传下来的淳美风俗。　⑪天地之圜方:即天圆而地方,所升愈高,所见愈远。　⑫众人:众民,百姓。讬回飙乎尚(cháng)羊:凭借着旋风继续在空中飘荡。尚羊,同"徜徉",逍遥。　⑬少原之壄:传说中的仙人所居之地。壄,即"野"。赤松、王乔:均为仙人,参见《远游》。　⑭二子拥瑟而调均:赤松、王乔调好琴弦,弹奏乐曲。调均,调弦。余因称乎清商:我也与之唱和,演奏了一首清商曲。称,相副。清商,古曲名。王夫之《通释》:"从松乔而唱和,足以自适也。"　⑮后时而寄处:黄鹄不能及早离去,托身栖息于下界。鸱(chī)枭群而制之:猫头鹰就会群聚来欺负它。制,制约。　⑯陆居:栖止于陆地。为蝼蚁之所裁:就会受到蝼蚁之辈的伤害。　⑰冉冉:渐渐。僵回:运转。　⑱流从:即从流,随波逐流。众枉聚而矫直:众多世俗之辈集中在一起,就会指白为黑,颠倒曲直。矫直,矫直为枉。　⑲偷合而苟进:苟且迎合,以图进身。深藏:深居不出仕。　⑳称量之不审:衡量物之轻重,不认真考察。同权概而就衡:不管轻重是非,将事情混淆一团。权,秤锤。概,量米时的器具。衡,秤杆,秤。《九章·怀沙》"同糅玉石兮,一概而相量",与此意同。　㉑推移而苟容:随时随地变化,苟且取容。谔(è)谔:直言争辩貌。　㉒伤:惋惜。诚:确实。并纫茅丝以为索:要将茅草与丝线强扭成一股绳。茅草和蚕丝不同类,比喻是非、善恶不同。　㉓幽昏:昏暗不明。眩:迷惑。　㉔放山渊之龟玉:抛弃高山之美玉与深渊之神龟。相与贵夫砾石:互相将顽石当成贵重的宝物。砾石,碎石。　㉕梅伯:殷纣王之臣,因忠言进谏而被杀。参见《天问》"梅伯受醢"注。来革:殷纣王的佞臣。顺志:指顺从君王之意。用国:指受君王重用。　㉖比干:参见《天问》"比干何逆"注。箕子:参见《天问》"箕子详狂"注。　㉗背流:指水离开水道。源竭:水源枯竭。　㉘非重躯以虑难:并非爱惜自己的身躯,害怕遭遇灾难。惜伤身之无功:痛惜的是牺牲了生命却毫无效果。　㉙大皇之壄:大荒之野。王夫之《通释》:"大荒之野,广远无人之地,非有德而不仪其庭,岂以身殉浊世哉!"　㉚四极:四方极远之地。回周:迂回周游。盛德:大德,这里指有大德之君王。　㉛神德:非凡的功德。自藏:自我隐藏。　㉜使麒麟可得羁而系:如果麒麟可以套上辔绳,拴上笼头。羁,羁绊,束缚。系,束缚。

招 隐 士[①]

桂树丛生兮山之幽,偃蹇连蜷兮枝相缭[②]。山气笼葱兮石嵯峨,溪谷崭岩兮水曾波[③]。猨狖群啸兮虎豹嗥,攀援桂枝兮聊淹留[④]。王孙游兮不归,春草生兮萋萋[⑤]。岁暮兮不自聊,蟪蛄鸣兮啾啾[⑥]。坱兮轧,山曲岪,心淹留兮恫慌忽[⑦]。罔兮沕,憭兮栗,虎豹穴,丛薄深林兮人上慄[⑧]。嵚岑碕礒兮碅磳磈硊,树轮相纠兮林木茷骫[⑨]。青莎杂树兮薠草靃靡,白鹿麏麚兮或腾或倚[⑩]。状皃崟崟兮峨峨,凄凄兮漇漇[⑪]。猕猴兮熊罴,慕类兮以悲,攀援桂枝兮聊淹留[⑫]。虎豹斗兮熊罴咆,禽兽骇兮亡其曹[⑬]。王孙兮归来,山中兮不可以久留!

[注释]①关于本篇的作者,王逸《章句》题为淮南小山,此人是淮南王刘安的宾客,萧统《文选》则题名刘安,具体情况已不可考。关于此篇的主题,王逸《章句》认为是悯伤屈原而作,王夫之《通释》认为是"为淮南召致山谷潜伏之士"。篇中极力渲染山中的穷苦险恶之状,以讽劝遁世高隐之士归来。②偃蹇连蜷:形容树高盘曲貌。缭:纽结。 ③笼葱(lóng sǒng):本指山岳高峻,这里形容云气高涌貌。嵯峨(cuó é):高耸貌。溪谷崭岩:溪流两岸山势险峻。崭岩,险峻貌。崭,通"巉"。水曾波:溪水泛起层层的波澜。曾,通

"层"。　④猨狖：猿猴之属。狖，黑色长尾猿。攀援：攀折。聊淹留：姑且隐居于山中。　⑤王孙：古代对贵族子弟的尊称。洪兴祖《补注》引五臣注说："（屈）原与楚同姓，故云王孙。"萋萋：草木茂盛貌。　⑥岁暮：岁末。不自聊：意即百无聊赖，无所寄托。蟪蛄（huì gū）：昆虫名，似蝉而小，青紫色，有黑纹。啾啾：蟪蛄鸣声。　⑦块（yǎng）兮轧：即块轧，云气弥漫貌。山曲岪（fú）：山势曲折盘绕。恫慌忽：内心害怕，惶恐不安貌。慌忽，同"恍惚"。⑧罔兮沕（wù）：迷惘犹疑貌。憭兮栗：恐惧发抖貌。丛薄：草木丛。人上慄：登上如此高山，惴惴战慄。一说爬上树以避虎豹。　⑨嵚岑（qīn yín）：山势高险。碕礒（qí yǐ）：山石高大不平。碅磳（jūn zēng）、魂硊（kuǐ wěi）：形容山石林立，奇险怪异貌。树轮相纠：树的横枝互相纠结。莋骫（fā wěi）：枝叶茂密，萦绕纠结貌。　⑩青莎（suō）杂树：寄生草与树木交错。莎，草名，地下块茎可入药，又名香附子。蒎草靃（suǐ）靡：蒎草凌乱貌。麇（jūn）：獐子。麚（jiā）：雄鹿。　⑪兒：古"貌"字。崟（yín）崟、峨峨：鹿角高耸貌。凄凄、漇（xǐ）漇：毛皮润泽貌。　⑫慕类：思慕同类，寻求侣伴。　⑬骇：惊惧。亡其曹：鸟兽失群，离开了同类。曹，同类。

七　谏①

初　放②

　　平生于国兮,长于原壄③。言语讷谧兮,又无强辅④。浅智褊能兮,闻见又寡⑤。数言便事兮,见怨门下⑥。王不察其长利兮,卒见弃乎原壄⑦。伏念思过兮,无可改者⑧。群众成朋兮,上浸以惑⑨。巧佞在前兮,贤者灭息⑩。尧舜圣已没兮,孰为忠直? 高山崔巍兮,水流汤汤⑪。死日将至兮,与麋鹿同坑⑫。块兮鞠,当道宿,举世皆然兮,余将谁告⑬? 斥逐鸿鹄兮,近习鸱枭⑭,斩伐橘柚兮,列树苦桃⑮。便娟之修竹兮,寄生乎江潭。上葳蕤而防露兮,下泠泠而来风⑯。孰知其不合兮? 若竹柏之异心⑰。往者不可及兮,来者不可待⑱。悠悠苍天兮,莫我振理⑲。窃怨君之不寤兮,吾独死而后已⑳。

[注释]①此篇的作者东方朔,字曼倩,西汉武帝时人。他曾在朝任太中大夫,为人有政治理想,而性格诙谐多智。他写作此篇以追悯屈原,同时也是为了"昭忠信,矫曲朝",有其讽喻现实的意义。作品另有《答客难》、《非有先生论》等,明人辑为《东方大中集》。　②初放:从出生到初次被放逐的遭遇。

本章对于君王失察、小人得势、党人勾结、贤者见弃等,抒发了哀怨之感。
③平:即屈原,名平。国:都城。原壄:即郊野。王逸《章句》:"言屈原少生于楚国,与君同朝,长大见远,弃于山野,伤有始无终也。" ④讷謇(sè):说话迟钝、艰难。謇,不顺。强辅:强有力的辅助之人。 ⑤浅智褊能:知识浅薄,能力有限。褊,狭窄。 ⑥数言便事:多次就国事进谏。便事,特指对国家有利的事。门下:门庭之下,此指君王身边的朝臣。 ⑦长利:长治久安之道。卒:最终。 ⑧伏念:私下独自考虑。思过:省察自己的过失。无可改者:意即没有什么过错要改正的。 ⑨群众:指众小人。上浸以惑:君王逐渐受到侵染,被迷惑。浸,浸淫,逐渐。 ⑩巧佞:巧于言辞、谄媚讨好的小人。灭息:消除,这里指被放逐。 ⑪崔巍:高峻貌。汤汤:大水流淌貌。 ⑫坑(kēng):"坑"的俗体。王逸《章句》:"言己年岁衰老,死日将至,不得处国朝,辅政治,而与麋鹿同坑,鸟兽为伍,将坠陷坑阱,不复久也。" ⑬块兮鞠:块然独处,处境困顿。块,独处貌。鞠,匍匐,穷促。当道宿:环境艰难,栖身于路旁。 ⑭斥逐鸿鹄:天鹅被斥逐,比喻志向远大的贤能之士被迫离开朝廷。近习鸱枭:猫头鹰被亲近,比喻奸邪小人受到重用。 ⑮斩伐橘柚:橘柚之类的嘉树被砍伐了,喻指坚守贞节的人受迫害。苦桃:恶木,喻指谗言构陷的小人。 ⑯葳蕤(wēi ruí)而防露:形容修竹繁盛,可以遮挡露水。葳蕤,繁盛貌。泠(líng)泠:清风飒爽,声响宜人。 ⑰合:匹合。竹柏之异心:竹空心,柏实心。这里以竹喻通达,以柏喻壅塞。 ⑱往者不可及:前代圣明的君主我没有赶上。来者不可待:未来圣明的君主我已不能等待。 ⑲悠悠:遥远无穷貌。振理:救治,拯救。 ⑳寤:觉醒。

沈 江①

惟往古之得失兮,览私微之所伤②。尧舜圣而慈仁兮,后世称而弗忘③。齐桓失于专任兮,夷吾忠而名彰④。晋献惑于骊姬兮,申生孝而被殃⑤。偃王行其仁义兮,荆文寤而徐亡⑥。纣暴虐以失位兮,周得佐乎吕望⑦。修往古以行恩兮,封比干之丘垄⑧。贤俊慕而自附兮,日浸淫而合同⑨。明法令而修理兮,兰芷幽而有芳⑩。

苦众人之妒予兮,箕子寤而佯狂⑪。不顾地以贪名兮,心怫郁而内伤⑫。联蕙芷以为佩兮,过鲍肆而失香⑬。正臣端其操行兮,反离谤而见攘⑭。世俗更而变化兮,伯夷饿于首阳⑮。独廉洁而不容兮,叔齐久而逾明⑯。浮云陈而蔽晦兮,使日月乎无光⑰。忠臣贞而欲谏兮,谗谀毁而在旁⑱。秋草荣其将实兮,微霜下而夜降⑲。商风肃而害生兮,百草育而不长⑳。众并谐以妒贤兮,孤圣特而易伤㉑。怀计谋而不见用兮,岩穴处而隐藏㉒。成功隳而不卒兮,子胥死而不葬㉓。世从俗而变化兮,随风靡而成行㉔。信直退而毁败兮,虚伪进而得当㉕。追悔过之无及兮,岂尽忠而有功㉖。废制度而不用兮,务行私而去公㉗。终不变而死节兮,惜年齿之未央㉘。将方舟而下流兮,冀幸君之发矇㉙。痛忠言之逆耳兮,恨申子之沈江㉚。愿悉心之所闻兮,遭值君之不聪㉛。不开寤而难道兮,不别横之与纵㉜。听奸臣之浮说兮,绝国家之久长㉝。灭规矩而不用兮,背绳墨之正方㉞。离忧患而乃寤兮,若纵火于秋蓬㉟。业失之而不救兮,尚何论乎祸凶㊱?彼离畔而朋党兮,独行之士其何望㊲?日渐染而不自知兮,秋毫微哉而变容㊳。众轻积而折轴兮,原咎杂而累重㊴。赴湘沅之流澌兮,恐逐波而复东㊵。怀沙砾而自沈兮,不忍见君之蔽壅㊶。

[**注释**]①沈江:本章抒写了诗人对楚王远贤近佞的愤懑之情,表现了屈原沈江而死的决心与对国事的忧惧。 ②惟往古之得失:反思历史上国家兴

亡得失的教训。私微之所伤:国君私爱佞谗,伤害贤臣,对于国家造成的伤害。私微,私心偏爱。 ③称:赞许。 ④齐桓失于专任二句:齐桓公,春秋五霸之一。夷吾,即管仲。名彰,名声显扬。参见《天问》"齐桓九会,卒然身杀"注。 ⑤晋献:指晋献公。嬑姬,即骊姬。申生:晋献公的太子。被殃:遭殃。晋献公宠爱骊姬,骊姬想立自己生的儿子奚齐为太子,便诬告太子申生谋害晋献公。晋献公听信谗言,逼迫申生自缢而生。 ⑥偃王行其仁义二句:据《韩非子》记载,徐偃王修行仁义,诸侯朝之三十余国,而无武备。楚文王见诸侯朝徐者众,恐为所并,因兴兵击之而灭徐也。荆文,即楚文王。 ⑦纣:商纣王。周得佐乎吕望:周文王得到吕望的辅佐,因而开创了新王朝。吕望,民间称为姜太公。参见《离骚》"吕望之鼓刀兮,遭周文而得举"注。 ⑧修:古多写作"脩",疑为"循"之讹,意谓遵循。封比干之丘垄:为比干的陵墓培土,意在表彰其德行。丘垄,陵墓。比干是纣的叔父,因进谏触怒纣王,被剖心而死。 ⑨贤俊慕而自附:贤者仰慕,自愿前往归附。浸淫:逐渐。合同:志同道合。 ⑩兰芷幽而有芳:兰芷即使生长在幽僻之地,也能散发出芬芳,意谓朝政修明,幽隐之士皆有嘉名。 ⑪箕子:纣王的叔父,封于箕,故称箕子。劝谏纣王,纣王不听,便散发装疯。参见《天问》"箕子详狂"注。 ⑫不顾地以贪名:意谓自己想要仿效箕子佯狂而去,不顾楚国之地,亦不贪忠直之名。心怫郁而内伤:内心愤懑,好像受伤一般。怫郁,忧郁,伤痛。 ⑬联蕙芷以为佩二句:将香草连缀起来,编为佩饰,然而走过臭鱼店就失去香气了,意谓自己被谗人所毁,失其美名也。鲍肆,出售咸鱼的店铺。鲍鱼,即咸鱼。肆,店铺。 ⑭正臣:正直之臣。端其操行:意为不断修养,使品行端正。离谤:遭受诽谤。见攘:被排斥。 ⑮伯夷:参见《天问》"惊女采薇,鹿何祐"注。 ⑯不容:不能容于世。久而逾明:意为时间越久,高尚的品行更加显扬。逾,通"愈"。 ⑰浮云陈而蔽晦:浮云遮蔽了天空,日月为之不明。 ⑱忠臣贞而欲谏二句:忠贞之臣想要有所进谏,奸佞之臣却在一旁不停地谗毁。 ⑲秋草荣其将实二句:秋草开花将要结果的时候,寒霜就在夜里降临了。比喻谗人毁谤,亦将害己身,使忠名不得成。 ⑳商风:西风,秋风。商为五音之一,按五行则属金,属秋,属西,所以,秋风称商风。肃而害生:秋风肃杀,残害生物。 ㉑并谐:串同一起。孤圣特:应为"圣孤特",与上句"众并谐"相对,意为圣贤孤立无援。 ㉒岩穴处:即"处岩穴",指隐居。 ㉓功成隳而不卒:指伍子胥功业成就,反而遭受毁谤,不能寿老而终。隳,毁坏。子胥死而不葬:伍员,字子胥,春秋楚人,后成为吴大夫,忠心辅佐吴王,屡建奇功,却因受谗被吴王夫差杀害,尸体被装入兽皮袋扔进钱塘江。 ㉔随风靡而成行:形容众小人像草一样随风披靡倒伏。 ㉕信直退而毁败:忠诚正直之士遭斥退,被放逐,失败了。虚伪进而得当:意谓虚伪的小人为君王所用,得到显耀的职位。 ㉖岂尽忠而有功:意谓退君子而用小人,即使忠直之臣再竭忠尽智,也无力回天,不能取得功效。 ㉗务行私去公:奸邪之辈私心行事,违背公义。 ㉘惜年齿之未央:痛惜的是自己自然寿命未尽,而将沉江而死。王逸《章句》:"言己执守清白而死忠直,终不变节,惜年齿尚少,寿命未尽,而将夭逝也。" ㉙方舟:两舟相并为方舟,这里泛指船。冀幸君之发矇(méng):期望君王能够醒悟,明白。矇,眼睛失明。 ㉚申子:申徒狄。参见《九章·悲回风》"望大河之洲渚兮,悲申徒之抗迹"注。 ㉛悉心:尽心,全心全意。君之不聪:指君王被壅蔽,不肯接纳忠言。不聪,耳聋。王逸《章句》:"言己欲尽忠竭其所闻,陈列政事,遭值怀王闇不聪明,而不见纳也。" ㉜不开寤而难道:君王不觉悟,难以开导。道,引导。不别横之与纵:不辨是非、曲直、忠奸、贤愚。 ㉝浮说:虚言,无根据的话。 ㉞规矩:圆规和直尺。绳墨:木工用以画线的墨线,比喻行为的法则。 ㉟离:同"罹",遭受。若纵火于秋蓬:好像向秋天枯萎的蓬蒿丛中,放了一把火。王逸《章句》:"言君信任佞谀,不虑艰难,卒遭忧患,然后乃觉,若放火于秋蒿,不可救制也。" ㊱业:指国家的基业。祸凶:指个人的吉凶。 ㊲彼离畔而朋党:指奸佞小人背叛了公义,结为朋党。独行之士:不肯附和世俗的高洁之士。 ㊳秋毫微哉而变容:秋天鸟兽身上长出的细毛,极其细微,时间长了便改变了容貌。王逸《章句》:"言君用谗邪,日以渐染,随之变化,而不自知,若秋毫更生,其容微眇,而日长大也。" ㊴众轻积而折轴:轻微的东西累积多了,也会压断车轴。轴,指车轴。原咎杂而累重:屈原因此而遭受到许多的诽谤和污蔑,加在屈原身上的过错杂乱且沉重。 ㊵流澌:流水。王逸《章句》:"言己心清洁,不能久居浊世,故赴湘、沅之水,与流澌俱浮,恐遂乘波而东入大海也。" ㊶怀:怀抱,怀藏。蔽壅:蒙蔽。王逸《章句》:"言己所以怀沙负石,甘乐死亡,自沈于水者,不忍久见怀王壅蔽于谗佞也。"

怨　　世①

　　世沈淖而难论兮,俗岭峨而嵾嵯②。清泠泠而歼灭兮,溷湛湛而日多③。枭鸮既以成群兮,玄鹤弭翼而屏移④。蓬艾亲入御于床笫兮,马兰踸踔而日加⑤。弃捐药芷与杜衡兮,余奈世之不知芳何⑥。何周道之平易兮,然芜秽而险戏⑦。高阳无故而委尘兮,唐虞点灼而毁议⑧。谁使正其真是兮,虽有八师而不可为⑨。

　　皇天保其高兮,后土持其久⑩。服清白以逍遥兮,偏与乎玄英异色⑪。西施媞媞而不得见兮,嫫母勃屑而日侍⑫。桂蠹不知所淹留兮,蓼虫不知徙乎葵菜⑬。处湣湣之浊世兮,今安所达乎吾志⑭。意有所载而远逝兮,固非众人之所识⑮。骥踌躇于弊輂兮,遇孙阳而得代⑯。吕望穷困而不聊生兮,遭周文而舒志⑰。宁戚饭牛而商歌兮,桓公闻而弗置⑱。路室女之方桑兮,孔子过之以自侍⑲。

　　吾独乖剌而无当兮,心悼怵而耄思⑳。思比干之恲恲兮,哀子胥之慎事㉑。悲楚人之和氏兮,献宝玉以为石㉒。遇厉武之不察兮,羌两足以毕斮㉓。小人之居势兮,视忠正之若何㉔?改前圣之法度兮,喜嗫嚅而妄作㉕。亲谗谀而疏贤圣兮,讼谓閒娵为丑恶㉖。愉近习而蔽远兮,孰知察其黑白㉗。卒不得效其心容兮,安眇眇而无所归薄㉘。专精爽以自明兮,晦冥冥而壅蔽㉙。年既已过太半兮,然埳轲而留滞㉚。欲高飞而远集兮,恐离罔而灭败㉛。独冤抑而无极兮,伤精神而寿夭㉜。皇天既不纯命兮,余生终无所依㉝。愿自沈于江流兮,绝横流而径逝㉞。宁为江海之泥涂兮,安能久见此浊世?

[注释]①怨世:本章揭露楚国党人得势、排斥贤者、是非混淆、美丑不辨的社会现实,抒发诗人内心的怨愤,并表达了坚守节操的人生价值追求。②世沈淖而难论二句:意谓世人沉沦于污浊的现实中,是非难以评说。岭峨(cén é):高下不平。岭,一本作"岑"。嵾嵯(cén cuó):参差不齐。 ③清泠泠而歼灭二句:意谓立身洁白、坚持操守的人被清除,日益减少,而贪浊之人,进在显位,日以盛多。歼灭:被清除掉。溷湛湛:混浊,喻贪浊之人。④枭鸮:猫头鹰,喻贪残凶恶之人。玄鹤:黑色的鹤,喻高尚而有节操的人。弭翼:收起翅膀。屏移:隐退。 ⑤蓬艾亲入御于床笫(zǐ)二句:意谓蓬艾、马兰一类的得到进用,摆满了床席,长得越来越茂盛。蓬艾、马兰,被认为是恶草。亲入御:一本无"入"字,亲御即被任用。床笫:竹席、床席。踸踔(chěn chuō):跳跃而行貌,喻小人得志、欣喜貌。 ⑥药芷与杜蘅:指白芷、杜蘅,俱为香草之名。 ⑦何周道之平易二句:意谓为什么平坦开阔的大道,如今杂草丛生,充满了艰难险阻。周道,大路。险戏:即"险巇",危险。⑧高阳无故而委尘二句:意谓先祖高阳无故受到非议而蒙尘,圣君尧舜也受到侮辱与诽谤。点灼、毁议:伤害、毁谤。 ⑨正其真是:揭示历史真相,作出公正评说。八师:指禹、稷、契、皋陶、伯夷、倕、益、夔八个圣贤之人。不可为:做不到。 ⑩皇天保其高二句:意谓天总是那么高,大地总是那么长久存在。皇天、后土,指天地自然。 ⑪服清白:坚持清白的节操。玄英:纯黑色,以喻贪浊。 ⑫西施:春秋时越国著名的美女,这里比喻君子。媞(tí)媞:容态美好貌。嫫母:传说中的女子,容貌极其丑陋,比喻小人。勃屑:蹒跚而行貌。王逸《章句》:"以言亲近小人,斥逐君子也。" ⑬桂蠹(dù)不知所淹留:寄生于桂树的蛀虫,对于自己所处的地位与环境暗昧无知。王逸《章句》说,这是象征"众臣食君之禄,不建忠信,妄行佞谗,亦将失其位,丧其所也"。蓼虫不知徙乎葵菜:寄生于蓼草苦心中的昆虫,不知迁往甜味的葵菜去。葵菜,即露葵,味甘美。王逸《章句》说,这是比喻自己"修洁白,不能变志异行,以求禄

位,亦将终身贫贱而困穷也"。 ⑭涽(mǐn)涽:昏暗貌。安所达乎吾志:哪里能够实现我的理想。 ⑮载:寄托。识:了解,明白。 ⑯骥踌躇于弊辇二句:意谓日行千里的骏马拉着破车徘徊不前,要遇到伯乐才能替换下来。孙阳:即伯乐,古代善于相马的人。王逸《章句》:"言众人不识骐骥,以驾败车,则不肯进,遇伯乐知其才力,以车代之,则至千里,流名德也。" ⑰周文:即周文王。 ⑱宁戚、桓公:参见《离骚》"宁戚之讴歌兮,齐桓闻以该辅"注。商歌:悲歌。 ⑲路室女之方桑二句:孔子路遇采桑之女,表示敬意。侍:疑为"轼"的同音借字。轼,车前横木。古人乘车时,凡遇可敬之人,必俯倚车轼,以示敬意。 ⑳乖剌(là)而无当:与时乖戾,无所遇合。悼怵而毣思:心中悲伤,思维紊乱。毣,乱。 ㉑怦(pēng)怦:忠直貌。慎事:谨慎从事。 ㉒和氏:即卞和。据《韩非子》记载:楚人和氏得玉璞于山中,将它奉献给楚厉王。厉王使玉人相之。玉人曰:"石也。"王于是砍了卞和的左足。及厉王薨,楚武王即位,卞和又奉其璞而献之武王。武王使玉人相之,玉人又曰:"石也。"武王于是又砍了卞和的右足。武王薨,楚文王即位,卞和乃抱其璞而哭于楚山之下。三日三夜,泣尽而继之以血。楚文王闻之,使人问其故。曰:"天下之刖者多矣,子奚哭之悲也?"卞和曰:"吾非悲刖也,悲夫宝玉而题之以石,贞士而名之以诳,此吾所以悲也。" ㉓厉武:指楚厉王、楚武王。毕斲(zhuó):全部被砍,斩断。 ㉔居势:占据有权势的地位。视忠贞之若何:把忠贞之士看做什么?即不当做一回事。 ㉕嗫嚅:低语谋私貌。妄作:徇私妄为。 ㉖谗谀:这里指谗言诽谤、阿谀奉承之人,与下文之"贤圣"相对。讼:喧哗争辩。闾娵(zōu):一本作"闾娶",相传为梁王魏罃的美女。 ㉗愉近习而蔽远:喜欢周围亲近之人,疏远贤者。知察:明白。王逸《章句》:"言君近谄谀,习而信之,蔽远贤者,言不见用,谁当知己之清白,彼之贪浊也。" ㉘效其心容:奉献他们的忠诚之心。安眇眇而无所归薄:前途邈远迷茫,不知何处是归宿。归薄,归附。 ㉙专精爽以自明:专心一意,光明磊落,多次表白衷情。晦冥冥而雍蔽:形容世道昏暗不明,自己的忠心被遮蔽。 ㉚太半:大半。坎轲(kǎn kē):即坎坷,崎岖不平貌。留滞:停滞不前。 ㉛远集:飞向远方。恐离罔而灭败:恐怕陷身罗网,遭遇杀身之祸。离,同"罹"。罔,即"网"。 ㉜冤抑而无极:蒙受无穷无尽的冤屈。无极,没有尽头。寿夭:短命。 ㉝不纯命:天命无常。纯,常,始终如一。 ㉞绝横流而径逝:自绝于江流,远逝而不归。径:径直。

怨　　思①

　　贤士穷而隐处兮,廉方正而不容②。子胥谏而靡躯兮,比干忠而剖心③。子推自割而饲君兮,德日忘而怨深④。行明白而曰黑兮,荆棘聚而成林⑤。江离弃于穷巷兮,蒺藜蔓乎东厢⑥。贤者蔽而不见兮,谗谀进而相朋⑦。枭鸮并进而俱鸣兮,凤皇飞而高翔⑧。愿壹往而径逝兮,道壅绝而不通⑨。

　　[**注释**]①怨思:本章抒发贤者以身许国、反遭谗毁与迫害的一腔幽怨情思。　②穷而隐处:不得志于世,退而归隐。廉方正而不容:廉洁正直而有气节,却不能见容于世俗。　③子胥:伍子胥。靡躯:亡身。　④子推自割而饲君:介子推,晋文公重耳的贤臣,重耳曾在外流浪十九年,介子推一直随行,曾割自己身上的肉给重耳充饥。君:指晋文公重耳。　⑤荆棘聚而成林:荆棘长成了树林,比喻谗佞小人结成朋党。　⑥江离:香草,喻贤能之人。蒺藜蔓乎东厢:带刺的蔓草一直蔓延到厢房中,比喻小人进入朝廷。蒺藜,多刺蔓生草。　⑦进而相朋:仕途日进,相互结为朋党。　⑧枭鸮:喻奸佞之人。凤皇:喻贤德之士。　⑨壅绝:完全堵塞。

自　　悲①

　　居愁勤其谁告兮,独永思而忧悲②。内自省而不惭兮,操愈坚而不衰③。隐三年而无决兮,岁忽忽其若颓④。怜余身不足以卒意兮,冀一见而复归⑤。哀人事之不幸兮,属天命而委之咸池⑥。身被疾而不闲兮,心沸热其若汤⑦。冰炭不可以相并兮,吾固知乎命之不长。哀独苦死之无乐兮,惜予年之未央。悲不反余之所居兮,恨离予之故乡⑧。鸟兽惊而失群兮,犹高飞而哀鸣。狐死必首丘兮,夫人孰能不反其真情⑨。故人疏而日忘兮,新人近而俞好⑩。莫能行于杳冥兮,孰能施于无报⑪?

　　苦众人之皆然兮,乘回风而远游。凌恒山其若陋兮,聊愉娱以忘忧⑫。悲虚言之无实兮,苦众口之铄金。过故乡而一顾兮,泣歔欷而沾衿⑬。厌白玉以为面兮,怀琬琰以为心⑭。邪气入而感内兮,施玉色而外淫⑮。何青云之流澜兮,微霜降之蒙蒙⑯。徐风至而徘徊兮,疾风过之汤汤⑰。闻南藩乐而欲往兮,至会稽而且止⑱。见韩众而宿之兮,问天道之所在⑲。借浮云以送予兮,载雌霓而为旌⑳。驾青龙以驰骛兮,班衍衍之冥冥㉑。忽容容其安之兮,超慌忽其焉如㉒。苦众人之难信兮,愿离群而远举。登峦山而远望兮,好桂树之冬荣。观天火之炎炀兮,听大壑之波声㉓。引八维以自道兮,含沆瀣以长生㉔。居不乐以时思兮,食草木之秋实㉕。饮菌若之朝露兮,构桂木而为室㉖。杂橘柚以为囿兮,列新夷与椒桢㉗。鹍鹤孤而夜号兮,哀居者之诚贞㉘。

[注释]①自悲:此章诉说内心的愁苦无处告语,只能暗自伤悲。　②愁慭(qín):愁苦。永思:长思。　③内自省而不惭二句:自省自察,问心无愧,志向愈坚,毫不懈怠。　④隐三年而无决二句:被放逐三年,迄今没有结果,岁月匆匆流逝,我逐渐走向衰老。忽忽,迅疾貌。颓,坠落,这里指岁月将尽。⑤怜余身不足以卒意:自己一生的理想不能实现,深感痛惜。复归:回到朝廷。　⑥属天命而委之咸池:意谓现实所遭遇的一切都是天命所定,我只能

委之于神明了。咸池,王逸注为"天神也"。 ⑦被疾:生病。不闲:病不愈。 ⑧反:同"返"。 ⑨狐死必首丘:传说狐狸死时,头朝向出生的山丘。此句本于《九章·哀郢》"鸟飞反故乡兮,狐死必首丘"二句。 ⑩故人疏而日忘:旧故日益疏远,最后被遗忘。俞,通"愈"。王逸《章句》:"言旧故忠臣,日以疏远;谗谀新人,日近而见亲也。" ⑪行于杳冥:意指行德于冥冥之中,不苛求他人知道。施于无报:施恩德于他人却不求回报。施,给予。报,报答。王逸《章句》:"言众人谁能有执心正行于杳冥之中,施于无报之人乎?言皆苟且而行,以求利也。" ⑫凌恒山其若陋:登上恒山之巅,觉得人间太渺小了。陋:渺小。 ⑬歔欷:叹息声。沾衿(jīn):沾湿衣襟。衿,即"襟"。 ⑭厌白玉以为面二句:意谓我的外在行为像白玉般的素洁,我的内心如同琬琰美玉般的纯真。厌,通"靥",施于面颊。琬琰(wǎn yǎn),玉名。王逸《章句》:"言己施行清白,心面若玉,内外相副。" ⑮施玉色而外淫:内有美玉,外表则润泽发光。淫,形容美玉的光色外显。 ⑯流澜:散布貌。蒙蒙:盛貌。 ⑰汤汤:形容疾风猛烈,风势强劲。一本作"荡荡"。 ⑱南藩:南方之屏藩,指诸侯之国。会稽:山名,位于今浙江绍兴东南。 ⑲韩众:得道成仙者,又作韩终。参见《远游》"羡韩众之得一"注。天道:指仙家的长生之道。 ⑳雌霓:虹霓。 ㉑驰骛:急速奔驰。班衍衍之冥冥:形容车行缤纷,绵延不尽之貌。冥冥,晦暗不明。 ㉒忽容容其安之二句:意谓车驾飞速,前方迷茫不清,内心感到迷惑,不知将去何方。超慌忽:即"怊慌忽",心神不宁貌。焉如:到哪里。如,往。 ㉓天火:星名,即大火星。炎炀(yáng):火势凶猛。大壑:东海底下的深谷,这里指东海。 ㉔引八维以自道二句:意谓采纳四面八方之气,呼吸吐纳,以修炼长生不老之术。八维,古人认为天有八根绳子维系,代指八方。 ㉕时思:思绪绵绵,常怀忧思。一本作"思时"。 ㉖菌若:紫芝、杜若。构:架设。 ㉗圊:一本作"圃"。新夷:即辛夷。椒桢:芳椒、女贞。 ㉘鸥鹤:鸥鸡、鸽鹤。诚贞:诚信、正直。

哀　　命①

哀时命之不合兮,伤楚国之多忧。内怀情之洁白兮,遭乱世而离尤。恶耿介之直行兮,世溷浊而不知②。何君臣之相失兮,上沅湘而分离③。测汨罗之湘水兮,知时固而不反④。伤离散之交乱兮,遂侧身而既远⑤。处玄舍之幽门兮,穴岩石而窟伏⑥。从水蛟而为徒兮,与神龙乎休息⑦。何山石之崭岩兮,灵魂屈而偃蹇⑧。含素水而蒙深兮,日眇眇而既远⑨。哀形体之离解兮,神罔两而无舍⑩。惟椒兰之不反兮,魂迷惑而不知路⑪。愿无过之设行兮,虽灭没之自乐⑫。痛楚国之流亡兮,哀灵修之过到⑬。固时俗之溷浊兮,志督迷而不知路⑭。念私门之正匠兮,遥涉江而远去⑮。念女嬃之婵媛兮,涕泣流乎於悒⑯。我决死而不生兮,虽重追吾何及⑰。戏疾濑之素水兮,望高山之蹇产⑱。哀高丘之赤岸兮,遂没身而不反⑲。

[注释]①哀命:悲叹时命不合,为楚国内忧外患而感伤。　②恶耿介:世俗憎恶光明正大之人。世溷浊而不知:风气浑浊,不辨善恶是非。　③相失:失于相知。上沅湘:溯沅、湘而上。　④汨罗:水名,注入湘水,是屈原自沉之处。知时固而不反:明白世事不可能有作为,因而义无反顾。反,同"返"。　⑤交乱:交相混乱,指离散纷纷而至。　⑥处玄舍之幽门二句:遭遇贬逐,住在昏暗幽深之处,隐伏在岩石洞穴之中。窟伏,伏居窟穴之中。　⑦从水蛟而为徒二句:意谓贬谪在荒泽之野,与水中的蛟龙做邻居,一同漫游,一块休息。徒,义同"类"。休息,指潜伏于深水中。　⑧崭岩:即"巉岩",险峻貌。偃蹇:屈曲不伸貌。　⑨含素水而蒙深二句:意谓面前白浪翻滚,水波濛濛,目光眇眇,离郢都已经很远了。水流扬起白波,故曰素水。蒙深:一本作"濛濛"。眇眇:邈远貌。　⑩离解:指形神之分离。罔两:恍惚无依貌。无舍:没有归宿。　⑪惟椒兰之不返:指当朝的辅臣椒兰不允许自己返回朝廷。　⑫设行:施行。灭没:指死亡。　⑬灵修:指楚王。过到:犯下过失,有过不改。　⑭督迷:迷惑昏乱。　⑮私门之正匠:意为政教出于权臣的私门。私门,指家臣之门。正匠,朝政、教化。　⑯於悒:愤懑气塞貌。　⑰重追:一再

追赶。　⑱疾濑:湍流。蹇产:高峻貌。　⑲赤岸:楚地名。

谬　　谏①

怨灵修之浩荡兮,夫何执操之不固②。悲太山之为隍兮,孰江河之可涸③。愿承闲而效志兮,恐犯忌而干讳④。卒抚情以寂寞兮,然怊怅而自悲⑤。玉与石其同匮兮,贯鱼眼与珠玑⑥。驽骏杂而不分兮,服罢牛而骖骥⑦。年滔滔而自远兮,寿冉冉而愈衰⑧。心悇憛而烦冤兮,蹇超摇而无冀⑨。

固时俗之工巧兮,灭规矩而改错⑩。却骐骥而不乘兮,策驽骀而取路⑪。当世岂无骐骥兮,诚无王良之善驭⑫。见执辔者非其人兮,故驹跳而远去⑬。不量凿而正枘兮,恐矩矱之不同⑭。不论世而高举兮,恐操行之不调⑮。弧弓弛而不张兮,孰云知其所至⑯？无倾危之患难兮,焉知贤士之所死⑰？俗推佞而进富兮,节行张而不著⑱。贤良蔽而不群兮,朋曹比而党誉⑲。邪说饰而多曲兮,正法弧而不公⑳。直士隐而避匿兮,谗谀登乎明堂㉑。弃彭咸之娱乐兮,灭巧倕之绳墨㉒。菎簬杂于黀蒸兮,机蓬矢以射革㉓。驾蹇驴而无策兮,又何路之能极㉔？以直针而为钓兮,又何鱼之能得？伯牙之绝弦兮,无钟子期而听之㉕。和抱璞而泣血兮,安得良工而剖之㉖？

同音者相和兮,同类者相似。飞鸟号其群兮,鹿鸣求其友。故叩宫而宫应兮,弹角而角动㉗。虎啸而谷风至兮,龙举而景云往㉘。音声之相和兮,言物类之相感也。

夫方圜之异形兮,势不可以相错㉙。列子隐身而穷处兮,世莫可以寄讬㉚。众鸟皆有行列兮,凤独翔翔而无所薄㉛。经浊世而不得志兮,愿侧身岩穴而自讬。欲阖口而无言兮,尝被君之厚德㉜。独便悁而怀毒兮,愁郁郁之焉极㉝。念三年之积思兮,愿壹见而陈词。不及君而骋说兮,世孰可为明之㉞。身寝疾而日愁兮,情沈抑而不扬㉟。众人莫可与论道兮,悲精神之不通㊱。

[**注释**]①谬谏:即谲谏,委婉陈词,借写作辞章以为讽谏,故曰谬谏。②浩荡:水面浩大、横无涯际貌,喻君王放纵恣肆,变化无常。执操:守志。固:坚定。 ③悲太山之为隍二句:意谓我为高山将要陷落为水池而悲伤,江河怎样可以断流而干涸? 太山,大山。隍,城下池。王逸《章句》:"言太山将颓为池,以喻君且失其位,用心迷惑,过恶已成,若江河之决,不可涸塞也。"④愿承闲而效志二句:意谓我想要等待机会,进献忠言,又恐触犯忌讳,得罪君王。效志,一本作"效忠"。 ⑤抚情:回顾、压抑着自己的感情。 ⑥玉与石其同匮二句:意谓将宝玉与石头装在一个柜子里,将鱼眼与宝珠穿在一根绳子上,比喻不辨忠奸、贤愚。贯:串联。 ⑦驽骏杂而不分二句:意谓劣马与良马混杂不分,疲惫的老牛与日行千里的骏马一同拉车。罢牛,即疲牛。骥,良马。 ⑧滔滔而自远:形容光阴一去不返。冉冉:渐渐。 ⑨悇憛(tútán)而烦冤:内心忧愁,郁结不舒貌。超摇而无冀:心中惶惶不安,前途失去期望。 ⑩改错:改变正确的措施。错,通"措",措施。 ⑪却:斥退。驽骀(tái):劣马。 ⑫王良:相传为春秋时晋国善于驭马的人,一说即伯乐。⑬驹跳:即"骐跳",跳跃。 ⑭不量凿而正枘二句:意谓圆的凿孔与方的榫头不合,规矩尺度亦不相同,比喻不同的人道德善恶与处世态度有异。枘,嵌入凿孔中的榫头。矩矱:度量形状及长短的工具,代指处世之法度、准则。⑮论世:分辨世道的治乱。调:调和。 ⑯张、弛:开弓为张,解弓为弛。至:指箭矢达到的距离。 ⑰无倾危之患难二句:意谓国家未遇倾危之难,则不知贤士之以身许国、伏节死义。倾危:国家危难、有倾覆之险。 ⑱推佞而进富:推举巧言之人,进用有钱的人。张而不著:虽得用世而功德不著。 ⑲不

群:孤立无援。朋曹比而党誉:小人结党营私,相互勾结,相互吹捧。 ⑳饰而多曲:歪理邪说,惯于修饰曲言巧辩。弧而不公:违背正当的法度,有失公平。弧,乖戾,不合情理。 ㉑明堂:古时天子宣明政教处,这里指朝廷议政的地方。 ㉒巧倕:人名,相传为尧时的巧匠,发明了规、矩、准绳等。 ㉓菎蕗(kūn lù):一种坚韧的竹子,是造箭的好材料,比喻坚贞正直之士。 䅵(zōu)蒸:麻秸,比喻世俗平庸之士。蒸,义同"薪"。机蓬矢以射革:用蓬蒿制作的箭矢,去射犀革制作的盾。机,发射。 ㉔驾蹇驴而无策二句:驾驭跛足之驴,又无鞭策,怎么能达到目标。 ㉕伯牙:楚国善于弹琴的人。钟子期:善于欣赏音乐的人。王逸《章句》:"言钟子期死,伯牙破琴绝弦,不肯复鼓,以世无知音也。言己不遇明君识忠直者,亦宜钳口而不语言也。" ㉖和:卞和,参见上文"怨世"中"悲楚人之和氏"注。剖:指剖开璞玉。 ㉗宫、角:古代将音乐分别为宫、商、角、徵、吕五音。叩:敲击,弹奏。王逸《章句》:"言叩击五音,各以其声感而相应也。以言君求仁则仁至,修正则下直也。" ㉘虎啸而谷风至二句:意谓虎在山谷中咆哮就会卷起大风,龙飞升上天就会生起景云。谷风,山谷之风。景云,庆云,彩云。 ㉙相错:混杂、同处。错,通"措"。 ㉚列子:列御寇,相传为战国时郑国人。穷处:处于困境。莫:没有。 ㉛翔翔而无所薄:形容凤凰在空中孤独飞翔,没有安身之所。薄,止,停留。 ㉜阖口:闭口。被:蒙受。 ㉝独便悁(pián yuān)而怀毒二句:意谓自己心怀忧忿,愁思绵绵,不知何时是尽头。便悁,忧愁、烦怨。焉极:哪里是尽头。 ㉞骋说:尽情直言,倾诉衷肠。 ㉟寝疾:卧病。沈抑:沉闷抑郁。 ㊱不通:不得通于君。

乱曰:鸾皇孔凤,日以远兮①。畜凫驾鹅,鸡鹜满堂坛兮②,蛙黾游乎华池③。要袤奔亡兮,腾驾橐驼④。铅刀进御兮,遥弃太阿⑤。拔搴玄芝兮,列树芋荷⑥。橘柚萎枯兮,苦李旖旎⑦。甂甌登于明堂兮,周鼎潜乎深渊⑧。自古而固然兮,吾又何怨乎今之人!

[注释]①鸾皇:凤凰一类的灵鸟。孔:孔雀。 ②畜凫驾鹅:驯养野鸭与

野鹅。鸡鹜满堂坛:殿堂、祭坛之上,到处养着鸡子和鸭子。 ③蛙黾(měng):喻目光短浅之人。黾,蛙的一种。华池:芳华之池。 ④要褭(niǎo):骏马之名。要,一本作"骤"。橐驼:骆驼。 ⑤铅刀:铅制的刀,言其钝。太阿:宝剑,极锋利。 ⑥拔搴玄芝:拔除贵重的黑色灵芝。玄芝,神草名。列树芋荷:成排地种植普通的芋头。 ⑦苦李:李的一种,味苦。旖旎:繁盛貌。 ⑧甂瓯(biān ōu):瓦器。甂,大口的瓦盆。瓯,小盆。周鼎:相传为夏禹所铸的鼎,后迁于周。

哀　时　命^①

　　哀时命之不及古人兮,夫何予生之不遘时^②！往者不可扳援兮,徕者不可与期^③。志憾恨而不逞兮,抒中情而属诗^④。夜炯炯而不寐兮,怀隐忧而历兹^⑤。心郁郁而无告兮,众孰可与深谋^⑥！欲愁悴而委惰兮,老冉冉而逮之^⑦。居处愁以隐约兮,志沉抑而不扬^⑧。道壅塞而不通兮,江河广而无梁^⑨。愿至昆仑之悬圃兮,采钟山之玉英^⑩。擥瑶木之橝枝兮,望阆风之板桐^⑪。弱水汩其为难兮,路中断而不通^⑫。势不能凌波以径度兮,又无羽翼而高翔^⑬。然隐悯而不达兮,独徙倚而彷徉^⑭。怅惝罔以永思兮,心纡轸而增伤^⑮。倚踌躇以淹留兮,日饥馑而绝粮^⑯。廓抱景而独倚兮,超永思乎故乡^⑰。廓落寂而无友兮,谁可与玩此遗芳^⑱？白日晼晚其将入兮,哀余寿之弗将^⑲。车既弊而马罢兮,蹇邅徊而不能行^⑳。身既不容於浊世兮,不知进退之宜当^㉑。

　　[**注释**]①此篇的作者严忌,西汉文帝、景帝时期人。他本姓庄,人称庄夫子,因避汉明帝讳改为严忌。本篇内容是抒发贤者不遇于世的感伤愤懑的情怀,或认为是悼屈原所作。严忌以辞赋出名,《汉书·艺文志》著录"庄夫子

赋二十四篇",所存仅此1篇。 ②生之不遘(gòu)时:生不逢时。遘,相逢。
③往者不可扳援:即"往者不可追"之意。扳援,即"攀援",追随,攀附。徕:
同"来"。期:期待。 ④憾恨而不逞:内心怨恨,自己的理想未能实现。逞,
称心,达到目的。抒中情而属诗:抒发中情而作诗。 ⑤炯炯:同"耿耿",烦
躁不寐貌。隐忧:即"殷忧",深忧。历兹:直到现在。 ⑥郁郁:忧愁貌。
⑦欿(kǎn)愁悴而委惰:内心忧愁憔悴,委顿而疲惫。欿,愁貌。逮:及,至。
⑧隐约:穷困。沉抑而不扬:沉闷抑郁,难以舒展。 ⑨江河广而无梁:江河
辽阔,又没有桥梁,比喻面见君王之路不通。 ⑩悬圃:神山名,在昆仑山上。
参见《离骚》"夕余至乎县圃"注。钟山:神山名。玉英:美玉之花。王逸《章
句》引《淮南子》:"钟山之玉,烧之三日,其色不变。言己自知不用,愿避世远
去,上昆仑山,游于悬圃,辨玉英咀而嚼之,以延寿也。" ⑪挐瑶木之橝(tán)
枝:攀折玉树上的长枝。挐,同"揽"。橝,长。望阆风之板桐:眺望昆仑之上
的阆风山与板桐山。板桐,即樊桐,山名,在昆仑山上。 ⑫弱水:水名,流经
昆仑山。汨:水流迅疾貌。 ⑬凌波:凌驾波浪,即涉水而过。径度:径直渡
过河流。 ⑭隐悯而不达:心中隐痛,志气不申。徙倚而彷徉:流连徘徊不定
貌。 ⑮怅惝罔以永思:惆怅失意,思绪绵绵。惝罔,同"惝怳",失意貌。纤
轸而增伤:郁结不解,伤痛堆积。增:通"层"。 ⑯倚:或为"欲"之误。踌躇
以淹留:犹豫徘徊,滞留不前。饥馑:饥饿。 ⑰廓抱景而独倚:我孤单一人,
独守着自己的影子。廓,空寂无人。景,通"影"。超:通"怊",怅然失意。
⑱廓落:空寂孤独。遗芳:喻指前人的美德风范。 ⑲晼晚:日暮时的暗淡光
景。余寿之弗将:我的生命不能久存。 ⑳弊:破烂。罷:通"疲",疲病无力。
遭徊:徘徊不前。 ㉑不知进退之宜当:形容内心困惑,进退出处,不知如何
才恰当。

　　冠崔嵬而切云兮,剑淋离而从横①。衣摄叶以储与
兮,左袪挂于榑桑②;右衽拂于不周兮,六合不足以肆
行③。上同凿枘于伏戏兮,下合矩矱于虞唐④。愿尊节而
式高兮,志犹卑夫禹汤⑤。虽知困其不改操兮,终不以邪

枉害方⑥。世并举而好朋兮,壹斗斛而相量⑦。众比周以肩迫兮,贤者远而隐藏⑧。为凤皇作鹖笼兮,虽翕翅其不容⑨。灵皇其不寤知兮,焉陈词而效忠⑩。俗嫉妒而蔽贤兮,孰知余之从容⑪?愿舒志而抽冯兮,庸讵知其吉凶⑫?璋珪杂于甑窐兮,陇廉与孟娵同宫⑬。举世以为恒俗兮,固将愁苦而终穷⑭。幽独转而不寐兮,惟烦懑而盈匈⑮。魂眇眇而驰骋兮,心烦冤之忡忡⑯。志欿憾而不憺兮,路幽昧而甚难⑰。

[**注释**]①崔嵬而切云:头戴切云之冠,高高耸立。淋离而从横:长长的佩剑,左右摆动。淋离,即"陆离",长貌。纵横,交错貌。 ②衣摄叶以储与:衣服宽大,不得舒展。摄叶、储与:联绵词,长大貌。左袪(qū)挂于榑(fú)桑:左边的袖子挂到东方扶桑神树之上。袪,袖口。榑桑,即扶桑。 ③右衽拂于不周:右边的袖子拂过了西方的不周山。不周:神话中的山名。六合:天地四方。肆行:随意行走。 ④上同凿枘于伏戏二句:意谓自己所奉行的法度与准则,在上与伏羲相合,在下与尧舜一致。凿枘,凿孔与榫头。伏戏,即伏羲。虞唐,虞舜、唐尧。 ⑤尊节而式高:尊重高风亮节,以前贤为榜样。志犹卑夫禹汤:志向之高,超过了夏禹、商汤。 ⑥不以邪枉害方:不因邪僻枉曲危害正直贤良。 ⑦并举而好朋:相互推举,喜欢结成朋党。壹斗斛而相量:不分正邪与贤愚,都看成一个样子。斗斛,皆为量器,十斗为一斛。 ⑧比周以肩迫:肩膀紧凑在一起,形容相互勾结。 ⑨鹖笼:驯养鹖鹑的笼子。翕翅:收拢翅膀。翕,收敛。王逸《章句》:"为凤皇作栖以鹖鹑之笼,虽翕其翅翼,犹不能容其形体也。以言贤者遭世乱,虽屈其身,亦不能自容入。" ⑩灵皇:指君王。寤知:明白,觉悟。 ⑪俗:世俗之人。从容:举动,行为。 ⑫舒志而抽冯:抒发情志,排遣愤懑之情。冯,一本作"㥄",愤懑。庸讵:何以,如何。 ⑬璋珪:均为玉制的礼器。甑窐(zèng xī):皆为陶制的炊器。陇廉:古代丑妇之名。孟娵:古代美女之名。 ⑭举世以为恒俗:全世上的人都认为上述美丑黑白不分的情况是常态。终穷:终身穷困不达。 ⑮独转:

孤独地辗转。匈:即"胸"。 ⑯眇眇:高远貌。烦冤之忡忡:忧伤烦闷,郁结不舒貌。 ⑰志欲憾而不憺:内心抱恨,不得安宁。憺,安适。

　　块独守此曲隅兮,然欿切而永叹①。愁修夜而宛转兮,气涫沸其若波②。握剞劂而不用兮,操规矩而无所施③。骋骐骥于中庭兮,焉能极夫远道④?置猨狖于栌槛兮,夫何以责其捷巧⑤?驷跛鳖而上山兮,吾固知其不能升⑥。释管晏而任臧获兮,何权衡之能称⑦?箟簬杂于黀蒸兮,机蓬矢以射革⑧。负檐荷以丈尺兮,欲伸要而不可得⑨。外迫胁于机臂兮,上牵联于缯隹⑩。肩倾侧而不容兮,固狭腹而不得息⑪。务光自投于深渊兮,不获世之尘垢⑫。孰魁摧之可久兮,愿退身而穷处⑬。凿山楹而为室兮,下被衣于水渚⑭。雾露濛濛其晨降兮,云依斐而承宇⑮。虹霓纷其朝霞兮,夕淫淫而淋雨⑯。怊茫茫而无归兮,怅远望此旷野⑰。下垂钓于溪谷兮,上要求于仙者⑱。与赤松而结友兮,比王侨而为耦⑲。使枭杨先导兮,白虎为之前后⑳。浮云雾而入冥兮,骑白鹿而容与㉑。

　　[注释]①块独守此曲隅:孤独寂寞,块然守此深山之一角落。块,孤独。欿切:悲切。永叹:长叹。 ②修夜:长夜。修,长。宛转:辗转。气涫沸(guàn fèi)其若波:内心激动,如同波浪沸腾。涫沸,沸腾。 ③剞劂(jī jué):镂刻用的刀凿。施:用。 ④骋骐骥于中庭:让骏马在庭院之中驰骋。极:至。 ⑤猨狖:即猿狖。栌槛(líng jiàn):关野兽的笼子。王逸《章句》:"言猿狖当居高木茂林,见其才力,而置之栌槛之中,迫局之处,责其捷巧,非其理也。以言君子当在庙堂为政,而弃之山林,责其智能,亦非其宜也。" ⑥驷:以四匹马驾车。跛鳖:瘸腿的鳖。 ⑦释:舍弃不用。管晏:指管仲、晏婴,均为贤臣,管仲为齐桓公相,晏婴为齐景公相。臧获:古代对奴婢的贱称。

称:用秤量。 ⑧筼簬:翠竹名。䉛蒸:麻杆。蓬矢:蓬蒿所做的箭。射革:射皮盾。机:弩机,发射。 ⑨负檐荷:三个动词连用。背曰负;檐,通"擔",即"担",肩挑为担;荷,肩扛为荷。丈尺:丈量。要:通"腰"。 ⑩迫胁:逼迫威胁。机臂:弩的机身。矰隿(yì):系有丝绳的箭,为射鸟的工具。 ⑪肩倾侧二句:意谓偏转身子,不敢正身而立,收腹屏气,小心翼翼。狭腹:收腹,使腹狭小。息:呼吸。 ⑫务光:殷时隐士,商汤以天下让给务光,务光不接受,投水而死。获:蒙受。 ⑬魁摧:疲病,这里指处境极其危险。 ⑭山槛:山石之柱。渚:水中的小洲。 ⑮濛濛:迷蒙貌。依斐而承宇:形容云层浓密,与屋檐相连接。 ⑯虹霓纷其朝霞:西方的虹霓与东方的朝霞相互辉映,是将雨的征兆。淫淫:久雨不止貌。 ⑰怊茫茫而无归:惆怅失意,茫然不知何处是归宿。 ⑱要求于仙者:邀约神仙,与之相交游。"求",一本作"结"。 ⑲赤松、王乔:古代传说中的神仙,参见《远游》"闻赤松之清尘兮,愿承风乎遗则"注与"轩辕不可攀援兮,吾将从王乔而娱戏"注。为耦:结友,二人为耦。耦,通"偶"。 ⑳枭杨:山神(或称山精)名。先导:在前面开路。白虎:指白虎星神。 ㉑冥:深幽的境界。白鹿:传说隐者喜欢骑白鹿。容与:安闲自得貌。

魂眐眐以寄独兮,泪沮往而不归①。处卓卓而日远兮,志浩荡而伤怀②。鸾凤翔于苍云兮,故矰缴而不能加③。蛟龙潜于旋渊兮,身不挂于罔罗④。知贪饵而近死兮,不如下游乎清波⑤。宁幽隐以远祸兮,孰侵辱之可为⑥。子胥死而成义兮,屈原沉于汨罗⑦。虽体解其不变兮,岂忠信之可化⑧!志怦怦而内直兮,履绳墨而不颇⑨。执权衡而无私兮,称轻重而不差⑩。撇尘垢之枉攘兮,除秽累而反真⑪。形体白而质素兮,中皎洁而淑清⑫。时厌饫而不用兮,且隐伏而远身⑬。聊窜端而匿迹兮,嗼寂默而无声⑭。独便悁而烦毒兮,焉发愤而抒情⑮。时暧暧其将罢兮,遂闷叹而无名⑯。伯夷死于首阳兮,卒夭隐而不荣⑰。太公不遇文王兮,身至死而不得逞⑱。怀瑶象而佩琼兮,愿陈列而无正⑲。生天地之若过兮,忽烂漫而无成⑳。邪气袭余之形体兮,疾憯怛而萌生㉑。原壹见阳春之白日兮,恐不终乎永年㉒。

[注释]①眰(zhēng)眰:独行貌。汩徂往:像水一样迅疾地流逝,一去不返。 ②卓卓:高远貌。浩荡:意绪放达,无拘束貌。 ③矰缴而不能加:矢箭射不到他的身上。矰缴,系有丝绳的箭。缴,指丝绳。加,加害。 ④旋渊:水流回旋的深渊。罔罗:罗网。王逸《章句》:"言鸾凤飞于千仞,蛟龙藏于旋渊,故矰缴不能逮,罗罔不能加也。以言贤者亦宜高举隐藏,法令不能拘也。" ⑤贪饵:贪食诱饵。下游乎清波:经过香饵而不顾,向下游于清澈的水流。王逸《章句》:"言蛟龙明于避害,知贪香饵必近于死,故下游于清波无人之处也。以言贤者亦不宜贪禄位以危其身也。" ⑥幽隐:隐居幽处。侵辱:侵凌侮辱。 ⑦子胥:伍子胥,参见《九章》"伍子逢殃兮,比干菹醢"注。成义:成全大义。 ⑧化:改变。 ⑨怦怦:忠直貌。履绳墨而不颇:依循法则,而不偏离。 ⑩执权衡而无私:执持平等的原则,没有私心。差:失误。王逸《章句》:"言己如得执持权衡,能无私阿,称量贤愚,必不过差,各如其理也。" ⑪摡(gài)尘垢之枉攘:洗涤世俗世界的污浊尘垢。摡,通"溉",洗涤。枉攘,纷乱貌。除秽累而反真:清除污浊,返归真纯。 ⑫中皎洁而淑清:心地光明纯洁,人格善良清白。 ⑬时厌饫(yù)而不用:生不逢时,君主厌弃而不信用我。厌饫,饱食,不愿再用。王逸《章句》:"言时君不好忠直之士,厌倦其言而不肯用,故且隐伏山泽,斥远己身也。" ⑭窜端、匿迹:隐匿行迹。嘿(mò)寂默而无声:周围一片寂静,自己默默无言。嘿,吞舌无声。 ⑮便娟而烦毒:形容忧愤烦怨。 ⑯曖曖其将罢:天色昏暗,一日将尽。曖曖,光色昏暗。闷叹而无名:烦闷伤叹,无以名之。 ⑰夭隐而不荣:幽隐于首阳山,饥饿而死。 ⑱逞:得志。 ⑲怀瑶象而佩琼:与"怀瑾握瑜"同意,意谓身怀美好的品德与才能。瑶、琼,均为美玉。无正:无人品评,判断是非。王逸《章句》:"言己怀玉象,履忠信,愿陈列己志,无有明正之君听而受之也。" ⑳若过:恍

如过客。忽烂漫而无成:岁月如驰,人生纷扰,而无所成就。王逸《章句》:"言己生于天地之间,忽若风雨之过,晻然而消散,恨无成功也。" ㉑袭:侵袭。疾憯怛而萌生:疾病与忧伤痛苦一起萌生。 ㉒恐不终乎永年:被谗遇祸,担心生命不能久长。王逸《章句》:"言己被疾忧惧,恐随草木徂落,不能至阳春见白日,不终年命,遂委弃也。"

九　怀①

匡　机②

极运兮不中,来将屈兮困穷③。余深愍兮惨怛,愿一列兮无从④。乘日月兮上征,顾游心兮镐酆⑤。弥览兮九隅,仿徨兮兰宫⑥。芷闾兮药房,奋摇兮众芳⑦。菌阁兮蕙楼,观道兮从横⑧。宝金兮委积,美玉兮盈堂⑨。桂水兮潺湲,扬流兮洋洋⑩。菁蔡兮踊跃,孔鹤兮回翔⑪。抚槛兮远望,念君兮不忘。怫郁兮莫陈,永怀兮内伤⑫。

[注释]①本篇的作者为西汉的王褒。王褒,字子渊,汉宣帝时为谏议大夫。王逸《章句》:"怀者,思也,言屈原虽见放逐,犹思念其君,忧国倾危而不能忘也。(王)褒读屈原之文,嘉其温雅,藻采敷衍,执握金玉,委之污渎,遭世溷浊,莫之能识。追而愍之,故作《九怀》,以裨其词。"张溥《王谏议集题辞》:"《九怀》之作,追悯屈原,古今才士,其致一也。"《汉书·艺文志》著录"王褒赋十六篇",现存有《洞箫赋》等,明人辑为《王谏议集》。　②匡机:匡正朝政之失。匡,正。机,机要事务。　③极运:指朝廷中枢政务的施行。极,北极星,以喻朝廷。不中:不得其正。　④愍:忧苦。惨怛:忧伤痛苦貌。愿一列兮无从:希望向君王表达忠诚,却没有门径可入。　⑤游心兮镐(gǎo)酆(fēng):心中思念周文王、武王那样的圣君,希望与他们相遇。镐,周武王的

都城。鄷,周文王的都城。　⑥弥览:遍览。九隅:九州。兰宫:指帝王的宫殿。　⑦芷闾:闾是居室之门。以芷饰闾,言其高洁芬芳。下文中的"药房"、"菌阁"、"蕙楼",义同。奋摇:蓬勃生长。　⑧观道:楼阁间的道路。从横:即纵横。　⑨委积:堆积很多。　⑩桂水:以桂修饰水,谓水流芳香。洋洋:舒缓貌。　⑪蓍蔡:即蓍蔡,指寿龟。蔡,本为地名,产大龟,故名。孔鹤回翔:孔雀与白鹤回旋飞翔。　⑫怫郁:愤闷不畅。莫陈:无可陈述。

通　路①

　　天门兮墜户,孰由兮贤者②?无正兮溷厕,怀德兮何睹③?假寐兮愍斯,谁可与兮寤语④?痛凤兮远逝,畜鹠兮近处⑤。鲸鱏兮幽潜,从虾兮游陼⑥。乘虬兮登阳,载象兮上行⑦。朝发兮葱岭,夕至兮明光⑧。北饮兮飞泉,南采兮芝英⑨。宣游兮列宿,顺极兮彷徉⑩。红采兮骍衣,翠缥兮为裳⑪。舒佩兮绲縰,竦余剑兮干将⑫。腾蛇兮后从,飞駏兮步旁⑬。微观兮玄圃,览察兮瑶光⑭。启匮兮探筞,悲命兮相当⑮。纫蕙兮永辞,将离兮所思⑯。浮云兮容与,道余兮何之⑰?远望兮仟眠,闻雷兮阗阗⑱。阴忧兮感余,惆怅兮自怜⑲。

　　[**注释**]①通路:指贤者面见君王、忠言进谏的道路。　②天门、墜户:天地之门户,指面见君王之门。墜,即"地"。孰由兮贤者:贤者由何门可入。③无正溷厕:指奸邪之人包围在君王身边。溷厕,混杂。怀德何睹:有德之士怎能见到君王。　④假寐:不脱冠带而就寝。愍斯:对这种时世感到忧心。寤语:即"晤语",对语。　⑤畜鹠近处:鹠鹠之类的小鸟被养在身边。鹠,也写作"鹠",喻奸佞小人。　⑥鲸鱏(xún)幽潜:鲸鱼鲟鱼等大鱼藏在深处。鱏,即鲟。二者喻大贤之人。从虾:成群的小虾。陼:即"渚",水中小洲。⑦登阳:登云升天。载象上行:骑着神象向天上飞去。　⑧葱岭:传说中西方

的山名。明光:地名,即《远游》中提到的丹丘。 ⑨飞泉:山谷名,位于昆仑西南;一说为飞瀑。芝英:灵芝。 ⑩宣游列宿:在众星之间遍游。顺极彷徉:环绕北极星徘徊游荡。极,北极星。 ⑪骍(xīng):本指马毛的赤色,这里代指红色。缥:青白色丝织物。 ⑫舒佩絉缡(lín lí):长长的佩带飘拂繁盛。絉缡,衣裳飘拂貌。竦:向上高举。干将:宝剑名。 ⑬腾蛇:即螣蛇,龙类,能兴云作雾。飞駏(jù):即距虚,行走迅疾,日行五百里。 ⑭玄圃:即悬圃,神山名,在昆仑山上。瑶光:指北斗第七星。 ⑮启匮探筴:打开柜子,拿出卜筮用的蓍草。悲命兮相当:指占卜的结果不吉,与命运相符。相当,一本作"所当"。 ⑯纫蕙永辞:将蕙草连接在一起,将佩戴香草而远行,永远辞别君王。所思:指楚王。 ⑰容与:徘徊不进貌。道余何之:将我引向何方。 ⑱仟眠:一作"芊瞑",晦暗不明貌。阗阗(tián):雷声。 ⑲阴忧:暗自忧愁,藏在内心的忧伤。

危　俊①

　　林不容兮鸣蜩,余何留兮中州②?陶嘉月兮总驾,搴玉英兮自修③。结荣茝兮遂逝,将去烝兮远游④。径岱土兮魏阙,历九曲兮牵牛⑤。聊假日兮相佯,遗光燿兮周流⑥。望太一兮淹息,纡余辔兮自休⑦。晞白日兮皎皎,弥远路兮悠悠⑧。顾列孛兮缥缥,观幽云兮陈浮⑨。钜宝迁兮砏磤,雄咸雌兮相求⑩。泱莽莽兮究志,惧吾心兮惷惷⑪。步余马兮飞柱,览可与兮匹俦⑫。卒莫有兮纤介,永余思兮怞怞⑬。

　　[注释]①危俊:贤俊之士,遭遇危机,被迫远逝,孤独忧伤,故名。 ②鸣蜩:鸣蝉。以鸣蝉不见容于林喻贤士不能立于朝。中州:指中国。 ③陶嘉月兮总驾:在美好的季节,欣然总辔驾车出行。总,将缰绳结成一束。搴玉英兮自修:摘取琼玉之花作为佩饰,以自修饰。 ④结荣茝兮遂逝二句:将盛开

的白芷之花编结为带,披在身上,我将要离开君王而远游。荣芷,盛开着的白芷之花。草之花为荣。逯逝,逯迤远去。烝,君王。 ⑤径岱土兮魏阙:取道指泰山巍峨高大的门楼。魏,本作"巍",高大。九曲,九天之际。牵牛,星名。 ⑥聊假日兮相佯:趁着这一段光阴姑且流连徘徊。相佯,徜徉,从容徘徊。遗光燿兮周流:意谓在日月星辰所留的光耀中周游天下。 ⑦望太一兮淹息:瞻望太一星,我稍稍停息。纡:舒缓,放慢。 ⑧晞白日兮皎皎:天始明时,太阳显得格外明亮。弥:甚。悠悠:遥远无尽。 ⑨顾列孛兮缥缥:看见成排的彗星掠过,光芒闪耀。孛,彗星。缥缥:光闪闪貌。陈浮:飘浮于空中。 ⑩钜宝迁兮砰磤(pēng yīn)二句:意谓看到钜宝之神降临时,其声音洪亮,山间的野鸡皆啼叫起来,与之应和。钜宝,即陈宝,实为一巨石,色如肝,有神灵为主宰。砰磤,即"砰隐",形容声音之大。据《汉书·郊祀志》记载:传说钜宝之神"来也常以夜,光辉若流星,从东方来,集于祠城,若雄雉,其声殷殷,野鸡夜鸣。以一牢祠之,名曰陈宝"。又曰:"汉兴,世世常来,光色赤黄,长四五丈,直祠而息,音声砰隐,野鸡皆雊。" ⑪浃莽莽:广大无际貌。究志:尽情。怲怲:忧愁不安貌。 ⑫飞柱:神山名。匹俦:配合。王逸《章句》:"二人为匹,四人为俦。" ⑬卒:最终。纤介:细微,意指毫无所得。怞(yóu)怞:忧愁貌。

昭　　世[①]

　　世溷兮冥昏,违君兮归真[②]。乘龙兮偃蹇,高回翔兮上臻[③]。袭英衣兮缇绮,披华裳兮芳芬[④]。登羊角兮扶舆,浮云漠兮自娱[⑤]。握神精兮雍容,与神人兮相胥[⑥]。流星坠兮成雨,进瞵盼兮上丘墟[⑦]。览旧邦兮滃郁,余安能兮久居[⑧]!志怀逝兮心怵慄,纡余辔兮踌躇[⑨]。闻素女兮微歌,听王后兮吹竽[⑩]。魂悽怆兮感哀,肠回回兮盘纡[⑪]。抚余佩兮缤纷,高太息兮自怜。使祝融兮先行,令昭明兮开门[⑫]。驰六蛟兮上征,竦余驾兮入冥[⑬]。历九州兮索合,谁可与兮终生⑭? 忽反顾兮西圃,睹轸丘兮崎倾⑮。横垂涕兮泫流,悲余后兮失灵⑯。

[注释]①昭世:世道溷浊不明,上下皆无所遇合,故倾诉衷情,意欲昭明世人。 ②冥昏:昏暗。违君:离开君王。归真:回归本来之自我。 ③乘龙兮偃蹇:乘飞龙上升于天。偃蹇,高举貌。上臻:飞升至天。 ④袭英衣兮缇缳(tí xí):穿戴色彩华丽绣边的衣服。缇缳:衣服绣有花边,显得华美明丽。 ⑤登羊角兮扶舆:乘着旋风,扶摇而上。扶舆,回旋而上貌,同"扶摇"。云漠:一本作"云汉",指天河。 ⑥握神精兮雍容:形容精神抖擞,态度从容而自得。相胥:相交游。 ⑦进瞵盼兮上丘墟:登上昆仑山,站在高处凝目而望。进,一本作"集"。瞵(lín)盼,左右观看。丘墟,仙境地名,即昆仑之墟。 ⑧滃(wěng)郁:云气弥漫貌。 ⑨怀逝:心怀远去的想法。恻慄(líu lì):忧惧貌。 ⑩闻素女兮微歌二句:意谓听见素女在低声唱歌,宓妃在吹竽。素女:神女名。王后:指神女宓妃。扬雄《太玄赋》云"听素女之清声兮,观宓妃之妙曲",与此意同。 ⑪回回:回旋纡曲貌,指忧愁郁结。盘纡:迂回曲折,指心绪杂乱。 ⑫祝融:南方之神。昭明:星名。 ⑬六蛟:六龙。竦余驾兮入冥:我高驰而上,进入寥廓幽冥之境界。 ⑭索合:即"求合"。寻求志同道合之人。 ⑮西圃:西方之园圃。轸丘:高大的山丘。崎倾:倾斜。 ⑯泫(xuàn)流:流泪貌。悲余后之失灵:因君王受蒙蔽而昏昧不明,为之悲伤。

尊 嘉①

季春兮阳阳,列草兮成行②。余悲兮兰生,委积兮从横③。江离兮遗捐,辛夷兮挤臧④。伊思兮往古,亦多兮遭殃⑤。伍胥兮浮江,屈子兮沈湘。运余兮念兹,心内兮怀伤⑥。望淮兮沛沛,滨流兮则逝⑦。榜舫兮下流,东注兮磕磕⑧。蛟龙兮导引,文鱼兮上濑⑨。抽蒲兮陈坐,援芙蕖兮为盖⑩。水跃兮余旌,继以兮微蔡⑪。云旗兮电骛,倏忽兮容裔⑫。河伯兮开门,迎余兮欢欣。顾念兮旧都,怀恨兮艰难。窃哀兮浮萍,汎淫兮无根⑬。

[注释]①尊嘉:尊崇贤者嘉士的道德节操,并对其不幸遭遇及命运表示由衷的悲叹。 ②季春:三月。阳阳:和暖貌。 ③生:一本作"悴",憔悴。从横:杂乱貌。 ④遗捐:丢弃。挤臧:压抑、埋没。臧,同"藏"。 ⑤伊思兮往古:想起往古忠直贤良之辈。伊,语气助词。 ⑥运余兮念兹:我转念思想至此。运,转,与"念"搭配,即转念。 ⑦淮:水名。一本作"渊"。沛沛:水流貌。滨流兮则逝:我临近水滨,想要随水流而去。 ⑧榜舫兮下流:划着小船顺流而下。榜,船桨。舫,船。东注:向东流。磕磕(kē):急流声。 ⑨导引:引路。文鱼:有花纹的鱼,一说为鲤鱼。上濑:迎急流而上。 ⑩抽蒲兮陈坐:用蒲草编为坐席。蒲,香草名,叶可编席。援芙蕖以为盖:用荷花荷叶盖在船上。芙蕖,荷花。 ⑪水跃兮余旌:水波摇动,浪花打湿了我的旌旗。微蔡:小草,水藻之类。 ⑫云旗兮电骛二句:形容船只行进迅速,在水面上疾驰,上下波动。云旗:旗上绘以云纹。电骛:乘电光奔驰。倏忽:迅疾貌。容裔:起伏貌。 ⑬汎淫:随水漂流。

蓄 英①

秋风兮萧萧,舒芳兮振条②。微霜兮眇眇,病殀兮鸣蜩③。玄鸟兮辞归,飞翔兮灵丘④。望溪兮滃郁,熊罴兮呴嗥⑤。唐虞兮不存,何故兮久留?临渊兮汪洋,顾林兮忽荒⑥。修余兮袿衣,骑霓兮南上⑦。乘云兮回回,亹亹兮自强⑧。将息兮兰皋,失志兮悠悠⑨。芬蕴兮徽𬊈,思君兮无聊⑩。身去兮意存,怆恨兮怀愁⑪。

[注释]①蓄英:坚守美好的品节,蓄藏内在的英华,故名蓄英。 ②舒芳兮振条:秋风吹散了花草的芳香,摇动着树木的枝条。 ③眇(miǎo)眇:同"渺渺",指初霜轻微。病殀兮鸣蜩:鸣蝉病冻而亡。 ④玄鸟:指凤凰。辞归

兮灵丘:凤凰离开了人间,飞归神山。灵丘,即丹穴之山。《山海经·南山经》:"丹穴之山,有鸟焉。其状如鸡,五彩而文,名曰凤凰。" ⑤渝郁:云气弥漫。 呴嚎(hǒu háo):吼叫。呴,通"吼"。 ⑥汪洋:水势浩渺貌。忽荒:即"荒忽",犹言仿佛,若有若无之状。 ⑦修余兮袿(guī)衣:修饰好我的衣裳。袿衣,长襦,代指衣裳。 ⑧回回:回旋。亹亹:勉力前行貌。 ⑨兰皋:长有兰草的泽畔高地。悠悠:忧愁不尽貌。 ⑩芬蕴:即"纷蕴",郁积。黴黧(méi lí):因愁思郁结而使面目变黑。黴,因久雨而变成青黑。黧,黑黄。 ⑪怆恨:愁怨貌。

思 忠①

登九灵兮游神,静女歌兮微晨②。悲皇丘兮积葛,众体错兮交纷③。贞枝抑兮枯槁,枉车登兮庆云④。感余志兮惨慄,心怆怆兮自怜⑤。驾玄螭兮北征,向吾路兮葱岭⑥。连五宿兮建旐,扬氛气兮为旌⑦。历广漠兮驰骛,览中国兮冥冥⑧。玄武步兮水母,与吾期兮南荣⑨。登华盖兮乘阳,聊逍遥兮播光⑩。抽库娄兮酌醴,援瓟瓜兮接粮⑪。毕休息兮远逝,发玉轫兮西行⑫。惟时俗兮疾正,弗可久兮此方⑬。寤辟摽兮永思,心怫郁兮内伤⑭。

[注释]①思忠:想要忠诚以事君,反而招致内伤而长悲。 ②登九灵兮游神:登上九天,与神灵相交游。静女:神女。微晨:晨光微露的黎明。 ③悲皇丘兮积葛:高大的山丘上蔓草交错纷杂,象征小人在朝中相互勾结,盘根错节。皇丘,喻指朝廷。 ④贞枝抑而枯槁:直枝被压抑,干枯而死。贞枝,比喻正直之士。登兮庆云:升到青云之上,喻指奸邪小人阿谀奉承,得居高位。 ⑤惨慄:悲痛貌。怆怆:怅惘失意貌。 ⑥玄螭:黑色的无角龙。葱岭:传说中的西方神山。 ⑦连五宿兮建旐:将天上五星连缀起来,竖作旗旐。五宿,指金、木、水、火、土五星并列天空,是为祥瑞。 ⑧历广漠兮驰骛:

经历空阔辽远之地,向前奔驰长驱。冥冥:晦暗不明貌。 ⑨玄武:北方之神。水母:此指水神。南荣:即南方。 ⑩登华盖兮乘阳:乘华盖之星,登到天上。华盖,星名。登阳,登云升天。播光:疑为"瑶光",指北斗第七星。 ⑪抽库娄兮酌醴:用库娄之星舀满美酒。库娄,星名,形似酌酒之具。醴,甜酒。援瓠(hù)瓜兮接粮:用瓠瓜星宿来装粮食。瓠,形似装粮食的容器。一本作"匏"。 ⑫发玉轫兮西行:启动玉饰的车驾向西方行进。轫,止车轮之木。 ⑬疾正:痛恨正直之人。 ⑭寤辟摽(pǐ biào):醒后捶击胸膛,内心十分沉痛。辟,或作"擗",拍打。摽,击打。怫郁:忧懑貌。

陶 壅①

览杳杳兮世惟,余惆怅兮何归②?伤时俗兮溷乱,将奋翼兮高飞。驾八龙兮连蜷,建虹旌兮威夷③。观中宇兮浩浩,纷翼翼兮上跻④。浮溺水兮舒光,淹低佪兮京沶⑤。屯余车兮索友,睹皇公兮问师⑥。道莫贵兮归真,羡余术兮可夷⑦。吾乃逝兮南娭,道幽路兮九疑⑧。越炎火兮万里,过万首兮嵳嵯⑨。济江海兮蝉蜕,绝北梁兮永辞⑩。浮云郁兮昼昏,霾土忽兮塺塺⑪。息阳城兮广夏,衰色罔兮中怠⑫。意晓阳兮燎寤,乃自诊兮在兹⑬。思尧舜兮袭兴,幸咎繇兮获谋⑭。悲九州兮靡君,抚轼叹兮作诗⑮。

[**注释**]①陶壅:为君王遭受世俗的蒙蔽、造成是非善恶混淆而忧虑。壅,障蔽。 ②杳杳兮世惟:人世之法度混乱,纲纪不明。惟,纲常。一本作"维"。 ③虹旌:以虹为旗,或以虹饰旗。威夷:即"委蛇",卷曲延伸貌。 ④观中宇兮浩浩:俯视天下九州,一片广大辽阔景象。翼翼:高飞貌。跻:上升。 ⑤溺水:神话中水名。参见《大招》"东有大海,溺水浟浟只"注。舒光:心情舒展,光彩焕发。淹低佪兮京沶(zhǐ):在仙境高洲中停留徘徊。京沶,神仙世界中之高洲。沶,水中小洲。 ⑥屯:聚集。索友:求友。皇公:即

天公。问师:请教天道人事的秘诀。　⑦归真:回归本性。可夷:可喜。
⑧南娭(xī):南方娱乐之地,传说天帝"张《咸池》之乐于洞庭之野"。娭,同
"嬉",嬉戏游乐。称"南娭",如同上文之"南荣"。道:取道。　⑨万首:海中
万山耸峙,故名。巇巇:高峻貌。　⑩蝉蜕:本指蝉蜕掉外壳,这里有解脱之
意。绝北梁:越过向北的河梁渡口。永辞:永别。　⑪霾(mái)土:尘土。塺
(méi)塺:尘土弥漫貌。　⑫息阳城:在阳城停留。阳城是楚地名。广厦,高
大的房屋。夏,同"厦"。衰色罔:容颜衰老,心情失意貌。罔,同"惘"。中
怠:精神倦怠。　⑬意晓阳兮燎寤:内心晓畅明白,有所觉悟。晓阳,明晓。
自诊:内省,自我审视。　⑭袭兴:相继兴起。获谋:意思是得以与君王共议
国事。　⑮靡君:没有贤君。轼:车前扶手的横木。

株　昭①

悲哉于嗟兮,心内切磋②。款冬而生兮,彫彼叶柯③。
瓦砾进宝兮,捐弃随和④。铅刀厉御兮,顿弃太阿⑤。骥
垂两耳兮,中坂蹉跎⑥。蹇驴服驾兮,无用日多⑦。修洁
处幽兮,贵宠沙劘⑧。凤皇不翔兮,鹌鹑飞扬。乘虹骖蜺
兮,载云变化⑨。鷁鹏开路兮,后属青蛇⑩。步骤桂林兮,
超骧卷阿⑪。丘陵翔舞兮,谿谷悲歌⑫。神章灵篇兮,赴
曲相和⑬。余私娱兹兮,孰哉复加⑭。还顾世俗兮,坏败
罔罗⑮。卷佩将逝兮,涕流滂沱⑯。

[注释]①株昭:意谓谴责那些地位显赫、败坏法度的统治者。株,通
"诛",责让、谴责。昭,昭显于天下。　②于嗟:吁嗟。切磋:犹言心痛,如刀
割一般。　③款冬:草名,因生于寒冬而得名。彫彼枝柯:树木落叶,花草凋
零。　④瓦砾进宝:瓦片石头被当做宝物进献。随和:随侯珠、和氏璧。
⑤铅刀厉御:铅制的钝刀高高举起。御,用。顿弃太阿:锋利的宝剑却被舍弃
了。　⑥骥垂两耳二句:骐骥低头垂着两耳,拉着重车,在盘山道上浪费岁

月。坂,山坡。蹉跎:虚度光阴。 ⑦蹇驴服驾二句:跛足的驴子用来驾车,这种无用的人越来越多。 ⑧修洁:志行高洁之士。沙䵣(mó):小人,指奸佞之辈。 ⑨乘虹骖蜺二句:乘着飞虹、驾着云霓,在空中随意漫游。变化:随心适意之态。 ⑩鹔鹏:凤凰之属。后属青蛇:青色神蛇在后面跟随。 ⑪步骤桂林:急速驱驰穿过了桂树林。超骧(xiāng)卷阿:跳跃腾举,越过了丘陵。超骧,腾起而超越。 ⑫丘陵翔舞:丘陵踊跃,仿佛舞动一般。谿谷悲歌:山谷流水声,如同悲歌一样。 ⑬神章灵篇:上承丘陵之舞、谿谷悲歌而言,指歌舞的美妙。赴曲相和:就其曲调而相应和。 ⑭余私娱兹:我私心以此为欢悦。 ⑮坏败罔罗:破坏纲纪,贪赃枉法,法制崩坏。网罗,指法律制度。 ⑯卷佩将逝:卷起佩饰,收起行装,将出发远游。涕流滂沱:泪流满面,纵横如雨貌。

乱曰:皇门开兮照下土,株秽除兮兰芷睹①。四佞放兮后得禹,圣舜摄兮昭尧绪②,孰能若兮愿为辅③!

[注释]①皇门:指君王之门。株:同"诛"。睹:即"睹",显现。 ②四佞放:奸佞之臣被放逐。四佞,指驩兜、共工、三苗、鲧等四个传说中的乱臣。摄:摄政,主持国政。昭尧绪:发扬光大唐尧的事业。 ③孰能若:谁能像前代的圣君那样。辅:辅佐之臣。

九 叹①

逢 纷②

伊伯庸之末胄兮,谅皇直之屈原③。云余肇祖于高阳兮,惟楚怀之婵连④。原生受命于贞节兮,鸿永路有嘉名⑤。齐名字于天地兮,并光明于列星⑥。吸精粹而吐氛浊兮,横邪世而不取容⑦。行叩诚而不阿兮,遂见排而逢谗⑧。后听虚而黜实兮,不吾理而顺情⑨。肠愤悁而含怒兮,志迁蹇而左倾⑩。心悓慌其不我与兮,躬速速其不吾亲⑪。辞灵修而陨志兮,吟泽畔之江滨⑫。椒桂罗以颠覆兮,有竭信而归诚⑬。谗夫蔼蔼而漫著兮,曷其不舒予情⑭?

始结言于庙堂兮,信中塗而叛之⑮。怀兰蕙与衡芷兮,行中壄而散之⑯。声哀哀而怀高丘兮,心愁愁而思旧邦⑰。愿承闲而自恃兮,径淫曀而道壅⑱。颜黴黧以沮败兮,精越裂而衰耄⑲。裳襜襜而含风兮,衣纳纳而掩露⑳。赴江湘之湍流兮,顺波凑而下降㉑。徐徘徊于山阿兮,飘风来之汹汹㉒。驰余车兮玄石,步余马兮洞庭㉓。平明发兮苍梧,夕投宿兮石城㉔。芙蓉盖而菱华车兮,紫贝阙而玉堂㉕。薜荔饰而陆离荐兮,鱼鳞衣而白蜺裳㉖。登逢龙而下陨兮,违故都之漫漫㉗。思南郢之旧俗兮,肠一夕而九运㉘。扬流波之潢潢兮,体溶溶而东回㉙。心怊怅以永思兮,意晻晻而日颓㉚。白露纷以涂涂兮,秋风浏以萧萧㉛。身永流而不还兮,魂长逝而常愁㉜。

叹曰:譬彼流水,纷扬磕兮㉝。波逢汹涌,溃滂沛兮㉞。揄扬涤荡,漂流陨往,触釜石兮㉟。龙邛脟圈,缭戾宛转,阻相薄兮㊱。遭纷逢凶,蹇离尤兮㊲。垂文扬采,遗将来兮㊳。

[注释]①本篇作者是西汉的刘向。刘向,本名更生,字子政,汉宗室成员,曾任散骑谏大夫等职,终中垒校尉。他在整理文化典籍方面做出了突出的贡献,《楚辞》一书就经过了他的编纂和整理。《九叹》是刘向为追念屈原流放山泽,仍思念其君而作。明张溥《刘子政集题辞》说:"屈原放废,始作《离骚》;子政疾谗,八篇乃显。同姓忠精,感慨相类。"又说:"虽《九叹》深雅,微逊骚经,其他文辞宏博,足相当矣。"题名刘向的著作甚多,《汉书·艺文志》著录"刘向赋三十三篇",明人辑为《刘子政集》。 ②逢纷:以屈原遭逢纷扰、被排挤放逐,概述其一生的悲剧命运。 ③伯庸:一说屈原亡父之别号。一说指楚句亶王熊伯庸,为屈氏受姓之祖。胄:后代。谅:确实。皇直:美好而忠直。 ④肇祖于高阳:高阳氏颛顼是我的始祖。楚怀:即楚怀王。婵连:指屈原与楚怀王是同族亲属。 ⑤受命于贞节:屈原出生,就禀受了正当的天命,意指屈原生于吉日良辰。参见《离骚》"摄提贞于孟陬兮,惟庚寅吾以降"注。鸿永路:发扬光大永恒之天道,取得了自己的美名。 ⑥并光明于列星:意谓屈原名垂日月,可与星辰并列而齐光。 ⑦精粹:精粹之气。氛浊:污浊之气。横邪世而不取容:在邪恶之世坚持独立的人格,绝不顺从,不求苟容于世。横,横渡,即《橘颂》"横而不流"之意。 ⑧叩诚而不阿:行为本于诚心,不肯曲意迎合。见排:受排挤,被排斥。 ⑨后听虚而黜实:君王

听信虚假的谗言,排除贞实之臣。不吾理:即不理我。 ⑩愤悁(yuān)而含怒:指楚王在我面前发脾气,大为光火。愤悁,愤怒。迁蹇而左倾:指楚王态度迁移不定,偏离了正确的方向。迁蹇,一本作"徙倚"。此句即"伤灵修之数化"意。 ⑪惝(tǎng)慌:恍惚,不辨是非貌。与:赞同。速速其不吾亲:疏远而不与我相亲近。速速,疏远貌。 ⑫灵修:指楚王。陨志:失志。陨,坠落。 ⑬椒桂:香木,喻贤臣。罗:陈列。颠覆:跌倒。竭信、归诚:竭力进献忠诚。王逸《章句》:"言己见先贤若椒桂之人以被祸,其身颠仆,然犹竭信归诚,而志不惧也。" ⑭谗夫蔼蔼而漫著:意谓进谗言的人很多,谎言弥漫,到处都是。曷:何,为什么。 ⑮结言于庙堂:在宫中与我已有承诺,结为誓言。中塗而叛之:中途便违背了当初的诺言。此即《离骚》"初既与余成言兮,后悔遁而有他"之意。 ⑯中壄:即荒野之中。壄,即"野"。王逸《章句》:"言己怀忠信之德,执芬香之志,远行中野,散而弃之,伤不见用也。" ⑰高丘:楚地名,代指楚国。 ⑱承闲而自恃:自恃忠诚,想要趁机进言。径淫曀而道壅:形势昏暗,进谏的道路阻塞不通。淫曀,昏暗貌。壅,阻塞。 ⑲㦖鬵以沮败:因愁思郁结而使面目变黑,心情沮丧。精越裂而衰耄:精神涣散,逐渐进入衰暮之年。耄,老。 ⑳襜(chān)襜:衣服随风飘动貌。纳纳:沾湿貌。掩露:被露水沾湿。 ㉑顺波湊而下降:乘着波浪顺流而下。湊,指波浪聚集。 ㉒飘风:旋风。泓泓:本指波涛声,这里指风声。 ㉓玄石:旧说是山名,不详所指。 ㉔平明:天刚亮。苍梧:山名。石城:楚地名。 ㉕芙蓉盖:以荷叶为盖。菱华车:以菱花饰车。菱,菱花。紫贝阙:以紫贝为门楼。阙,宫室内的门楼。玉堂:以玉饰堂。 ㉖薜荔饰:以香草薜荔为装饰。陆离荐:用美玉装饰的卧席。陆离,义同《九歌·大司命》"玉佩兮陆离"。 ㉗逢龙:山名。下陨:下落,向下眺望。违故都之漫漫:离别故都路途遥远。 ㉘肠一夕而九运:形容夜晚思绪萦绕,愁肠转动不已。 ㉙潢潢:水大貌。体溶溶而东回:形容波涛汹涌,自己顺流东下。溶溶,波浪翻滚。 ㉚怊怅:失意貌。庵庵而日颓:心情抑郁,意志一天天消沉。颓,下坠。 ㉛塗塗:浓厚貌。浏(liú)以萧萧:疾风吹得树木发出萧萧的声响。浏,风疾貌。 ㉜永流:长期流落在外。魂长逝:梦魂常归得故国,即《九章·抽思》"魂一夕而九逝"之意。 ㉝纷扬磕:浪花纷飞,撞击巨石,发出轰然声响。磕,水石相搏击的声音。

㉞渍(fén)滂沛:形容波浪涌起,水势盛大。　㉟揄扬:激起。漂流陨往:形容浪花翻滚,飞溅四散之貌。崟(yín)石:锐利的石头。　㊱龙邛(qióng)脟(luán)圈:形容水来回激荡,屈伸回环貌。脟圈,即"连蜷"。缭戾:曲折回环。相薄:相互激荡。　㊲离尤:遭受罪责。离,同"罹",遭受。　㊳垂文:留下文字。遗:留给。

离　世①

　　灵怀其不吾知兮,灵怀其不吾闻②。就灵怀之皇祖兮,愬灵怀之鬼神③。灵怀曾不吾与兮,即听夫人之谀辞④!余辞上参于天地兮,旁引之于四时⑤。指日月使延照兮,抚招摇以质正⑥。立师旷俾端词兮,命咎繇使并听⑦。兆出名曰正则兮,卦发字曰灵均⑧。余幼既有此鸿节兮,长愈固而弥纯⑨。不从俗而诐行兮,直躬指而信志⑩。不枉绳以追曲兮,屈情素以从事⑪。端余行其如玉兮,述皇舆之踵迹⑫。群阿容以晦光兮,皇舆覆以幽辟⑬。舆中塗以回畔兮,驷马惊而横犇⑭。执组者不能制兮,必折轭而摧辕⑮。断镳衔以驰骛兮,暮去次而敢止⑯。路荡荡其无人兮,遂不御乎千里⑰。

　　身衡陷而下沈兮,不可获而复登⑱。不顾身之卑贱兮,惜皇舆之不兴⑲。出国门而端指兮,冀壹寤而锡还⑳。哀仆夫之坎毒兮,屡离忧而逢患㉑。九年之中不吾反兮,思彭咸之水游㉒。惜师延之浮渚兮,赴汨罗之长流㉓。遵江曲之逶移兮,触石碛而衡游㉔。波澧澧而扬浇兮,顺长濑之浊流㉕。凌黄沱而下低兮,思还流而复反㉖。玄舆驰而并集兮,身容与而日远㉗。櫂舟杭以横沥兮,济湘流而南极㉘。立江界而长吟兮,愁哀哀而累息㉙。情慌忽以忘归兮,神浮游以高厉㉚。心蛩蛩而怀顾兮,魂眷眷而独逝㉛。

叹曰:余思旧邦,心依违兮㉜。日暮黄昏,羌幽悲兮㉝。去郢东迁,余谁慕兮㉞?谗夫党旅,其以兹故兮㉟。河水淫淫,情所愿兮㊱。顾瞻郢路,终不返兮㊲。

[注释]①离世:离别人世,倾诉因为君王听信谗言,自己忠心耿耿反而屡遭迫害,因而决心离开人间的悲愤之情。 ②灵怀其不吾知二句:意谓楚怀王不理解我的忠诚,不听从我的陈词。灵怀:指楚怀王。 ③就灵怀之皇祖二句:意谓我要前往怀王祖先的神庙,向怀王的祖先之神一诉衷肠。就,靠近,走近。愬,即"诉"。鬼神,即神灵。 ④曾:为何。夫人之谀辞:那些人谄媚奉承的话。夫人,指佞臣、党人。 ⑤参:并列。引:延及。王逸《章句》:"言己所言上参之于天,下合之于地,旁引四时之神,以为符验也。" ⑥延照:普照。抚招摇以质正:意谓天上的星星可以为我作证明。招摇,星宿名,位于北斗星座之勺柄。王逸《章句》:"言己上指语日月,使长视己之志,抚北斗之杓柄,使质正我之志,动告神明以自征验也。" ⑦立师旷俾端词二句:意谓让师旷为我评判是非,让皋陶前来陪审。师旷是春秋晋平公时人,生而无目却善听。俾(bǐ),使。端词,正其词之是非。并听,兼听双方的言辞。 ⑧兆:以龟甲占卜。卦:用卦爻占卜。意为屈原的名与字都是通过占卜所得,意在表明其吉利。 ⑨鸿节:大节,指其出生年月十分吉利。弥纯:更加纯一。 ⑩诐(bì)行:不端的行为。直躬指而信志:行为正直,坚持志向。信,即"伸"。 ⑪不枉绳以追曲二句:意谓自己不肯放弃正直的准绳,去追随附和邪曲,不肯违背自己平素之志,去干违心的事情。枉,弯曲。情愫,平素之志、理想。 ⑫皇舆之踵迹:皇舆,比喻国家。踵迹,追赶前代圣王的足迹。武,足迹。此句与《离骚》"及前王之踵武"义同。 ⑬群阿容以晦光:群小迎合君王的脸色,遮蔽君王之光明。覆以幽僻:路途幽昧而危险,最终导致国事倾覆。 ⑭回畔:反悔。畔,同"叛"。横奔:狂奔。奔,即"奔"。 ⑮执组者:执辔驾车的人。折轭而摧辕:折断车轭,毁坏车辕。 ⑯断镳衔以驰骛:马勒断了,

马嚼坏了,马车失去制约,仍然在狂奔不止。镳衔,放置于马口以驾驭马的工具。暮去:暮时。次:止宿,停留。王逸《章句》:"言车败马奔,镳衔断绝,犹自驰骛,至于暮夜乃舍,无有制止之者也。" ⑰荡荡:空旷貌。不御乎千里:车马奔行千里,却无人驾驭。 ⑱身衡陷而下沉二句:意谓自身横遭陷害,被排挤在外,再想重新回到朝廷就不可能了。衡,通"横"。登:指回到朝廷。 ⑲惜皇舆之不兴:痛惜国事不能振作,国家不能复兴。 ⑳国门:指都城的大门。端指:正对前方。冀一寤而锡还:希望楚怀王一朝醒悟,将自己召回朝廷。锡,通"赐"。 ㉑哀仆夫之坎毒:连仆人也为之悲哀,因而愤恨不平。坎毒,愤慨不平。离忧:即遭受忧患。离,通"罹"。 ㉒反:通"返"。彭咸:殷商贤大夫,进谏不从,自沉而死。参见《离骚》"愿依彭咸之遗则"注。 ㉓师延:相传为殷纣王的乐师,纣失天下,师延抱琴投水而死。渚:水中小洲。 ㉔遵江曲之逶移:顺着曲折的江水前行。逶移,即"逶迤"。石碕(qí):河岩的大石。碕,曲岸。衡,通"横"。 ㉕澧澧:波浪声。扬浇:来回激荡。濑:湍流。 ㉖凌黄沱而下低:意谓过了黄沱,江水便顺流而下。黄沱,长江的支流。 ㉗玄舆:黑色的车子,一说以流水喻车。容与:从容缓行貌。 ㉘櫂舟杭以横沴(lì):划着船桨,横渡过长江。杭:通"航"。沴:渡河。沴,常写作"厉",履石渡水。南极:到南方湘水的极远处。 ㉙江界:指湘江的左右两岸。界,通"介",两岸。累息:长叹。 ㉚慌忽:同"恍惚",心神不定貌。高厉:高飞。 ㉛茕(qióng)茕:忧虑貌。怀顾:想念,眷恋。 ㉜依违:迟疑不决。 ㉝幽悲:幽怨。 ㉞去郢:离开郢都。慕:向往。 ㉟党旅:朋党之辈,党人。兹故:因为这个缘故。 ㊱淫淫:水流不止貌。 ㊲顾瞻郢路:回头看回到郢都的道路。

怨　　思①

惟郁郁之忧毒兮,志坎壈而不违②。身憔悴而考旦兮,日黄昏而长悲③。闵空宇之孤子兮,哀枯杨之冤雏④。孤雌吟于高墉兮,鸣鸠栖于桑榆⑤。玄蝯失于潜林兮,独偏弃而远放⑥。征夫劳于周行兮,处妇愤而长望⑦。申诚信而罔违兮,情素洁于纽帛⑧。光明齐于日月兮,文采燿于玉石⑨。伤压次而不发兮,思沈抑而不扬⑩。芳懿懿而终败兮,名靡散而不彰⑪。

背玉门以奔骛兮,蹇离尤而干诟⑫。若龙逄之沈首兮,王子比干之逢醢⑬。念社稷之几危兮,反为雠而见怨⑭。思国家之离沮兮,躬获愆而结难⑮。若青蝇之伪质兮,晋骊姬之反情⑯。恐登阶之逢殆兮,故退伏于末庭⑰。孽臣之号咷兮,本朝芜而不治⑱。犯颜色而触谏兮,反蒙辜而被疑⑲。菀蘼芜与菌若兮,渐藁本于污渎⑳。淹芳芷于腐井兮,弃鸡骇于筐簏㉑。执棠溪以刺蓬兮,秉干将以割肉㉒。筐泽泻以豹鞹兮,破荆和以继築㉓。时溷浊犹未清兮,世殽乱犹未察㉔。欲容与以竢时兮,惧年岁之既晏㉕。顾屈节以从流兮,心巩巩而不夷㉖。宁浮沉而驰骋兮,下江湘以邅迴㉗。

叹曰:山中槛槛,余伤怀兮㉘。征夫皇皇,其孰依兮㉙。经营原野,杳冥冥兮㉚。乘骐骋骥,舒吾情兮㉛。归骸旧邦,莫谁语兮㉜。长辞远逝,乘湘去兮㉝。

[注释]①怨思:抒写屈原遭遇放逐,独处山中的一腔幽怨情思。 ②郁郁:愁思郁结貌。忧毒:忧苦,愁病。坎壈而不违:心中愤懑不平,但绝不违背自己的初愿。坎壈,不平、不得志貌。 ③考旦:至天明。考,至。 ④闵:即"悯"。空宇之孤子:空旷屋宇中孤独的人。枯杨之冤雏:干枯的杨树上蒙冤的小鸟。王逸《章句》:"言己有孤子之忧,冤雏之危也。" ⑤孤雌吟于高墉:失偶的雌鸟在高墙上长声啼鸣。墉,城墙。 ⑥玄蝯(yuán)失于潜林二句:犹如黑猿离开了栖息的密林,自己孤独一身被放逐到偏远的地方。潜林,幽深的树林。偏弃,弃置僻远之处。 ⑦征夫劳于周行:服劳役的人在道路上

奔波不已。周行:大路。处妇:独守空闺的女子,指征夫之妻。愤:愤懑。 ⑧申诚信而罔违:多次表白坚守诚信,绝不背弃。素洁于纽帛:情操素洁,可比纯洁的丝帛。纽,结成一束。 ⑨文采耀于玉石:文章才华,可比美玉。耀,同"耀"。 ⑩伤压次而不发:将忧伤积压在心中,不能排解。压次,抑郁,郁积。 ⑪懿懿(yì):芳美貌。名靡散而不彰:名声消散,不能传扬于世。 ⑫玉门:宫门。犇骛:奔驰。离尤而诟:遭受罪责,招来垢辱。离,通"罹"。干垢,遭受污诟,被侮辱。 ⑬龙逄:即关龙逄,夏代贤臣,为夏桀所杀。沈首:掉脑袋。 ⑭社稷:指国家。几危:危险。反为雠而见怨:言己忠心忧国,反而被当做仇人,遭到怨恨。王逸《章句》:"言己念君信用谗佞,社稷几危,以故正言极谏,反为众臣所雠,而见怨恶也。" ⑮离沮:遭到破坏。获愆而结难:我反而因此获罪,遭受苦难。 ⑯若青蝇之伪质:意谓在君王面前进谗言者像苍蝇一样,所言虚伪不真。骊姬:春秋时晋献公的宠妃。参见《天问》"伯林雉经,维其何故"注。反情:虚假不真。王逸《章句》:"青蝇变白使黑,变黑成白,以喻谗佞","言谗人若青蝇变转其语,以善为恶,若晋骊姬以申生之孝,反为悖逆也。" ⑰登阶:步入朝堂之阶。逢殆:遭遇危险。末庭:庭堂的边缘。 ⑱孼臣:蒙冤受罪之臣。号咷(háo táo):痛哭,同"号啕"。芜而不治:指朝政荒废,治度败坏。 ⑲犯颜色而触谏:指触怒君王,犯颜直谏。触谏:直谏。蒙辜而被疑:蒙受罪责,遭到猜疑。 ⑳菀(yù)蘼芜与菌若:意谓将蘼芜、菌桂、杜若堆积在一起,各种香草不得其用。菀,堆积。渐藁本于洿渎(wū dú):将香草藁本浸泡在污水沟里。渐,浸泡。藁木,香草名。洿渎,脏水沟。 ㉑淹芳芷于腐井:香草芳芷浸没在腐臭的井中。鸡骇:传说中的名贵犀角,又称骇鸡犀。筐篚:竹器。 ㉒执棠溪以刜蓬二句:用棠溪宝剑去砍蓬草,用干将宝剑去割肉。刜(fú):砍。蓬:蓬草。棠溪、干将:古代著名的宝剑。王逸《章句》:"言使贤者为仆隶之徒,非其宜也。" ㉓筐泽泻以豹鞟:豹革所做的皮囊中装满了恶草。泽泻:恶草名。豹鞟:豹革做的皮囊。破荆和以继築:打碎了和氏璧,用以制作筑墙用的杵。荆和,指荆楚之和氏璧。築:筑墙的木杵。 ㉔骰(xiáo)乱:杂乱。察:清明。 ㉕容与以竢(sì)时:徘徊流连,等待时机。竢,等待。晏,晚。 ㉖屈节以从流:屈己忠贞之节,以随从流俗。巩巩而不夷:内心忧虑,感到不快。巩巩:忧虑貌。 ㉗遵逈:徘徊,难以行进貌。　㉘槛槛:车行声。　㉙皇皇:即"惶惶",惊遽不安貌。依:依附。　㉚经营:南北为经,东西为营。杳冥冥:幽远昏暗貌。　㉛舒:排遣。㉜归骸:指死归葬故乡。骸:尸骨。莫谁语:不可告诉他人。　㉝长辞:永别。

远　　逝①

　　志隐隐而郁怫兮,愁独哀而冤结②。肠纷纭以缭转兮,涕渐渐其若屑③。情慨慨而长怀兮,信上皇而质正④。合五岳与八灵兮,讯九魁与六神⑤。指列宿以白情兮,诉五帝以置词⑥。北斗为我折中兮,太一为余听之⑦。云服阴阳之正道兮,御后土之中和⑧。佩苍龙之蚴虬兮,带隐虹之逶虵⑨。曳彗星之晧旰兮,抚朱爵与鹓鹑⑩。游清灵之飒戾兮,服云衣之披披⑪。杖玉华与朱旗兮,垂明月之玄珠⑫。举霓旌之墠翳兮,建黄纁之总旄⑬。躬纯粹而罔愆兮,承皇考之妙仪⑭。

　　惜往事之不合兮,横汨罗而下沥⑮。乘隆波而南渡兮,逐江湘之顺流⑯。赴阳侯之潢洋兮,下石濑而登洲⑰。陵魁堆以蔽视兮,云冥冥而闇前⑱。山峻高以无垠兮,遂曾闳而迫身⑲。雪雰雰而薄木兮,云霏霏而陨集⑳。阜隘狭而幽险兮,石嶔嵯以翳日㉑。悲故乡而发忿兮,去余邦之弥久㉒。背龙门而入河兮,登大坟而望夏首㉓。横舟航而济湘兮,耳聊啾而憽慌㉔。波淫淫而周流兮,鸿溶溢而滔荡㉕。路曼曼其无端兮,周容容而无识㉖。引日月以指极兮,少须臾而释思㉗。水波远以冥冥兮,眇不睹其东西㉘。顺风波以南北兮,雾宵晦以纷纷㉙。日杳杳以西颓兮,路长远而窘迫㉚。欲酌醴以娱忧兮,蹇骚骚而不释㉛。

叹曰:飘风蓬龙,埃坲坲兮㉜。草木摇落,时槁悴兮㉝。遭倾遇祸,不可救兮㉞。长吟永欷,涕究究兮㉟。舒情陈诗,冀以自免兮㊱。颓流下陨,身日远兮㊲。

[注释]①远逝:抒写遭遇放逐、远离故都的忧伤情怀,欲以抒情陈诗,免除祸患。 ②隐隐而郁怫:内心隐忧,而又愤懑不平。冤结:冤苦郁结。 ③纷纭以缭转:形容愁肠百结,忧思纷乱缠绕。涕渐渐其若屑:涕泣交流,纷乱不断,像细屑下落一样。 ④慨慨:感叹貌。信上皇而质正:请天帝为我评定是非。信,同"申",申诉。质正,当面评说。 ⑤合五岳与八灵二句:让五岳八方的神灵都来见证,让九魌六神都来发表意见。五岳,即东岳泰山、西岳华山、南岳衡山、北岳恒山、中岳嵩山,这里指五岳之神。八灵,八方之神。九魌(qí):或作九魁,指北斗七星另加其旁的两颗星。六神:日、月、星、水旱、四时、寒暑之神。一说上下四方之神。 ⑥指列宿以白情:对着天上众多的星宿表白衷情。诉五帝以置词:向五方之帝陈词。五帝,指东方苍帝、南方赤帝、中央黄帝、西方白帝、北方黑帝。 ⑦折中:作出公正的判断。北斗、太一:皆星宿名。 ⑧云服阴阳之正道二句:众神灵说,要遵循天地阴阳之道去行事,要像大地承载万物有中和之德。服,履行。御,用。后土:大地。 ⑨佩苍龙之蚴(yòu)虬二句:描写诗人远逝时,带着弯弯的苍龙玉佩,围着飘逸的彩虹腰带。苍龙:东方七宿名。蚴虬:蜿蜒曲折貌。隐虹:彩虹。隐,通"殷",红色。逶虵:即"委蛇",卷曲延伸貌。 ⑩曳彗星之晧旰(hào hàn)二句:拖着闪光的彗星尾巴,轻抚着朱雀鶠鹥之神鸟在天上飞行。晧旰,光芒四射貌。晧,一本作"皓"。朱爵,即"朱雀",南方七星宿,这里作神鸟。鶠鹥(jùn yì):传说中的神鸟。 ⑪游清灵之飒戾:在清凉的高空漫游纵览。清灵,指天空。披披:长貌。 ⑫杖玉华与朱旗:举着美玉的手杖与红色的旗帜。玉华,相当于玉英。垂明月之玄珠:佩戴着在夜色里闪闪发光的明月之珠。玄珠,指夜光珠。 ⑬举霓旌之墆(dì)翳二句:形容举虹霓为旌旗遮天蔽日,又竖起金黄色的大旗五彩缤纷。墆翳,遮蔽。黄纁(xūn):赤黄色。总旄:旄牛尾饰杆的旗。 ⑭纯粹而罔愆:纯洁无瑕,没有过错。皇考:远祖。

妙仪:美好的榜样。 ⑮不合:指君臣不相遇合。沥:渡河。 ⑯隆波:大波。 ⑰阳侯:传说是古代的诸侯,溺死于水,成为水神,能兴起大波浪。潢洋:水深貌。石濑:石上湍流。 ⑱陵魁堆以蔽视:高山巍峨,遮挡了我的视线。闇前:面前一片昏暗。 ⑲无垠:没有边际。曾闶:高大貌。迫身:指山势高大直逼人身。 ⑳雪雰(fēn)雰而薄木:雪花飘落于树木之上。雰雰,雪貌。云霏霏而陨集:云气浓重,在空际翻滚着,直压下来。陨,下降。 ㉑阜隘狭而幽险:山谷狭隘而幽僻,山峰陡峭而险峻。阜,高丘。嵾嵯以翳日:山石错落不齐,遮蔽了太阳光。 ㉒发忿:排遣心中的愤懑。弥久:很久。 ㉓龙门:楚郢都东门。河:泛指大水。大坟:高丘。夏首:又称夏口。一说夏首指夏水入江口,位于今汉口。 ㉔聊啾:耳鸣声。愴慌:失意忧愁貌。王逸《章句》:"耳中聊啾而自鸣,意中忧愁而愴慌,无所依归也。" ㉕波淫淫而周流二句:形容水波汹涌,浩浩荡荡。鸿溶溢:水势浩大而充沛,向四方泛滥。滔荡:水波动荡貌。 ㉖无端:没有尽头。周容容而无识:江水周流回环,纷乱万状,使人看不清行进的方向。 ㉗引日月以指极:意谓以日月星辰辨识方向。极,北极星。少须臾而释思:要稍费片刻才能明白方位。 ㉘眇不睹其东西:景象浩渺,难以辨别东西方向。眇,同"渺",渺茫。 ㉙雾宵晦以纷纷:形容云雾弥漫,光线暗淡,好像夜幕降临了。纷纷,浓厚貌。 ㉚西颓:太阳向西落下。窘迫:被忧思困扰。 ㉛欲酌醴以娱忧:想要饮酒,以排解忧伤。醴,甜酒。骚骚而不释:依然忧心忡忡,难以化解忧愁。 ㉜飘风蓬龙:旋风回旋貌。埃坲坲(fú):尘土飞扬貌。 ㉝时:时节。槁悴:枯槁、枯萎。悴,病。 ㉞倾:倾危、颠覆。 ㉟欷:抽泣。究究:不停貌。 ㊱舒情陈诗:赋诗来抒发内心的情感。冀:希望。免:避免、逃脱祸患。 ㊲颓流:顺势下流之水。

惜　　贤①

览屈氏之《离骚》兮,心哀哀而怫郁②。声嗷嗷以寂寥兮,顾仆夫之憔悴③。拔诌谀而匡邪兮,切澱涊之流俗④。荡溷涹之奸咎兮,夷蠢蠢之溷浊⑤。怀芬香而挟蕙兮,佩江蓠之斐斐⑥。握申椒与杜若兮,冠浮云之峨峨⑦。登长陵而四望兮,览芷圃之蠢蠢⑧。游兰皋与蕙林兮,睨玉石之嵾嵯⑨。扬精华以眩耀兮,芳郁渥而纯美⑩。结桂树之旖旎兮,纫荃蕙与辛夷⑪。芳若兹而不御兮,捐林薄而菀死⑫。

驱子侨之犇走兮,申徒狄之赴渊⑬。若由夷之纯美兮,介子推之隐山⑭。晋申生之离殃兮,荆和氏之泣血⑮。吴申胥之抉眼兮,王子比干之横废⑯。欲卑身而下体兮,心隐恻而不置⑰。方圜殊而不合兮,钩绳用而异态⑱。欲竢时于须臾兮,日阴曀其将暮⑲。时迟迟其日进兮,年忽忽而日度⑳。妄周容而入世兮,内距闭而不开㉑。竢时风之清激兮,愈氛雾其如塺㉒。进雄鸠之耿耿兮,谗介介而蔽之㉓。默顺风以偃仰兮,尚由由而进之㉔。心忼慨以冤结兮,情舛错以曼忧㉕。搴薜荔于山野兮,采撚支于中洲㉖。望高丘而叹涕兮,悲吸吸而长怀㉗。孰契契而委栋兮,日晻晻而下颓㉘。

叹曰:江湘油油,长流汩兮㉙。挑揄扬汰,荡迅疾兮㉚。忧心展转,愁怫郁兮㉛。冤结未舒,长隐忿兮㉜。丁时逢殃,可奈何兮㉝。劳心悁悁,涕滂沱兮㉞。

[注释]①惜贤:为屈子其人其文以及他的悲剧命运而痛惜。 ②怫郁:愤懑不平貌。 ③嗷嗷:呼叫声。寂寥:寂静空阔貌,这里指无人响应。 ④拨谀谞而匡邪二句:意谓惩治谀夫与佞人,洗涤污泥浊水,匡正邪恶。拨:拨除、治理。匡:纠正。切:斩断。涊淰(tiǎn niǎn):污浊。 ⑤荡渨湤之奸咎二句:扫荡卑劣的奸邪小人,消除违背礼义的行为,纠正不良的世俗风气。渨湤,污秽。奸咎,奸恶。夷,扫平。蠢蠢,无礼义貌。 ⑥挟蕙:怀抱着蕙草

一类的香花。斐斐:同"菲菲",香气浓烈貌。 ⑦冠浮云之峨峨:义同《九章·涉江》"冠切云之崔嵬"。一说指冠高可摩天,直接青云。一说指冠以云为饰。峨峨,高耸貌。 ⑧长陵:高大的山陵。芷圃之蠡蠡:种植香芷等花草的园圃,行列整齐。蠡蠡,同"历历",行列整齐貌。 ⑨兰皋:长有兰草的水边高地。睨玉石之嵾嵯:看到形形色色的美玉,参差不齐。 ⑩扬精华以眩燿:意指芳美的佩饰光彩明亮。郁渥(wò):香气浓厚。 ⑪纫:指将香草连缀在一起。 ⑫芳若兹而不御二句:意谓香花香草芳美如此,而不进用,却将它们弃置在丛林,腐烂而死。捐:弃置;抛弃。林薄:丛林。 ⑬驱子侨之奔走:追随仙人王子乔在空中周游四方。驱,奔驰。参见《远游》"吾将从王乔而娱戏"注。又王逸《章句》:"言己修善不见进用,意欲驱驰,待王子侨随之奔走,以学道真。" ⑭若由夷之纯美二句:想象许由、伯夷那样坚守纯美的节操,又想象介子推隐逸山中。许由、伯夷,殷末隐士。介子推,晋文公重耳的贤臣。参见《九章·惜往日》"封介山而为之禁兮,报大德之优游"注。 ⑮晋申生之离殃二句:又想到晋献公的太子申生遭受祸患,被迫自缢而死,又想到楚国的卞和为了献出宝玉,双眼泣血。荆和氏:楚国的卞和。参见《七谏·怨世》"悲楚人之和氏兮,献宝玉以为石"注。 ⑯吴申胥之抉眼:伍子胥忠言进谏,为吴王夫差所杀。临死时伍子胥要门人挖自己的双眼,悬挂于都城的东门,可以亲见越国灭吴。参见《九章·惜往日》"吴信谗而弗味兮,子胥死而后忧"注。比干之横废:指比干被商纣王杀死。 ⑰卑身而下体:指委屈自己以顺从时俗。隐恻而不置:内心痛楚,不愿放弃所坚持的原则。置,弃置。 ⑱方圆殊而不合:或方或圆,形状各异,不能相合。钩绳:钩则曲,绳则直,形态不同。王逸《章句》:"言忠佞异志,犹钩绳也。" ⑲竢时于须臾:暂且等待遇合的机会。阴曀(yì):昏暗。 ⑳迟迟而日进:光阴一天天流逝。年忽忽而日度:随着岁月的流逝,年华一天天老去。 ㉑妄周容而入世:偶尔想到妄行,顺从世俗。周容,迎合、讨好貌。内距闭而不开:内心抗拒不通。 ㉒竢时风之清激二句:想要等待风气清澈的一天,反而尘土飞扬,空气更加污浊。清激,清澈。埃,灰尘。 ㉓耿耿:忠诚貌。介介:离间貌。王逸《章句》:"言己欲如雄鸠,进其耿耿小节之诚信,谗人尚复介隔蔽而障之,况有鸾凤之志,当获潜毁,固其宜也。" ㉔顺风以偃仰:指顺从风气,随时俯仰。由由:犹豫貌。 ㉕怳悢(kuàng lǎng):忧伤失意貌。冤结:郁结。舛错以曼忧:内心困惑迷乱,感到绵长的忧愁。 ㉖㵃(yān)支:香草名,一说即"燕支"。 ㉗吸吸:叹息不已貌。 ㉘㦖㦖:忧苦貌。委栋:应为"委惰",懈倦。晻晻而下颓:太阳向西落下,日光逐渐暗淡。 ㉙油油:即"悠悠",水长流貌。汩:迅疾貌。 ㉚挑揄扬汰二句:江水扬起波涛,迅疾地向前奔流。揄,跳跃、扬起。 ㉛展转:同"辗转",反复翻身,无法入眠。怫郁:愁思郁积。 ㉜隐忿:隐痛、深藏的悲愤。 ㉝丁时:正当乱世。丁,正值。 ㉞劳心悁悁(yuān):忧心忡忡,缠绵不解。滂沱:涕泪横流貌。

忧　　苦①

悲余心之悁悁兮,哀故邦之逢殃。辞九年而不复兮,独茕茕而南行②。思余俗之流风兮,心纷错而不受③。遵壄莽以呼风兮,步从容于山薮④。巡陆夷之曲衍兮,幽空虚以寂寞⑤。倚石岩以流涕兮,忧憔悴而无乐。登巉岏以长企兮,望南郢而窥之⑥。山修远其辽辽兮,涂漫漫其无时⑦。听玄鹤之晨鸣兮,于高冈之峨峨⑧。独愤积而哀娱兮,翔江洲而安歌⑨。三鸟飞以自南兮,览其志而欲北⑩。愿寄言于三鸟兮,去飘疾而不可得⑪。

欲迁志而改操兮,心纷结其未离⑫。外彷徨而游览兮,内恻隐而含哀⑬。聊须臾以时忘兮,心渐渐其烦错⑭。愿假簧以舒忧兮,志纡郁其难释⑮。叹《离骚》以扬意兮,犹未殚于《九章》⑯。长嘘吸以于悒兮,涕横集而成行⑰。伤明珠之赴泥兮,鱼眼玑之坚藏⑱。同驽骡与乘驵兮,杂班驳与阘茸⑲。葛藟藟于桂树兮,鸱鸮集于木兰⑳。偓促谈于廊庙兮,律魁放乎山间㉑。恶虞氏之箫《韶》兮,好遗风之《激楚》㉒。潜周鼎于江淮兮,爂土䰚于中宇㉓。且人心之持旧兮,而不可保长㉔。遵彼南道兮,征夫宵行㉕。思念郢路兮,还顾睐睐㉖。涕流交集兮,泣下涟涟㉗。

叹曰:登山长望,中心悲兮。菀彼青青,泣如颓兮㉘。留思北顾,涕渐渐兮㉙。折锐摧矜,凝氾滥兮㉚。念我茕茕,魂谁求兮㉛?仆夫慌悴,散若流兮㉜。

[注释]①忧苦:抒写屈原内心忧伤痛苦的情怀,悲其文,亦悲其人。②辞九年而不复:被放逐离别九年,至今未召回,本《九章·哀郢》"至今九年而不复"语意。茕茕:孤独貌。 ③余俗:楚国的风俗。流风:时下之风气。纷错而不受:心情烦乱,不能承受。 ④遵壄莽以呼风:我沿着山野草地顶风而行。遵,顺着。步从容于山叟(sǒu):在山坳间从容漫步。山叟,山弯曲处,山坳。 ⑤巡陆夷之曲衍:我在高高的山坡、弯曲的流水旁边巡游。陆夷,指高平的山地。曲衍,指弯曲的水泽。 ⑥登巑岏(cuán wuán)以长企:登上险峻的山峰久久地翘足眺望。巑岏,尖锐的山峰。企,翘足远望。⑦辽辽:遥远貌。塗漫漫其无时:道路悠长,不知何时能够返归故乡。 ⑧玄鹤:黑鹤,古人认为是祥瑞之鸟。峨峨:高峻貌。 ⑨愤积而哀娱:为了排遣内心忧思郁积。哀娱,即"娱哀",解忧。翔江洲而安歌:来到江中小洲游赏,一边舒缓地歌唱。 ⑩三鸟:神话中西王母的信使。览:观察。 ⑪寄言:托其带话。去飘疾而不可得:三鸟飞得很快,寄言未能成功。飘疾,像旋风一样迅速。 ⑫迁志而改操:改变志向与操守。心纷结其未离:心中愁思纠结,不愿背离忠信。 ⑬彷徨:游荡不定貌。恻隐:内心痛苦貌。 ⑭时忘:忘记一时之忧。渐渐其烦错:心绪越来越烦闷,乱成一团。 ⑮假簧以舒忧:想要吹奏笙箫来排忧解愁。假,凭借。簧,笙中的簧片,代指乐器。纡郁:忧愁郁结难解貌。 ⑯扬章:表达心志。未殚于《九章》:在《九章》中还未全部表达出来。 ⑰嘘吸、於悒:皆忧愁郁结难解貌。横集:交错流淌。 ⑱赴泥:弃置泥中。鱼眼玑之坚藏:将鱼眼当做珍珠收藏。玑,宝珠。 ⑲同驽骡与乘驵二句:意谓将骡子与骏马同等看待,毛色斑驳的良马与劣等无用的马被混杂在一起。驽骡,劣种骡子。乘驵,良马。班驳,杂色良种马。班,一本作"斑"。

阘茸,疲弱、驽顿的马。　⑳葛藟藟(lěi lěi)于桂树二句:意谓贱种葛藤层层缠绕着桂树,恶鸟鸱鹗聚集在木兰树上。葛藟,藤蔓类植物。藟,缠绕。鸱鹗,即猫头鹰,古人认它是恶鸟,常用来喻贪婪之人。王逸《章句》:"言葛藟恶草,乃缘于桂树,鸱鹗贪鸟,而集于木兰。以言小人进在显位,贪佞升为公卿也。"　㉑偓促谈于廊庙二句:意谓局促小人在庙堂之上高谈阔论,贤者却被放在深山野林。偓(wò)促:委琐,狭隘,今写作"龌龊"。律魁:高大,这里指贤士。　㉒恶:厌恶。虞氏:指舜。箫韶:古乐名。激楚:楚地俗乐。㉓潜周鼎于江淮:将周朝的传国宝器沉没到长江淮水底。爨(cuàn):烧火煮饭。土甓(qiān):大瓦釜。中宇:堂宇之上。　㉔人心之持旧:人心怀旧,坚持旧时的原则。不可保长:世风如此,无法长期保持。　㉕遭:回转。宵行:夜行。　㉖还顾:回头看。睠睠:依依不舍貌。　㉗涟涟:泪流不止貌。㉘菀彼青青:草木青青,生长茂盛。菀,繁盛。颓:形容涕泪俱下。王逸《章句》:"言己观彼山泽草木,莫不茂盛,青青而生,己独放弃,身将萎枯,故自伤悲,涕泣俱下也。"　㉙北顾:北望。渐渐:泣流貌。　㉚折锐摧矜:意志受挫折,理想被摧毁。折,折断。摧,摧毁。锐、矜,本指武器锋利,这里指意志与理想。凝氾滥:意谓世俗势力已成泛滥的局面。氾,即"泛"。　㉛茕茕:孤独貌。　㉜慌悴:愁病。散若流:散亡如同流水。王逸《章句》:"言己欲求贤人而未遭遇,仆御之人感怀愁悴,欲散亡而去,若水之流,不可复还也。"

愍　　命①

昔皇考之嘉志兮,喜登能而亮贤②。情纯洁而罔愆兮,姿盛质而无愆③。放佞人与谄谀兮,斥谗夫与便嬖④。亲忠正之悃诚兮,招贞良与明智⑤。心溶溶其不可量兮,情澹澹其若渊⑥。回邪辟而不能入兮,诚愿藏而不可迁⑦。逐下袟于后堂兮,迎宓妃于伊雒⑧。刺谗贼于中廇兮,选吕管于榛薄⑨。丛林之下无怨士兮,江河之畔无隐夫⑩。三苗之徒以放逐兮,伊皋之伦以充庐⑪。

今反表以为里兮,颠裳以为衣⑫。戚宋万于两楹兮,废周邵于遐夷⑬。却骐骥以转运兮,腾驴赢以驰逐⑭。蔡女黜而出帷兮,戎妇入而彩绣服⑮。庆忌囚于阱室兮,陈不占战而赴围⑯。破伯牙之号钟兮,挟人筝而弹纬⑰。藏瑎石于金匮兮,捐赤瑾于中庭⑱。韩信蒙于介胄兮,行夫将而攻城⑲。莞芎弃于泽洲兮,匏蠡蠹于筐簏⑳。麒麟奔于九皋兮,熊罴群而逸囿㉑。折芳枝与琼华兮,树枳棘与薪柴㉒。掘荃蕙与射干兮,耘藜藿与蘘荷㉓。惜今世其何殊兮,远近思而不同㉔。或沈沦其无所达兮,或清激其无所通㉕。哀余生之不当兮,独蒙毒而逢尤㉖。虽謇謇以申志兮,君乖差而屏之㉗。诚惜芳之菲菲兮,反以兹为腐也㉘。怀椒聊之莈莈兮,乃逢纷以罹诟也㉙。

叹曰:嘉皇既殁,终不返兮㉚。山中幽险,郢路远兮。逸人讠戋讠戋,孰可愬兮㉛。征夫罔极,谁可语兮㉜。行唫累欷,声喟喟兮㉝。怀忧含戚,何侘傺兮!

[注释]①愍命:屈原怀抱忠心,忧国忧君,而遭遇放逐,思绪万千,对其命运深表同情与感伤。 ②皇考:祖先。嘉志:美好的志愿。登能而亮贤:举用有才能之人,表彰有贤德之人。 ③情纯洁而罔秽:内在品质忠正纯净,不染污秽。姿盛质:美好的内质形之于外在的行为。 ④放:流放。便嬖:以阿谀奉承得宠的人。 ⑤悃诚:忠厚诚恳。贞良与忠智:秉性忠正良善,而又富于智慧。 ⑥溶溶:广大貌。澹澹:深沉、有涵养貌。 ⑦回邪辟而不能入:奸诈邪僻的思想与言论不能侵入。诚愿藏而不能迁:真诚淳朴的本性不会改变。 ⑧逐下袟(chì)于后堂:意谓将下等的姬妾贬进后堂之中,迎来洛水滨高贵的宓妃。下袟,贱妾。 ⑨刺谗贼于中廇二句:将朝中的谗夫奸贼清除庙堂之外,将吕尚、管仲一类的贤臣从草野选入朝廷。刺,除去。中廇,这里指朝廷。榛薄,杂木丛生之处,这里指民间。 ⑩怨士:指政治上失意的人。

隐夫:隐士。 ⑪三苗:传说中尧舜时的佞臣。伊皋之伦以充庐:指伊尹和皋陶一类的贤能之臣满朝。 ⑫颠裳以为衣:古代称上身穿的为衣,下身穿的为裳,指上下颠倒。 ⑬戚宋万于两楹二句:意谓宋万之类的篡逆之臣受到亲近与尊崇,而周公、邵公一类的辅佐良臣却被放逐在遥远的荒野。戚,亲近。宋万,春秋时宋闵公的臣子,打猎时与宋闵公争道,并杀死了宋闵公。两楹,殿堂正中处。周邵,即周公与邵公,都是周朝的功臣。遐夷,边远的少数民族地区。 ⑭却骐骥以转运二句:意谓斥退千里马,用骐骥拉车负重转运货物,下等的驴子骡子反而驰骋千里。腾:乘。 ⑮蔡女黜而出帷二句:蔡国的美女遭到贬黜,被赶出了帷帐,边地的丑妇却迎进来,穿上了五彩的绣衣。蔡女,蔡国的美女。戎妇,戎狄之女。彩绣服,身穿五彩绣服。 ⑯庆忌囚于阱室二句:意谓勇猛的良将被囚禁,懦夫却被委派率军作战。庆忌,春秋时吴王僚的公子,勇武有力。公子光欲刺吴王僚,但害怕庆忌,便先派人刺杀了庆忌。陈不占,春秋时齐庄公的臣子,为人胆怯,赴战时听到战鼓声便惊吓至死。 ⑰破伯牙之号钟二句:意谓伯牙的名琴被砸烂了,却抱着平凡的小瑟去弹奏。号钟,琴名。人笋,又作"介",小瑟。纬,通"徽",琴弦。 ⑱藏瑉(mín)石于金匮二句:意谓瑉石被收藏到金匮之中,贵重的美玉却被抛弃在庭中。瑉石,一种像玉的石头。赤瑾,美玉名。 ⑲韩信蒙于介胄二句:意谓猛将韩信穿上铠甲充当普通的士兵,资质平庸的士卒却带兵攻打城池。韩信,名将,汉代开国功臣。介胄,铠甲和头盔。行夫,指普通士兵。 ⑳莞芎(guān xiōng)弃于泽洲二句:香草莞芎被抛弃在水泽泥沼中,平凡的葫芦瓢瓜被装进竹箱里。莞芎,香草名。瓟蠡(lí),即葫芦瓢,匏瓜。蠹于筐篚,收进在竹筐里。蠹,疑是"橐"之讹。 ㉑麒麟奔于九皋二句:传说中的瑞兽麒麟逃进深泽之中,成群的熊罴却在皇家园囿里自由自在。九皋,指沼泽深处。 ㉒折:摧折。树枳棘与薪柴:栽种荆棘与柴草。枳棘,泛指普通的落叶灌木。 ㉓射干:西方香草之名。藜藿(lí huò)、蘘(xiāng)荷:野菜之类。洪兴祖《补注》转《荀子》:"西方有木焉,名曰射干,茎长四寸,生于高山之上,而临百仞之渊,木茎非能长也,所立者然也。" ㉔远近思而不同:远思近想,贤愚异性,智谋不同也。 ㉕或沉沦其无所达二句:有的沉陷世俗之中,无所达于大道;有的秉持清高的节操,却又处处碰壁。激清,清高。 ㉖生之不当:生不逢时。蒙毒而逢尤:蒙受苦难,遭遇祸患。 ㉗謇謇以申志:直言进谏,表达志愿。乖差而屏之:与君不合,遭到摒弃。乖差,抵触。 ㉘诚惜芳之菲菲二句:意谓自己确实爱惜香气浓郁的芳草,君王反而以为是腐臭之物。 ㉙椒聊:花椒之果实,为芳香之物。莎(shè)莎:芳香弥漫貌。逢纷而罹诟:遭遇纷乱,蒙受耻辱。 ㉚嘉皇:美好的君王。殁:死亡。 ㉛讥讥(jiàn):巧言貌。愬:告诉。 ㉜罔极:没有尽头。语:告诉。 ㉝唫:即"吟"。累欷:一再叹息。喟喟:叹息声。

思 古①

冥冥深林兮,树木郁郁②。山参差以崭岩兮,阜杳杳以蔽日③。悲余心之悁悁兮,目眇眇而遗泣④。风骚屑以摇木兮,云吸吸以涖戾⑤。悲余生之无欢兮,愁倥偬于山陆⑥。旦徘徊于长阪兮,夕仿偟而独宿⑦。发披披以鬤鬤兮,躬劬劳而瘏悴⑧。魂俇俇而南行兮,泣沾襟而濡袂⑨。心婵媛而无告兮,口噤闭而不言⑩。违郢都之旧闾兮,回湘沅而远迁⑪。念余邦之横陷兮,宗鬼神之无次⑫。闵先嗣之中绝兮,心惶惑而自悲⑬。聊浮游于山狭兮,步周流于江畔⑭。临深水而长啸兮,且倘佯而氾观⑮。

兴《离骚》之微文兮,冀灵修之壹悟⑯。还余车于南郢兮,复往轨于初古⑰。道修远其难迁兮,伤余心之不能已⑱。背三五之典刑兮,绝《洪范》之辟纪⑲。播规矩以背度兮,错权衡而任意⑳。操绳墨而放弃兮,倾容幸而侍侧㉑。甘棠枯于丰草兮,藜棘树于中庭㉒。西施斥于北宫兮,仳倠倚于弥楹㉓。乌获戚而骖乘兮,燕公操于马圉㉔。蒯瞆登于清府兮,咎繇弃而在壄㉕。盖见兹以永叹兮,欲登阶而狐疑㉖。乘白水而高骛兮,因徙弛而长词㉗。

叹曰:倘佯垆阪,沼水深兮㉘。容与汉渚,涕淫淫兮㉙。钟牙已死,谁为声兮㉚?纤阿不御,焉舒情兮㉛?曾哀悽欷,心离离兮㉜。还顾高丘,泣如洒兮㉝。

[注释]①思古:抒写屈原怀念前代圣哲的榜样,希望恢复往古清明有序的政治局面。姜亮夫《楚辞通故》说:"子政诸文,惟此篇为有新义,非同泛响。" ②冥冥:昏暗貌。郁郁:繁盛貌。 ③参差以崭岩:险峻壁立,参差不齐貌。杳杳:深远貌。 ④目眇眇而遗泣:纵目远视,黯然落泪。 ⑤骚屑:风声。吸吸以湫(jiǎo)戾:浮云翻动卷曲貌。 ⑥倥偬(kǒng zǒng):困苦、惆怅。 ⑦长阪:斜长的山坡。 ⑧发披披以鬤鬤:形容屈原头发纷披,散乱纠结。劬劳而瘏(tú)悴:辛苦劳累,疲病交加。瘏,因劳累而致病。 ⑨怔怔:惊遽不安貌。沾襟而濡袂:打湿了衣襟和袖子。袂,衣袖。 ⑩婵媛:眷恋牵持貌。噤:闭口。 ⑪违:离开。旧闾:故里、小巷。回:一说为"过"。 ⑫横陷:突然沦陷。宗鬼神之无次:宗族先祖的魂灵无人祭祀,因而次序杂乱无章。次,指先祖在宗庙中享受祭祀的次序。 ⑬闵先嗣之中绝:先祖的基业从此断绝,想起来令人悲痛。闵,同"悯"。 ⑭山狭:山侧。 ⑮倘佯:徘徊。氾观:四处观看。 ⑯兴:起,这里指创作。《离骚》之微文:意谓《离骚》文辞精微,寓意深远。 ⑰复往轨于初古:希望遵循先王的轨辙,恢复古代圣贤之道。轨,车辙。 ⑱道修远其难迁:道路遥远,难以达到目的。已:停止,放弃。 ⑲背三五之典刑二句:意谓君王背离了前古三王五帝的法则,违反了《尚书·洪范》所陈述的准则。三五,指三王五帝。参见《九章·抽思》"望三五以为像兮,指彭咸以为仪"注。洪范,《尚书》中的一篇,内容是箕子为周武王所陈五行之道。辟纪,法纪。 ⑳播规矩以背度二句:执政者抛弃了规矩、违背了法度,不顾原则而随意妄为。错,搁置。规矩、权衡,这里都指法则、标准。 ㉑操绳墨而放弃二句:意谓遵守规矩的人被放逐,弃而不用;谄媚逢迎的人受重用,被挑选到君王的身边。倾容幸,指谗谀之人。侍侧,侍奉于君王之侧。 ㉒甘棠枯于丰草二句:意谓在茂密的野草中,甘棠枯萎了,庭中却种上了蒺藜与荆棘。王逸《章句》:"言甘棠香美之木,枯于草中而不见

御,反种蒺藜棘刺之木满于中庭,以言远仁贤近谗贼也。" ㉓西施斥于北宫二句:美女西施被排斥到了冷宫,丑女却布满了宫中。伾傂(pǐ suī),古代著名的丑女。弥楹,意为满门。 ㉔乌获戚而骖乘二句:意谓乌获受到亲近,成了贴身的侍卫,贤臣邵公却在马棚中干杂活。乌获,古代传说中的大力士。戚,亲近。骖乘,跟随马旁侍从。燕公,即周邵公。操于马圈,在马厩里劳作。 ㉕蒯(kuǎi)瞆登于清府二句:意谓叛逆之臣蒯瞆登上了朝廷,忠贤之臣皋陶却遭放逐在山野之间。蒯瞆,春秋时卫灵公的太子,欲杀其后母。清府,指朝廷。咎繇,皋陶。 ㉖登阶:指入朝进见君王。狐疑:犹豫不决。 ㉗白水:水名。高骛:高驰。因徙弛而长词:因犹豫徘徊,与君王永别。徙弛,即"徙施",进退犹豫貌。长词,即"长辞"。 ㉘垆阪:黑土坡;一说为地名。沼:水池。 ㉙容与汉渚:在汉水中小洲上徘徊流连。淫淫:泪流不止貌。 ㉚钟牙:钟子期、伯牙。 ㉛纤阿:古代善于御马的人。 ㉜曾哀悽欷:因深重的悲伤而叹息落泪。离离:心痛欲裂貌。 ㉝高丘:楚地名,代指楚国。泣如洒:泪如雨下。

远　　游①

　　悲余性之不可改兮,屡惩艾而不移②。服觉晧以殊俗兮,貌揭揭以巍巍③。譬若王侨之乘云兮,载赤霄而凌太清④。欲与天地参寿兮,与日月而比荣⑤。登昆仑而北首兮,悉灵圉而来谒⑥。选鬼神于太阴兮,登阊阖于玄阙⑦。回朕车俾西引兮,褰虹旗于玉门⑧。驰六龙于三危兮,朝西灵于九滨⑨。结余辀于西山兮,横飞谷以南征⑩。绝都广以直指兮,历祝融于朱冥⑪。枉玉衡于炎火兮,委两馆于咸唐⑫。贯濒濛以东竭兮,维六龙于扶桑⑬。

　　周流览于四海兮,志升降以高驰⑭。征九神于回极兮,建虹采以招指⑮。驾鸾凤以上游兮,从玄鹤与鹧鸪⑯。

孔鸟飞而送迎兮,腾群鹤于瑶光⑰。排帝宫与罗囿兮,升县圃以眩灭⑱。结琼枝以杂佩兮,立长庚以继日⑲。凌惊雷以轶骇电兮,缀鬼谷于北辰⑳。鞭风伯使先驱兮,囚灵玄于虞渊㉑。溯高风以低佪兮,览周流于朔方㉒。就颛顼而陈词兮,考玄冥于空桑㉓。旋车逝于崇山兮,奏虞舜于苍梧㉔。济杨舟于会稽兮,就申胥于五湖㉕。见南郢之流风兮,殒余躬于沅湘㉖。望旧邦之黯黮兮,时溷浊其犹未央㉗。怀兰茝之芬芳兮,妒被离而折之㉘。张绛帷以襜襜兮,风邑邑而蔽之㉙。日曈曈其西舍兮,阳焱焱而复顾㉚。聊假日以须臾兮,何骚骚而自故㉛?

　　叹曰:譬彼蛟龙,乘云浮兮。汜淫濒溶,纷若雾兮㉜。潺湲辚辖,雷动电发,馺高举兮㉝。升虚凌冥,沛浊浮清,入帝宫兮㉞。摇翘奋羽,驰风骋雨,游无穷兮㉟。

　　[注释] ①远游:离开人世,远游四海,与《离骚》之末"远逝以自疏"同义。 ②屡惩艾而不移:多次受到打击迫害,而心志不改。惩艾,惩罚、受伤。 ③服觉晈以殊俗:穿戴鲜亮的服饰,不同于流俗。觉,通"校",比较。揭揭以巍巍:高大矫健貌。揭揭,高貌。 ④王侨:仙人王子乔。载赤霄而凌太清:意谓王子乔乘着红云,飞翔在太清之上。天由清气上升形成,故称太清。 ⑤参寿:同寿。参,并列。与日月而比荣:即"与日月齐光"之意。 ⑥北首:面朝北方。悉灵圉而来谒:众神悉数前来拜见。悉,全部。灵圉,仙人名,代指神仙。 ⑦选:选择。太阴:指北方神仙的居处。登阊阖于玄阙:意谓从天门进入传说中的玄阙。阊阖,天门。玄阙,天宫名。一说神山名,位于北方。 ⑧俾西引:将车引向西行。搴(qiān)虹旗于玉门:提起彩虹之旗驶向玉门之山。玉门,神山名,位于西方。 ⑨三危:神山名,位于西方。西灵:西方之神。九滨:大海九曲之岸。 ⑩结余轸于西山二句:意谓在西山将车子掉头,我要横渡飞谷前往南方。结,旋转方向。轸是车上前后的横木,这里指车。飞谷,神话中的地名,位于昆仑山西南。 ⑪绝都广:越过西南方都广之地。

都广,神话中的地名。历祝融于朱冥:来到南海,看望居住在那里的祝融。祝融,神话中的南方之神。朱冥,即南海。 ⑫枉玉衡于炎火二句:意谓在南方炎火之地我将车子转弯,停下车子后我又在东方咸池住宿。炎火,神话中南方的地名。两,即辆,指车。馆,舍,停留。咸唐:即咸池,东方太阳沐浴之地。 ⑬贯颃濛(hòng méng)以东揭二句:穿过颃濛我将继续向东方前行,将驾车的六龙系在扶桑树上。颃濛,特指混沌之气,亦作"鸿蒙"。揭:离去。 ⑭周流览:四处游走,四处察看。 ⑮征九神于回极二句:意谓我将在天中央征召九天之神,举起彩虹之旗以指麾四方。回极,天之枢纽、中央。建,树起。虹采,彩虹旗。 ⑯从玄鹤与鹪(jiāo)鹏:让玄鹤与鹪鹏作为随从。鹪鹏,传说中的神鸟,凤凰之属。 ⑰腾:飞腾。瑶光:北斗勺第七星。 ⑱排帝宫与罗囿二句:推开帝宫之门,进入天帝的苑囿,升上悬圃面前光彩闪耀。悬圃,神山名,是神仙的居处。 ⑲结琼枝以杂佩:意谓将琼枝编结成束,中间杂以玉佩。长庚:星名。继日:即夜以继日。 ⑳凌惊雷以轶骇电:超越天上的惊雷与闪电。缀鬼谷于北辰:将百鬼之星缀系在北辰之下。鬼谷,一本作"百鬼",星名。 ㉑鞭:鞭策,驱使。风伯:传说中的风神。囚:囚禁。灵玄:传说中的北方之神。虞渊:日入之所。 ㉒溯:一本作"泝",逆风而上。低佪:即徘徊。朔方:北方。 ㉓考:考察。玄冥:北方之神。空桑:神山名。 ㉔旋:回转。崇山:神山名。奏:进言。苍梧:山名,位于今湖南境内,相传舜死于该地。 ㉕杨舟:杨木制作的船。会稽:地名,位于今浙江境内。申胥:伍子胥。五湖:即今太湖,伍子胥死于此。 ㉖流风:风俗、风尚。殒余躬于沅湘:投身沅湘之中,自沉汨罗而死。 ㉗黯黮:昏暗貌。未央:未尽。 ㉘妒被离而折之:忌妒的人纷纷毁伤、摧折忠良。被离,即"披离",纷乱貌。 ㉙张绛帷以襜襜(chān):搭起红色帷幕,色彩鲜明漂亮。襜襜,鲜明貌。邑邑,微弱貌。 ㉚暾暾而西舍:阳光灿烂向西落下。暾暾,和暖貌。炎炎:日光闪耀貌。 ㉛骚骚:忧心忡忡貌。自故:应为"自苦"。 ㉜氾淫:云气浮游不定。颃溶:广阔深远貌。 ㉝潺湲缪辂(jiāo gé):形容交错流动貌。驳:奔驰。 ㉞升虚凌冥:升入高远的天空。沛,一作"弃"。弃浊,即排弃人间的污浊。浮清:浮游于清洁的天空。 ㉟摇翘奋羽:张开翅膀,奋力挥动双羽。

九　　思①

逢　　尤②

悲兮愁,哀兮忧。天生我兮当暗时,被谗谮兮虚获尤③。心烦愦兮意无聊,严载驾兮出戏游④。周八极兮历九州,求轩辕兮索重华⑤。世既卓兮远眇眇,握佩玖兮中路躇⑥。羡咎繇兮建典谟,懿风后兮受瑞图⑦。愍余命兮遭六极,委玉质兮于泥涂⑧。遽偟偟兮驱林泽,步屏营兮行丘阿⑨。车轪折兮马虺颓,憝怅立兮涕滂沱⑩。思丁文兮圣明哲,哀平差兮迷谬愚⑪。吕傅举兮殷周兴,忌嚣专兮郢吴虚⑫。仰长叹兮气噎结,悒殟绝兮咶复苏⑬。虎兕争兮于廷中,豺狼斗兮我之隅⑭。云雾会兮日冥晦,飘风起兮扬尘埃。走鬯罔兮乍东西,欲窜伏兮其焉如⑮。念灵闺兮隩重深,愿竭节兮隔无由⑯。望旧邦兮路逶随,忧心悄兮志勤勋⑰。魂茕茕兮不遑寐,目眽眽兮寤终朝⑱。

[注释]①本篇的作者王逸,字叔师,东汉南郡(今湖北宜城)人。安帝时为校书郎,顺帝时为侍中,又曾任豫章太守等职。王逸所处的时代,朝中宦官的势力已经形成,忠贞之士时常受到谗毁、迫害的威胁。因此,他的《楚辞章

句》可能寄托了某种现实的感情。王逸的存世作品另有《机赋》、《荔枝赋》，均为残篇，明代张溥辑为《王叔师集》。　②逢尤：无缘无故而遭遇罪责。文中有"被诼谮兮虚获尤"之句，意谓蒙受毁谤而无故获罪，"逢尤"即此意。③诼谮：毁谤，诬陷。尤：罪责。　④烦愦(kuì)：烦乱不安。无聊：没有依赖。⑤求轩辕兮索重华：周游八极、九州，为的是面见黄帝、虞舜，倾诉衷肠并与之同游。　⑥世既卓兮远眇眇二句：意谓黄帝、虞舜的时代距今非常遥远，长途漫漫，我手握玉佩在中路徘徊。卓，遥远。佩玖，黑色玉佩之类。　⑦羡咎繇兮建典谟二句：意谓皋陶确立了治国的谋略，传说风后接受了瑞图，这些令我羡慕不已。典谟，《尚书》中有《舜典》、《皋陶谟》等。风后，相传为黄帝相。瑞图，祥瑞之图。　⑧六极：六种凶恶之事，见《尚书·洪范》："一曰凶短折，二曰疾，三曰忧，四曰贫，五曰恶，六曰弱。"委：抛弃。　⑨遽偟遑兮驱林泽二句：意谓急急忙忙我赶向山林水泽，神色仓皇中进入了深山之中。偟遑(zhāng huáng)，惊慌失措貌。屏营，惊恐貌。丘阿，山丘。　⑩车軏(yuè)：车辕前端与车衡衔接处的销钉。马虺(huī)颓：马因疲劳而致病。慭怅立：忧伤失意地站立在那里。滂沱：泪水纵横如雨。　⑪思丁文兮圣明哲二句：意谓思念殷高宗武丁和周文王，他们是多么圣明与通达事理，又悲叹楚平王和吴王夫差，他们是多么荒谬与糊涂。武丁重用傅说，周文王重用吕尚，故称"圣明哲"。楚平王杀伍奢，吴王夫差杀伍子胥，故称"迷谬愚"。　⑫吕傅：指吕尚与傅说。忌嚭：指楚平王大夫费无忌、吴王夫差太宰伯嚭，皆是谗佞之臣。郢吴虚：分说郢都被攻破，吴国被打败，国都成为废墟。　⑬噎结：气结。悒殟(wēn)绝兮咕复苏：忧伤愤怒得昏厥过去，又喘息苏醒过来。悒殟，忧愤。咕，喘息。　⑭兕：犀牛。我之隅：意即我身旁。　⑮走菖(chàng)罔兮乍东西：我惘怅迷惘，心志不安，奔走忽东忽西。菖罔，即"怅惘"。窜伏：藏匿。焉如：到哪里。　⑯念灵闺兮隩重深二句：意谓君王居所幽深，阻隔重重，我想要竭尽忠诚也无路可通。隩，深。竭节，尽忠。无由，没有道路。　⑰逶随：迂回遥远。悄：忧貌。勤劬：勤劳。　⑱不遑寐：没有时间睡觉。目眽眽兮寤终朝：通宵达旦睁着眼睛，不能入睡。

怨　　上①

　　令尹兮謷謷,群司兮讻讻②。哀哉兮溷溷,上下兮同流③。菽藟兮蔓衍,芳虈兮挫枯④。朱紫兮杂乱,曾莫兮别诸⑤。倚此兮岩穴,永思兮窈悠⑥。嗟怀兮眩惑,用志兮不昭⑦。将丧兮玉斗,遗失兮钮枢⑧。我心兮煎熬,惟是兮用忧⑨。进思兮仇荀,复顾兮彭务⑩。拟斯兮二踪,未知兮所投⑪。遥吟兮中壄,上察兮璇玑⑫。大火兮西睨,摄提兮运低⑬。雷霆兮硍磕,电霰兮霏霏⑭。奔电兮光晃,凉风兮怆悽⑮。鸟兽兮惊骇,相从兮宿栖⑯。鸳鸯兮嗺嗺,狐狸兮徾徾⑰。哀吾兮介特,独处兮罔依⑱。蟪蛄兮鸣东,蟊蠽兮号西⑲。蚑缘兮我裳,蠋入兮我怀⑳。虫豸兮夹余,惆怅兮自悲㉑。伫立兮忉怛,心结缙兮折摧㉒。

　　[注释]①怨上:指责在朝当权官员治国无方,造成社会风气严重败坏,弊端丛生,并抒发忧伤情怀。　②令尹:楚国最高行政官职。謷謷:喧嚣声。群司:众官。讻讻:多言貌。　③溷(gǔ)溷:混乱。　④菽藟(lěi):小草,此喻群小。蔓衍:蔓延。芳虈(xiāo):香草名。《说文》:"楚谓之蘺,晋谓之虈,齐谓之茝。"挫枯:枯萎。　⑤朱紫杂乱:古人以朱为正色,朱紫杂乱意即正邪不分。曾莫兮别诸:竟然无人区分朱紫二色,也就是忠奸不分。　⑥窈悠:遥远、悠长。　⑦嗟怀兮眩惑:叹息楚怀王昏乱迷惑。怀,指楚怀王。昭,明。　⑧玉斗:北斗星。钮枢:即天枢星。玉斗、钮枢,一说喻贤良,一说喻权柄。　⑨用忧:因此而忧虑。　⑩进思兮仇荀二句:意谓进则想到忠义献身的仇牧与荀息,退则想到高尚其志的彭咸与务光。仇荀,即仇牧、荀息。仇牧因制止宋万弑宋闵公而被杀;荀息为晋献公的臣子,献公死,公子被害,荀息自杀以

表对献公的忠贞。彭务,指彭咸、务光。彭咸为殷大夫,谏其君不听,投水而死;务光为殷时隐士,商汤以天下相让,务光不接受,投水而死。上句一本作"进恶兮九旬"。　⑪拟斯兮二踪:指想要效法上述两种贤者的行为。　⑫璇玑:北斗七星的第二、第三颗星。　⑬大火兮西睨:向西斜看,只见大火星向西倾斜。大火,二十八宿之一。摄提:星名。运低:下行。王逸《章句》:"璇玑天中,故先察之。大火西流,摄提运下,夜分之候。愁思不寐,起视星辰,以解戚者也。"　⑭硍磕:雷声。霏霏:纷乱貌。　⑮光晃:电光闪耀。怆悽:悲伤。　⑯宿栖:栖息。　⑰嚱嚱:和鸣声。微(méi)微:相随貌,指狐狸众多。　⑱介特:孤独。罔依:没有依靠。　⑲蟪蛄、螜蟜(jié):昆虫名。　⑳蛓(cì):毛虫有毒,螫人。蠋(shǔ):生于葵中的昆虫。　㉑虫豸(zhì):有足谓虫,无足谓豸。　㉒伫立:久立。忉怛(dāo dá):悲伤。结绲(gǔ):郁结。

疾　　世①

　　周徘徊兮汉渚,求水神兮灵女②。嗟此国兮无良,媒女诎兮诳谀③。鸱雀列兮哗谨,鸲鹆鸣兮聒余④。抱昭华兮宝璋,欲炫鬻兮莫取⑤。言旋迈兮北徂,叫我友兮配耦⑥。日阴曀兮未光,阒睄窕兮靡睹⑦。纷载驱兮高驰,将谘询兮皇羲⑧。遵河皋兮周流,路变易兮时乖⑨。沥沧海兮东游,沐盥浴兮天池⑩。访太昊兮道要,云靡贵兮仁义⑪。志欣乐兮反征,就周文兮邠岐⑫。秉玉英兮结誓,日欲暮兮心悲⑬。惟天禄兮不再,背我信兮自违⑭。踰陇堆兮渡漠,过桂车兮合黎⑮。赴昆山兮帚骖,从卢敖兮栖迟⑯。吮玉液兮止渴,啗芝华兮疗饥⑰。居嵺廓兮尠畴,远梁昌兮几迷⑱。望江汉兮濩诺,心紧縈兮伤怀⑲。时昢昢兮旦旦,尘莫莫兮未晞⑳。忧不暇兮寝食,咤增叹兮如雷㉑。

[注释]①疾世：世风日下，诗人痛心疾首，想远逝周游，以自解脱。②周徘徊兮汉渚二句：意谓我在汉水之滨周游徘徊，想要寻求传说中的女神。灵女：神女，指江妃二女。题名刘向《列仙传》载有郑交甫在江汉之滨遇神女的故事，赞曰："灵妃艳逸，时见江湄。丽服微步，流盼生姿。交甫遇之，凭情言私。鸣佩虚掷，绝影焉追。"③无良：没有贤良之人。讪：同"讷"，言语笨拙。谜谈：语乱貌。④鹑雀列兮哗讙（huān）二句：意谓鹌鹑麻雀成群的喧哗，八哥小鸟叽叽喳喳叫得人心烦。鸲鹆：鹑雀一类小鸟，喻小人。⑤抱昭华兮宝璋二句：意谓怀抱珍贵的美玉宝器，想要叫卖却无人过问。昭华：宝玉名。璋：玉圭之类。衔鬻：叫卖。⑥旋迈兮北徂：转向而北往。配耦：配偶，这里指朋友。⑦阴曀：日光暗淡。阒（qù）眒窕兮靡睹：四周昏暗寂静，什么也看不见。阒眒窕，寂静幽冥貌。⑧咨询：询问。皇羲：伏羲。⑨遵河皋兮周流二句：意谓我顺着黄河岸边周游，可是道路已经改变，时常与现实不合。时乖：时势反常错乱。⑩澫沧海兮东游二句：意谓我越过沧海向东游历，到东方咸池去沐浴洗发。盥，洗手。天池，咸池，日浴之所。⑪访太昊兮道要二句：意谓向伏羲请教天道之要义，伏羲回答世界上没有比"仁义"更为可贵的了。靡贵，没有什么更贵重。⑫周文：周文王。邠岐：岐为周文王封地。邠，周先祖公刘封地。⑬秉玉英兮结誓：手持美玉之花对着先王立下誓言。玉英，象征节操之美。⑭天禄：天赐的福禄。信：信用。自违：违背自我。⑮踰陇堆兮渡漠二句：意谓越过陇山，渡过沙漠，又翻越了桂车与合黎山。陇堆、桂车、合黎，皆西方之山。一说陇堆即陇山。⑯赴昆山兮挚骆（zhì lù）二句：意谓来到昆仑山就将马拴住，我要追随卢敖去遨游。挚骆，绊马。卢敖，原作"邛遨"，据一本改。栖迟，栖息，停留。⑰玉液：琼浆。芝华：灵芝。⑱嵺廓：同"寥廓"，空廓无人。尠畴：缺少伴侣。畴，同"俦"，同伴。远梁昌兮几迷：远行走路不稳，跟跟跄跄，时常感觉迷茫。梁昌，即"踉跄"，进退失据。迷，迷惑、迷茫。⑲濩渃（huò ruò）：大水貌。紧綣（quǎn）：即"缱绻"，缠绵纠结。⑳眛（fěi）眛：日始出，光明未盛貌。莫莫：尘埃飞扬貌。未晞：本指晨露未干燥，这里指尘雾未散。㉑不暇：没有空闲。咤增叹：反复悲诧、叹息。

悯　上①

哀世兮睩睩,诶诶兮嗌喔②。众多兮阿媚,馺靡兮成俗③。贪枉兮党比,贞良兮茕独④。鹄窜兮枳棘,鹈集兮帷幄⑤。蒿蒌兮青葱,藁本兮萎落⑥。睹斯兮伪惑,心为兮隔错⑦。逡巡兮圃薮,率彼兮畛陌⑧。川谷兮渊渊,山阜兮峉峉⑨。丛林兮崟崟,株榛兮岳岳⑩。霜雪兮漼澄,冰冻兮洛泽⑪。东西兮南北,罔所兮归薄⑫。庇荫兮枯树,匍匐兮岩石⑬。蜷局兮寒局数,独处兮志不申,年齿尽兮命迫促⑭。魁垒挤摧兮常困辱,含忧强老兮愁不乐⑮。须发苧领兮颡鬓白,思灵泽兮一膏沐⑯。怀兰英兮把琼若,待天明兮立踯躅⑰。云蒙蒙兮电儵烁,孤雌惊兮鸣响响⑱。思怫郁兮肝切剥,忿悁悒兮孰诉告⑲。

[注释]①悯上:抒发悲惜伤感的情怀。悯,悲也。　②睩(lù)睩:斜视貌。诶诶:巧言善辩貌。嗌喔(yì wò):强笑貌。　③阿媚:阿谀谄媚。馺靡:顺从讨好。　④党比:结成党羽。茕独:孤独。　⑤鹄窜兮枳棘:鸿鹄本应高飞,却躲藏在枳棘丛中。鹈集兮帷幄:鹈鹕水鸟,却在帷帐内安家。　⑥蒿蒌(rú):草名,似芹,可食,也写作"蕭蔞"。青葱:葱绿。藁本:一种香草。⑦睹斯兮伪惑二句:意谓看见这些虚伪混乱的情形,心中感到格格不入。伪惑,一作"伪忒",言差误。　⑧逡巡:徘徊。圃:园圃。薮:草木聚集的地方。率彼兮畛陌:顺着田间小路。　⑨渊渊:深貌。峉(è)峉:高峻貌。　⑩崟(yín)崟:茂盛貌。株榛:一作"林榛",丛林。岳岳:树木挺立貌。　⑪漼澄(cuī ái):聚积貌。洛泽:结冰貌,当做"洛泽"。　⑫罔所兮归薄:没有一个归宿之所。　⑬庇荫兮枯树二句:意谓在枯树下栖身,在岩石上睡觉,极言生活的困窘。　⑭蜷局:屈曲貌。寒局数:当为"寒风数",寒风不停。志不申:志愿不能实现。　⑮魁垒:坎坷不平貌。挤摧:压迫、残害。强老:早衰。

⑯须发苧䰖(níng cù)兮颡(piǎo)鬓白:形容头发胡须,一片杂乱,两鬓斑白。颡,发乱貌。灵泽:天赐膏泽。王逸《章句》:"盖喻德政也。" ⑰踯躅:犹豫徘徊。 ⑱儵烁:火光闪耀,闪烁。呴(gòu)呴:惊叫声。 ⑲怫郁:愤懑貌。切剥:指剧烈的伤痛。悁悒:忧愤。

遭 厄①

悼屈子兮遭厄,沈玉躬兮湘汨②。何楚国兮难化,迄于今兮不易③。士莫志兮羔裘,竞佞谀兮谇阋④。指正义兮为曲,訾玉璧兮为石⑤。鸱鹗游兮华屋,鹔鹴栖兮柴蔟⑥。起奋迅兮奔走,违群小兮谇诟⑦。载青云兮上升,适昭明兮所处⑧。躐天衢兮长驱,踵九阳兮戏荡⑨。越云汉兮南济,秣余马兮河鼓⑩。云霓纷兮晻翳,参辰回兮颠倒⑪。逢流星兮问路,顾我指兮从左⑫。俓娵觜兮直驰,御者迷兮失轨⑬。遂踢达兮邪造,与日月兮殊道⑭。志闷绝兮安如,哀所求兮不耦⑮。攀天阶兮下视,见鄢郢兮旧宇⑯。意逍遥兮欲归,众秽盛兮杳杳⑰。思哽咽兮诘诎,涕流澜兮如雨⑱。

[注释]①遭厄:痛惜屈原遭遇党人谗毁,不能回归故都,最后自沉汨罗而死的悲惨遭遇。厄,困厄。 ②湘汨:湘水、汨罗江。 ③难化:难以治理。易:改变。 ④士莫志兮羔裘二句:意谓当今士人不立志于修养美德,只会相互谄媚或者互相攻击。羔裘,《诗·郑风》中的篇名,该诗赞美古代在朝君子的忠贞之德而刺当朝无贤臣,这里意在抨击当时士人无意于德行与修养。佞谀,谄媚君主、阿谀奉承。谇阋(xì),以谇言相互攻击。阋,相互争讼。 ⑤訾(zǐ):即"訾",诋毁。 ⑥鸱鹗游兮华屋二句:意谓猫头鹰、猛雕飞进华丽的宫殿中,祥瑞之鸟鹔鹴只能落在柴草丛中。鸱鹗:指鸱鸮与雕。 ⑦奋迅:疾飞。谇诟(xī gòu):辱骂。 ⑧载:乘。适:至,到达。昭明:光明。

⑨蹉天衢兮长驱二句:意谓在天街大道上尽情驰骋,到太阳升起的九阳之地去游戏。九阳,即阳阿,太阳出入之所。戏荡,嬉戏。 ⑩云汉:天河。秣:喂马。河鼓:指牵牛星。 ⑪晻翳:遮蔽。参辰:参和辰两颗星,一个东,一个西,不同时出现在天空。回:旋转。 ⑫顾:回头看。从左:向左。 ⑬径:即"径",径直。娵觜(zōu zī):十二星次之名,与黄道十二宫相对应。御者迷兮失轨:驾车的人迷失了方向,迷路。 ⑭踢达:来回驱驰。邪造:胡乱地行走。 ⑮志阏(è)绝兮安如二句:意谓实现理想的道路被堵塞阻断,伤心我的追求不能成功。阏绝,阻遏。耦,匹偶,指志同道合之人。 ⑯天阶:登天之阶梯。鄢郢:指楚国的都城。鄢,水名,位于今湖北宜城,楚曾都于此。郢,楚都,位于今湖北江陵。 ⑰众秽:指众奸佞之人。杳杳:指世道昏暗。 ⑱哽咽:泣不成声貌。诘诎:忧思郁结。流澜:泪水恣意流淌。

悼 乱①

嗟嗟兮悲夫,殽乱兮纷挐②。茅丝兮同综,冠屦兮共絇③。督万兮侍宴,周邵兮负刍④。白龙兮见射,灵龟兮执拘⑤。仲尼兮困厄,邹衍兮幽囚⑥。伊余兮念兹,奔遁兮隐居⑦。将升兮高山,上有兮猴猿。欲入兮深谷,下有兮虺蛇⑧。左见兮鸣鵙,右睹兮呼枭⑨。惶悸兮失气,踊跃兮距跳⑩。便旋兮中原,仰天兮增叹⑪。菅蒯兮壄莽,藋苇兮仟眠⑫。鹿蹊兮躖躖,貒貉兮蟺蟺⑬。鹳鹆兮轩轩,鹑鹄兮甄甄⑭。哀我兮寡独,靡有兮齐伦⑮。意欲兮沈吟,迫日兮黄昏。玄鹤兮高飞,曾逝兮青冥⑯。鸽鹏兮喈喈,山鹊兮嘤嘤⑰。鸿鸬兮振翅,归雁兮于征⑱。吾志兮觉悟,怀我兮圣京⑲。垂屣兮将起,跙跦兮硕明⑳。

[注释]①悼乱:楚国朝政昏暗,忠佞不分,贤愚莫辨,社会动荡,面临丧乱,诗人深为悼惜痛心。 ②嗟嗟:悲叹。殽乱:交错。纷挐:交错混杂。

③茅丝兮同综:茅草和丝线交织在一起。冠屦兮共绚(jū):帽子与鞋子用同样的饰带。绚,鞋上的饰带。　④督万:华督、宋万,春秋时人,二人皆弑其君。周邵:周公、邵公。负刍:割草喂牲口。刍,喂牲口的草。　⑤白龙、灵龟:都是神灵、祥瑞之物。见:被。　⑥仲尼:孔子。困厄:指孔子周游列国困于陈、蔡。邹衍:战国时齐国的贤臣,曾因奸佞暗害而被投入狱中。　⑦奔遁兮隐居:逃离人世,隐于山林。　⑧虺(huǐ)蛇:毒蛇。　⑨鸣鵙:伯劳在啼鸣。呼枭:猫头鹰在呼叫。王逸《章句》:"山有猴猿,谷有虺蛇,左右众鸟,阒无人民,所以愁惧也。"　⑩惶悸:惊恐不安。踊跃、距跳:形容跳跃。　⑪便旋:回旋。增叹:反复叹息。　⑫菅蒯(jiān kuǎi)兮樲莽二句:形容茅草丛丛,成片的芦苇,生长得很茂盛。菅蒯,多年生的野草。虉苇,蒹葭,也就是芦苇。仟眠,丛生貌。　⑬鹿蹊兮㔉(duàn)㔉二句:意谓小径上是麋鹿留下的脚印迹,猪獾小兽相互追逐。㔉㔉,野兽的足迹。猯、貉:兽名。蟺(tán)蟺:相随貌。　⑭䴊、鹬:鸟名。轩轩:迎风高飞貌。鹑鹬:即鹳鹑。甄甄:飞翔貌。　⑮靡有兮齐伦:没有志同道合的朋友。　⑯曾逝:高飞。曾,通"层"。青冥:指天空。　⑰鸧鹒:黄莺。喈(jiē)喈:鸟鸣声。嘤嘤:鸣叫声。　⑱鸿鸹:大雁、鸹鸹之类。于征:将行,即将离去。　⑲觉悟:清醒。圣京:指郢都。　⑳垂屣:穿鞋。屣,鞋。跓(zhù)俟兮硕明:驻足等待着天明。硕明,寓意时局清明。硕,大。

伤　　时[①]

　　惟昊天兮昭灵,阳气发兮清明[②]。风习习兮䬃暖,百草萌兮华荣[③]。堇荼茂兮扶疏,蘅芷彫兮莹嫇[④]。愍贞良兮遇害,将夭折兮碎糜[⑤]。时混混兮浇饡,哀当世兮莫知[⑥]。览往昔兮俊彦,亦诎辱兮系累[⑦]。管束缚兮桎梏,百贸易兮传卖[⑧]。遭桓缪兮识举,才德用兮列施[⑨]。且从容兮自慰,玩琴书兮游戏。迫中国兮窄狭,吾欲之兮九夷[⑩]。超五岭兮嵯峨,观浮石兮崔嵬[⑪]。陟丹山兮炎野,屯余车兮黄支⑫。就祝融兮稽疑,嘉己行兮无为⑬。乃回竭兮北逝,遇神嬽兮宴娭⑭。欲静居兮自娱,心愁戚兮不能。放余辔兮策驷,忽飙腾兮浮云⑮。蹶飞杭兮越海,从安期兮蓬莱⑯。缘天梯兮北上,登太一兮玉台⑰。使素女兮鼓簧,乘戈龢兮讴谣⑱。声敫诛兮清和,音晏衍兮要婬⑲。咸欣欣兮酣乐,余眷眷兮独悲⑳。顾章华兮太息,志恋恋兮依依㉑。

[注释]①伤时:春天阳气清明,百草欣欣向荣,然而,贞良之士受迫害,不禁为之感伤。 ②昊天:春天。一说为夏天。昭灵:显示神通。 ③习习:风和煦貌。龢(hè)暖:和暖。萌:萌发。华荣:开花。 ④堇、荼:皆为苦菜名。扶疏:枝叶繁茂貌。彫:凋零。莹娭(mǐng):枯萎貌。 ⑤碎糜:糜烂。 ⑥混混:混乱貌。浇馈:用羹汤浇饭,此指混乱。 ⑦俊彦:俊杰之才。诎辱:屈辱。系累:捆绑、拘禁。 ⑧管束缚兮桎梏二句:意谓管仲当年曾经被捆绑,遭到囚禁,百里奚被当做奴隶买来卖去。管仲,曾事齐桓公的庶兄公子纠,后来公子小白立为桓公,公子纠死,管仲因此遭囚禁,但最终得到齐桓公的重用。桎梏,脚镣和手铐。百,指百里奚,本为虞臣,自知虞公不可谏,便转而自卖于秦。贸易,买卖。 ⑨遭桓缪兮识举二句:意谓管仲、百里奚因为得到了齐桓公、秦缪公的赏识,任用为重臣,他们的能力才得以实施。列施,一一施行。 ⑩迫中国兮窄狭二句:意谓中原之地太过狭窄,我要离开此地前往远方。九夷:《论语·子罕》有"子(指孔子)欲居九夷"之语,此用其意,指边远少数民族地区。 ⑪超五岭兮嵯峨二句:意谓翻越过山势高峻的五岭山脉,远望海中浮石山巍然耸峙。五岭,位于今湖南、广东之间。浮石,仙山名,位于海上。 ⑫陟:越过。丹山:南方山名。黄支:汉时郡名,位于今两广一带。 ⑬就祝融兮稽疑二句:意谓向南方祝融之神请求解答疑问,祝融赞许我的超然无为的态度。祝融,南方之神,也是火神。稽疑,就人生与天命的疑惑向他请教。无为,《远游》之末说"超无为以至清兮,与泰初而为邻",与此同意。 ⑭回竭:转回去。神嬽(xié):北方之神。宴娭:宴饮娱乐。 ⑮放余辔兮策驷:意谓纵马扬鞭,使马疾速驰骋。 ⑯蹶飞杭兮越海二句:意谓乘

飞船越过大海,到蓬莱仙山与仙人安期生相见。蹃,踏,乘船。飞杭,即飞船,"杭"通"航"。安期,安期生,仙人。蓬莱,渤海中的仙山。　⑰太一:天帝。玉台:天帝居处。　⑱素女:神女,擅长于音乐。鼓簧:演奏竽笙。乘戈:仙人名。龢:唱和。　⑲嘄誂(jiào tiào):清丽高亢貌。清和:清丽和谐。晏衍:旋律悠长貌。要婬(yín):婉转貌。　⑳咸:都。欣欣:快乐貌。眷眷:依恋貌。　㉑章华:即章华台,楚灵王所建。恋恋、依依:均为依恋貌。

哀　岁①

　　旻天兮清凉,玄气兮高朗②。北风兮潦洌,草木兮苍唐③。蟪蛄兮嗾嗾,螂蛆兮穰穰④。岁忽忽兮惟暮,余感时兮悽怆⑤。伤俗兮泥浊,矇蔽兮不章⑥。宝彼兮沙砾,捐此兮夜光⑦。椒瑛兮涅污,茱耳兮充房⑧。摄衣兮缓带,操我兮墨阳⑨。升车兮命仆,将驰兮四荒⑩。下堂兮见虿,出门兮触蜂⑪。巷有兮蚰蜒,邑多兮螳螂⑫。睹斯兮嫉贼,心为兮切伤⑬。俛念兮子胥,仰怜兮比干⑭。投剑兮脱冕,龙屈兮蜿蟮⑮。潜藏兮山泽,匍匐兮丛攒⑯。窥见兮溪涧,流水兮沄沄⑰。鼋鼍兮欣欣,鳣鲇兮延延⑱。群行兮上下,骈罗兮列陈⑲。自恨兮无友,特处兮茕茕⑳。冬夜兮陶陶,雨雪兮冥冥㉑。神光兮颎颎,鬼火兮荧荧㉒。修德兮困控,愁不聊兮遑生㉓。忧纡兮郁郁,恶所兮写情㉔!

　　[注释]①哀岁:秋暮时节,自然界呈现一片衰飒景象,诗人触景生情,感怀时局,无穷哀伤,发为辞章,故曰"哀岁"。　②旻(mín)天:秋天。玄气兮高朗:指秋天的天空高远明亮。　③潦洌:寒冷貌。苍唐:一作"苍黄",草木青黄相杂貌。　④蟪蛄:虫名。嗾(jiū)嗾:虫鸣声。螂蛆:蟋蟀。穰(ráng)

穰:众多而纷杂貌。 ⑤忽忽:迅疾貌。悽怆:悲伤。 ⑥曚蔽兮不章:形容世俗污浊,人民被蒙蔽,真相不能显现。章,彰明、显明。 ⑦宝彼兮砂砾二句:意谓将沙石当做宝贝珍视,将夜光之珠抛弃在一边。夜光,夜明珠。 ⑧椒瑛兮涅污二句:意谓美玉遭到玷污,凡草却堆满房中。涅污,染黑、玷污。葈(xǐ)耳,苍耳,一种普通的草。 ⑨摄衣兮缓带二句:意谓提起衣服,松开衣带,将宝剑墨阳拿在手上。墨阳,利剑名。 ⑩升:登上。四荒:四方边远之处。 ⑪虿(chài):蝎子类的毒虫。蜂:毒蜂、马蜂。 ⑫蚰蜒:虫名。邑:城镇。 ⑬嫉贼:残贼人的害虫。切伤:极其悲伤。 ⑭俛念兮子胥二句:意谓低头想起了伍子胥的遭遇,仰首想起了比干的悲剧。 ⑮投剑:扔掉剑。龙屈兮蜿蠖(zhuān):像龙一样卷曲着身子,不求伸张。蜿蠖,屈曲貌。 ⑯匍匐兮丛攒:在丛生的树林中爬行。丛攒:草木丛生貌。 ⑰沄(yún)沄:水回旋流动貌。 ⑱鼋鼍兮欣欣:大鳖与鳄鱼自由自在,都很快乐。鳣(zhān)、鲇(nián):鱼名。延延:众多貌。 ⑲骈罗:结对、并列。 ⑳特处兮茕茕:孤独无伴。 ㉑陶陶:悠长貌。冥冥:昏暗貌。 ㉒颎(jiǒng)颎:同"炯炯",光亮貌。荧荧:微光闪烁貌。 ㉓困控:困窘。愁不聊兮遑生:愁极无聊,没有生之乐趣。 ㉔忧纡兮郁郁:忧思郁结,内心苦闷。恶所:没有处所,"恶"通"乌"。写情:宣泄情感。

守 志①

陟玉峦兮逍遥,览高冈兮嶤嶤②。桂树列兮纷敷,吐紫华兮布条③。实孔鸾兮所居,今其集兮惟鸮④。乌鹊惊兮哑哑,余顾瞻兮怊怊⑤。彼日月兮闇昧,障覆天兮祲氛⑥。伊我后兮不聪,焉陈诚兮效忠⑦?摅羽翮兮超俗,游陶遨兮养神⑧。乘六蛟兮蜿蝉,遂驰骋兮升云⑨。扬彗光兮为旗,秉电策兮为鞭⑩。朝晨发兮鄢郢,食时至兮增泉⑪。绕曲阿兮北次,造我车兮南端⑫。谒玄黄兮纳贽,崇忠贞兮弥坚⑬。历九宫兮遍观,睹秘藏兮宝珍⑭。就傅说兮骑龙,与织女兮合婚⑮。举天毕兮掩邪,毂天弧兮射奸⑯。随真人兮翱翔,食元气兮长存⑰。望太微兮穆穆,睨三阶兮炳分⑱。相辅政兮成化,建烈业兮垂勋⑲。目瞥瞥兮西没,道遐迥兮阻叹⑳。志稸积兮未通,怅敞罔兮自怜㉑。

[注释]①守志:坚守志向,出世远游,以保持纯粹耿介的人格节操。②玉峦:玉山,即昆仑山。峣(yáo)峣:山极高貌。 ③纷敷:枝叶繁茂。紫华:紫色的花。布条:展开枝条。 ④孔鸾:孔雀,鸾鸟。今其集兮惟鸮:如今桂树上却落下了猫头鹰。 ⑤哑哑:鸟叫声。怊怊:失意貌。 ⑥阍昧:昏暗。障覆天兮侵氛:妖氛邪气遮蔽天空。侵(jìn)氛:妖气,不祥的云气。 ⑦伊我后兮不聪二句:意谓我的君王视听不明,到哪里去陈诉衷肠、表达忠诚呢。我后,指楚王。 ⑧摅(shū)羽翮兮超俗二句:意谓舒展羽翼,超越流俗,在遨游中颐养精神。羽翮(hé),翅膀。游陶遨,尽兴纵游。 ⑨六蛟:六龙。蜿蝉:屈曲貌。 ⑩彗光:彗星的光芒。秉电策兮为鞭:手持闪电,将它作为马鞭。 ⑪食时:早饭之时。鄢郢:楚之故都,代指楚国。增泉:天河。 ⑫曲阿:神山之名。北次:在北方停留。造:前行。南端:指南方。 ⑬谒玄黄兮纳贽(zhì):拜谒中央天帝,赠送了见面的礼品。玄黄,指中央之天帝。崇忠贞兮弥坚:尊崇忠贞的节操,我意志更为坚定。 ⑭九宫:帝宫。遍观:四处看。 ⑮傅说:殷高宗武丁相,传说傅说死后变成星辰。合婚:结婚。 ⑯天毕:星宿名。掩邪:捕获奸邪之人。毂天弧兮射奸:张开天弧星,射向奸贼。天弧,星宿名,形似弓。 ⑰真人:道家称得道者为真人。元气:指六气,即阴、阳、风、雨、晦、明之气。长存:长生不老。 ⑱太微:星名。穆穆:威严貌。三阶:星名,又名三台,共六星,两两一组。炳分:鲜明、分明。 ⑲成化:完成政治教化。烈业:显赫的功业。垂勋:留下功勋。 ⑳目瞥瞥:看着太阳向西落下。目,一说应为"日"。瞥瞥,日落貌。道遐迥:道路遥远。 ㉑稸积:蓄积。未通:没有实现。怅敞罔:惆怅失意貌。

乱曰:天庭明兮云霓藏,三光朗兮镜万方①。斥蜥蜴兮进龟龙,策谋从兮翼机衡②。配稷契兮恢唐功,嗟英俊兮未为双③。

[注释]①三光:指日、月、星。镜万方:照耀天下。 ②龟、龙:古人认为龟、龙为祥瑞之物。策谋:指治理国家的策略。翼机衡:辅佐朝政。机衡,本指北斗星中的天玑、玉衡两星,这里比喻政治中枢。 ③配稷契兮恢唐功:道德可以与稷、契相媲美,恢复唐尧开创的功业。稷是周之先祖,契是商之先祖。唐功:唐尧的功业。嗟英俊兮未为双:叹息英俊生不逢时,理想不能实现。

参 考 文 献

[汉]王逸:《楚辞章句》,长沙:岳麓书社,1989年版。
[宋]洪兴祖:《楚辞补注》,白化文等点校,北京:中华书局,1983年版。
[宋]朱熹:《楚辞集注》,上海:上海古籍出版社,1979年版。
[明]汪瑗:《楚辞集解》,董洪利点校,北京:北京古籍出版社,1999年版。
[清]王夫之:《楚辞通释》,上海:中华书局,1959年版。
[清]蒋骥:《山带阁注楚辞》,上海:上海古籍出版社,1958年版。
[清]戴震:《屈原赋注》,北京:中华书局,1999年版。
刘永济:《屈赋通笺》,北京:人民文学出版社,1961年版。
刘永济:《屈赋音注详解》,上海:上海古籍出版社,1983年版。
姜亮夫:《楚辞通故》,昆明:云南人民出版社,1999年版。
闻一多:《闻一多全集》(二),北京:三联书店,1982年版。
汤炳正:《楚辞今注》,上海:上海古籍出版社,1996年版。

近期国学读物要目

国学新读本
诗经　梁锡锋　注说
论语　臧知非　注说
尚书　姜建设　注说
国语　曹建国　张玖青　注说
孔子家语　杨朝明　注说
山海经　郑慧生　注说
墨子　苏凤捷　程梅花　注说
孟子　何晓明　周春健　注说
庄子　曹础基　注说
荀子　杨朝明　注说
韩非子　赵沛　注说
孙子兵法　赵国华　注说
楚辞　李中华　邹福清　注说
潜夫论　王健　注说
文心雕龙　戚良德　注说
商君书　徐莹　注说
战国策　张彦修　注说
淮南子　杨有礼　注说
老子　曹峰　注说
礼记　杨天宇　注说
吕氏春秋　张福祥　注说
世说新语　赵成林　陈艳　注说
史通　李振宏　注说
春秋繁露　曾振宇　注说

百年河大国学旧著新刊
河洛方言诠诂　王广庆　著
三统历表　邵瑞彭　著
中国戏剧概论　卢前　著
晚明思想史论　嵇文甫　著
论语新探　赵纪彬　著

天问研究　孙作云　著
汉魏六朝文学史　李嘉言　著
金艺文志　金登科记考　万曼　著
唐集叙录　万曼　著
中国文学史新编　张长弓　著
汉碑集释　高文　著
袁中郎研究　任访秋　著
东夷杂考　李白凤　著
宋会要辑稿考校　王云海　著
长江集新校　李嘉言　著
高适岑参选集　高文　王刘纯　选著
花间集注　华锺彦　著
庆湖遗老诗集校注　王梦隐　著
曾瑞散曲集校注　李春祥　著
辛弃疾选集　佟培基　选著

于安澜书画学四种
画论丛刊
画史丛书
画品丛书
书学名著选

元典文化丛书
中华第一经——《周易》与中国文化　宋会群　苗雪兰　著
教化百科——《诗经》与中国文化　孙克强　张小平　著
经国治民之典——《周礼》与中国文化　郝铁川　著
哲人的智慧——《老子》与中国文化　高秀昌　龚力　著
圣人箴言录——《论语》与中国文化　李振宏　著
武学圣典——《孙子兵法》与中国文化　龚留柱　著
亚圣思辨录——《孟子》与中国文化　何晓明　著
逍遥之祖——《庄子》与中国文化　白本松　王利锁　著
外王之学——《荀子》与中国文化　张曙光　著
中国帝王术——《韩非子》与中国文化　王宏斌　著
史家绝唱——《史记》与中国文化　邓鸿光　著
诸经总龟——《春秋》与中国文化　涂文学　周德钧　著
管理宝典——《管子》与中国文化　袁闯　著
纵横家书——《战国策》与中国文化　张彦修　著
人仙之间——《抱朴子》与中国文化　徐仪明　冷天吉　著

医学圣典——《黄帝内经》与中国文化　王庆宪　梁晓珍　著
礼乐渊薮——《礼记》与中国文化　黄宛峰　著
词章之祖——《楚辞》与中国文化　李中华　著
星学宝典——《历书天官书》与中国文化　郑慧生　著
天人衡中——《春秋繁露》与中国文化　曾振宇　范学辉　著
王政全书——《吕氏春秋》与中国文化　张富祥　著
神话之源——《山海经》与中国文化　高有鹏　孟芳　著
新道鸿烈——《淮南子》与中国文化　杨有礼　著
史家龟鉴——《史通》与中国文化　曾凡英　著
政事纲纪——《尚书》与中国文化　姜建设　著
春秋弦歌——《左传》与中国文化　龚留柱　著
平民理想——《墨子》与中国文化　苏凤捷　程梅花　著
人伦本原——《孝经》与中国文化　臧知非　著
法典之王——《唐律疏议》与中国文化　徐永康　吉霁光　郑取　著
文论巨典——《文心雕龙》与中国文化　戚良德　著

宋代研究丛书

北宋诗学　张海鸥　著
宋代东京研究　周宝珠　著
宋代地域经济　程民生　著
宋代监察制度　贾玉英　著
宋代官员选任和管理制度　苗书梅　著
宋代地域文化　程民生　著
宋代文学通论　王水照　主编
宋代司法制度　王云海　主编
宋代教育　苗春德　主编
清明上河图与清明上河学　周宝珠　著
宋代文化史　姚瀛艇　主编
黄庭坚与宋代文化　杨庆存　著
宋代交通管理制度研究　曹家齐　著
岳飞和南宋前期政治与军事研究　王曾瑜　著
成圣之道——北宋二程修养工夫论之研究　温伟耀　著
宋代绘画研究　邓乔彬　著

汉语史专书语法研究丛书

《三朝北盟会编》语法研究　刁晏斌　著
《荀子》虚词研究　黄珊　著
《晏子春秋》词类研究　姚振武　著

《聊斋俚曲》语法研究　冯春田　著
《孟子》词类研究　崔立斌　著
《朱子语类辑略》语法研究　吴福祥　著
敦煌变文12种语法研究　吴福祥　著
《吕氏春秋》句法研究　殷国光　著
《尚书》语法论稿　钱宗武　著
《左传》语法研究　何乐士　著
《元典章·刑部》语法研究　李崇兴　祖生利　著
汉语语法史断代专书比较研究　何乐士　著

图书在版编目（CIP）数据

楚辞 / 李中华，邹福清注说. —开封：河南大学出版社，2008.3（2015.1重印）
（国学新读本）
ISBN 978-7-81091-740-7

Ⅰ. 楚⋯ Ⅱ. ①李⋯ ②邹⋯ Ⅲ. ①古典诗歌—中国—战国时代 ②楚辞—注释 Ⅳ. I222.3

中国版本图书馆 CIP 数据核字（2008）第 002875 号

责任编辑　朱建伟
封面设计　马　龙

出版发行	河南大学出版社
地址	河南省开封市明伦街 85 号　邮编：475001
电话	0371—22825003（营销部）　网址：www.hupress.com
排　版	河南第一新华印刷厂
印　刷	开封智圣印务有限公司
版　次	2008 年 3 月第 1 版　印　次　2015 年 1 月第 2 次印刷
开　本	650mm×960mm　1/16　印　张　18.75
字　数	235 千字　印　数　2001—3000 册
定　价	34.00 元

（本书如有印装质量问题请与河南大学出版社营销部联系调换）